만주국 시기 압록강변
조선혁명군과 일본 경찰

일러두기

1. 일본 인명 읽기는 三聖堂編修所 編, 上田正昭 監修, 『ゴンサイス日本人名辭典』, 三聖堂, 1994에 근거하여 표기하였다. 여기에서 확인되지 않는 이름은 '스키모토[杉本滿盛]'와 같이 성만을 읽어 표시하였다.
2. 중국인 인명과 지명은 한자 발음에 근거하여 표기하였다.
3. 본문의 내용은 원문에는 구분되지 않았으나, 번역 과정에서 독자의 편의를 위하여 분류하였다.
4. 본문의 인용 사진에 쪽수가 없는 것은 원문 자료에 쪽수가 없는 부분이다.

원제 : 國警警備記念集─平安北道警察十二年特輯(1937)

만주국 시기
압록강변
조선혁명군과
일본 경찰

오병한 옮김

국학자료원

책머리에

　역자의 박사학위논문 주제는 대한제국 시기 압록강 국경문제였다. 학위를 받은 이후에는 지금까지 압록강 하구의 안동(安東, 현재의 중국 단동)과 의주·용천 등 그 주변을 주된 연구의 대상으로 삼아 연구를 진행하고 있다. 연구대상도 그러하거니와 국가보훈부에 근무하였던 탓에 독립운동사에도 관심을 가지게 되었다.

　그렇지만 필자의 관심은 독립운동사 자체보다 독립운동의 반대편—주로 일본 영사관이나 경찰(관동청 포함)—에 있었다. 이를 보고 독립운동사가 아니라고 한다면 딱히 반박할 말은 없다. 하지만 독립운동사 대부분을 당시 일본의 침략기구들이 생산한 자료에 의지하는 현실—특히 만주와 중국 관련 독립운동—에서도 일본 영사관이나 경찰의 조직과 활동 관련 자료나 연구서를 찾는 것도 쉬운 일은 아니었다.

　역자는 그동안 주로 일본의 아시아역사자료센터를 통하여 관련 자료를 검색하거나 발굴하여 주변 연구자들과 일본어 자료 강독을 진행하여 왔다. 이 과정에서 찾아낸 자료가 이번에 번역의 대상으로 삼은 평북경찰부 기관지『평북경종(平北警鐘)』에서 간행한『국경경비기념집—평안북도경찰이십년특집』(이하『국경경비특집』)이다.『국경경비특집』보다 앞서 1936년에 간행된『국경경비』도『국경경비특집』과 함께 국립중앙도서관에 소장되어 있다. 처음에는 『국경경비』를 번역할 생각이었지만, 곧 그 분량 앞에 포기하고 타협으로 선택한 것이 『국경경비특집』이다.

『평북경종』의 편집자는 노리타케 가즈오[則武三雄]로 알려져 있다. 노리타케는 1909년 돗토리[取鳥]현 요나고[米子]시 출신으로 1928년 9월 19세에 조선으로 건너와 1948년 8월 귀국하였다. 이 기간에 그는 1928년 10월 5일자로 조선총독부 촉탁으로 평안북도 경찰부 근무를 시작하여 1934년부터는 경찰로 근무하였다. 노리타케가 『평북경종』 편집부 업무를 담당한 것도 이 무렵일 것이다.

『평북경종』의 정확한 간행 시기는 알 수 없다. 다만 『국경경비특집』의 전편인 『국경경비』 말미의 「후기」에서 노리타케는 "1933년 제2집을 간행할 무렵에 노트를 꺼내 보았다"고 하며, 1936년 3월 『국경경비』 제8권 제2호가 간행된 사실이 확인된다.

1936년 『국경경비』의 「후기」에서는 "본호 발행에 대한 상사(上司)의 의도는 다기(多岐)한 작년 겨울, 고난을 견디고 결핍을 참고, 흔들리지 않는 노력을 필요로 하던 경비의 상황을 기록하고, 제1집과 함께 완벽하게 또한 기왕의 국경경비 전체에 대해서 알리며, 경비의 전모를 보여 일반 직원까지 알림으로써 작년 경비를 기념하는데 있다"라고 간행 목적을 소개하고 있다.

또한 「후기」의 말미에는 "모든 제형(諸兄)의 숙독을 바라는 바이다. 이를 통하여 직접 경비의 임무에 임하는 자도 다른 원고를 읽음으로써 여러 가지 미세(微細)한 기억까지도 일깨워 자신이 알고 있어도 미처 알아차리지 못하고 잊어버렸던 기억까지 불러일으킬 것이다"라고 하였다.

노리타케가 쓴 『국경경비특집』 「발문」에도 "이상은 본도 경찰이

1936년 11월부터 1937년 4월까지에 이르는 제일선 경비의 가장 빛나는 기록을 수집한 것이다. 특히 집안현 노호산사건에서 비장한 죽음을 맞이한 타케사고 순사부장을 추도할 수 있게 되어 이보다 더 큰 기쁨은 없다"고 밝혔다.

이러한 내용들로 추측하건대 『국경경비특집』은 당시 일반인들에게 '국경경비' 업무에 종사하는 경찰들의 '노고와 희생'을 알림과 동시에 1936년 겨울부터 1937년 봄 사이에 조선혁명군을 비롯한 항일세력과의 전투에서 전사 혹은 부상당한 경찰들의 공적을 기리기 위해 간행되었음을 보여준다.

『국경경비』 말미에는 조선총독부 도서관 명의의 "1938년 12월 20일 수리"라는 메모도 확인된다. 아마도 『국경경비』와 『국경경비특집』이 모두 조선총독부 도서관에 소장되어 도서의 수리가 필요할 정도로 대출되었을 것이다. 조선총독부 직원들은 '정신교육' 차원에서라도 한 번쯤은 읽어야 했을지도 모른다.

필자가 『국경경비특집』에 주목한 이유는 다음과 같다.

우선 1936년부터 1937년까지 단적이나마 압록강변에서 활동하던 조선혁명군의 동향을 파악할 수 있다. 본문에는 당시 일제가 파악한 조선혁명군을 비롯한 중국인들로 구성된 다수의 항일반만세력 지도자들의 이름(이명이나 별명)이 등장한다. 그 가운데에는 기존 독립운동사에서 전사 사실이 자료상 확인되지 않던 이름도 등장하여 독립운동사(혹은 독립유공자 연구)를 보완할 수 있다. 중국인 반만 항일세력 지도자 왕봉각의 체포와 처형 과정도 보기 드문 내용이다.

당시 조선혁명군 등은 압록강변 산속 오지에 은거지를 만들어 두고 일본 경찰과 쫓고 쫓기는 격전을 치루었다. 이 과정에서 조선혁명군은

책머리에

다수의 전사자가 발생하였다. 또한 투항하여 일본의 주구로 변절하는 자들이 나오기도 하였다.

무엇보다 『국경경비특집』의 본문 내용은 조선혁명군 등과의 전투에 직접 참여하거나 혹은 동료들의 죽음을 지켜 보았던 일본 경찰들의 경험담이다. 전투의 모든 과정―전투 준비, 부상 장면, 이동이나 행군 과정의 어려움, 그리고 전사자 운구 등―에 대한 서술이 상세하여 독자들에게 현장감 있게 다가오는 것도 이러한 이유 때문일 것이다.

본문에는 전투 중 사망한 경찰 동료에 대한 지나친 감정이입도 드러난다. 전사한 자성경찰서 소속 경찰 타케사코 노보루 영결식과 부산에 이르는 '지루한' 운구 과정은 이를 잘 보여준다. 동료의 죽음을 빙자한 이들의 '토벌'과 '무용담'은 당시 일본 경찰들의 인명 경시를 보여준다. 한인과 중국인에 대한 멸시도 거리낌이 없다.

자식 혹은 형제자매들의 죽음과 부상을 목도한 가족들도 슬픔과 비통함보다 '국가에 대한 의무와 충성', '멸사봉공' 등을 입버릇처럼 이야기한다. 1930년대 이후 사회 전체가 군국주의에 압도당한 당시 일본 사회의 단면이자 전체주의 사회에서 개인의 감정까지 억압당하는 서글픈 모습일 것이다.

반면 『국경경비특집』은 1930년대 중후반 압록강 연안에 거주하던 일본인들의 모습, 고향을 떠나 '이역만리' 조선에서 근무하던 일본 경찰과 그 가족들의 고충과 애환도 보여준다.

비좁은 숙소의 생활, 전투를 위해 사지로 들어가는 남편들을 가슴 졸이며 전송하며 경찰 부인들, 마땅한 놀이가 없이 부모와 떨어져 지내는 아이들, 그리고 부모의 입장에서 자식들의 교육을 걱정하는 경찰들의 모습은 오늘날 우리가 느끼는 감정과 별반 차이가 없다. 여기에 다양한 사연을 가지고 압록강 상류의 오지까지 들어와 삶을 이어가던 일본인들의 모습도 있다.

이는 당시 일본의 제국주의 침략에 편승하여 '한몫' 벌기 위해 조선과 만주로 건너온 '속물'의 모습으로 치부될 수도 있다. 그렇지만 '살벌한' 본문의 전투 내용 가운데 그나마 인간 본연의 모습에 가깝다고 생각된다. 해당 내용의 제목을 '국경의 애환'이라고 한 것도 이러한 이유 때문이다.

개인적으로 군대 생활을 경험한 입장에서 압록강변의 봄과 가을은 거의 없다시피 지나간다고 한다는 본문의 내용에 공감이 간다. 그 때나 지금이나 고달픈 군대 생활을 대변하는 말이다. 또한 최근 군대에서 잇따르는 안타까운 죽음의 소식을 접하고 드는 생각이기도 하다. 그렇지만 해방 이후 우리의 현대사를 조금이라도 알고 있다면 본문에 등장하는 내용들을 단순한 '일제의 잔재'로만 치부할 수 없다. 특히 당시 일본 경찰들의 전투 방식, 민간인들에 대한 시각 등은 우리 현대사의 격변기에서도 거의 비슷하게 재현되었기 때문이다.

아울러 본문 곳곳에 보이는 '토벌' 과정에서 지난함에 대한 경찰들의 푸념은 당시 조선혁명군 등을 포함한 만주에서 독립운동의 어려움을 실감하게 한다. 쫓는 자가 괴롭다면 생명의 위협을 받으면서 쫓기는 입장에서 그 정신적, 육체적 피곤은 극에 달했을 것이다. 이러한 상황은 당시만이 아니라 그 이전 압록강을 무대로 활동하던 독립군들도 크게 다르지 않았을 것이다. 게다가 만주의 가혹한 자연환경도 독립운동가들을 더욱 힘들게 하였을 것이다. 역설적이지만 현재 우리는 일본 경찰의 입을 통해서 당시 만주 독립군과 독립운동가들의 고난을 이해하게 되는 셈이다.

책머리에

가운데 역자의 지식으로는 이해할 수 없는 당시 표현은 부득이 하게 직역하였다. 독자들의 양해를 부탁할 수 밖에 없는 부분이다.

마지막으로 현재 대한민국의 인문학과 인문학 서적들의 여러 가지 어려운 상황과 필자의 게으른 성격에도 불구하고 참을성 있게 기다려 주시며, 책의 간행을 흔쾌히 허락해 주신 국학자료원 임직원 분들께 감사의 말씀을 드린다.

차 례

제1장
준비와 각오

만주국 수도 신경(新京)[현재 중국 길림성 장춘(長春)]의 왕궁 정문이다(松村好文堂 編, 『全滿洲名勝寫眞帖』, 松村好文堂, 1937, 2쪽)

신임 경찰부장 부임에 즈음하여

평안북도경찰부장 핫토리 이세마츠[服部伊勢松][1]

오늘 저는 이번에 뜻하지 않게 본도 경찰부장이라는 명을 받들어 임지에 도착하였습니다. 이에 취임에 즈음하여 인사 말씀을 드리고 싶다고 생각하였습니다.

본도 경찰은 조선 경찰의 핵심인 국경경비라는 중대한 책임과 의무를 지고 있습니다. 장래 본도의 산업, 경제 등의 분야에서 약진 발전은 필연적으로 경찰 사무 증가로 이어져 매우 중요한 시기를 맞이하고 있습니다. 이와 같은 때에 이전부터 남아(南兒)로서 품고 있던 본도 경찰부

---

[1] 핫토리 이세마츠(1901. 6~?): 이와테[岩手]현 모리오카[盛岡] 출신이다. 1924년 6월 중등학교 화학과 교원면허장을 받고 이바라키[茨城]현립 시카지마[鹿島]농학교, 후쿠시마[福島]현립농잠학교 교유(教諭) 등으로 근무하였다. 1927년 12월 고등문관시험 사법과, 1928년 고등문관시험 행정과에 합격하고, 1929년 5월 조선총독부 도경부(道警部)로 부임하여 경기도 경찰부에서 근무했다. 1931년 조선총독부 도경시(道警視)로 승진하여 서대문경찰서장, 함경북도 경무과장 등을 역임하였다. 1933년 12월 조선총독부 사무관에 임명되어 총독관방 외사과, 외무사무관겸임(동아제2과 근무)하다 만주국 신경(新京)에 파견되었다. 1939년 평북 경찰부장(警察部長)으로 근무하였다(朝鮮人事興信錄編纂部 編, 『朝鮮人事興信錄』, 朝鮮新聞社, 1935, 373쪽).

만주국 수도 신경의 모습. 위쪽 오른쪽은 신경의 니혼바시[日本橋],
왼쪽은 긴자요시노마치[銀座吉田町] 시가, 아래는 관동청(關東廳) 건물이다
(『全滿洲名勝寫眞帖』, 2쪽).

장 부임이라는 명령을 받들게 되니 감격하여 어찌할 바를 모르겠습니
다. 지금까지 본도 경찰부장들은 인격, 수완, 식견이 모두 훌륭하다고
정평이 나신 분들이었습니다.

　그렇지만 저는 아직 젊은 편으로 학문이 깊지 못하고 재주가 없는데
다 경험도 적어 여러가지로 부족합니다. 제가 과연 이 무거운 책임을
완수할 수 있을까 하는 두려운 생각에 정말 견딜 수 없습니다. 다행히
선량한 여러분들이 있으며, 일사봉공(一死奉公)의 뜨거운 마음으로 활
동하고 계신 제일선의 동료들을 생각할 뿐입니다. 이러한 때에 마음으
로부터 우러나오는 그들의 협력과 도움을 얻어 본도 경찰을 위하여 최
선의 노력을 다하고 싶다는 바램뿐입니다.

이러한 기회에 평소 제가 품고 있던 생각의 일단(一端)을 말씀드리는 것이니 유념하여 주셨으면 합니다.

가장 먼저 우리는 천황 폐하의 경찰관이라는 신념과 자부심을 마음 속 깊이 새겨야만 합니다. 우리 일본제국은 위로는 폐하의 위엄과 국민들의 끊임없는 노력 덕분에 더욱 국위를 떨치게 되었습니다. 이는 참으로 놀라운 사실입니다. 그 비약적 발전 덕분에 우리는 세계 여러 나라와 어깨를 나란히 하게 되었습니다. 그리고 만주사변을 계기로 우리 일본제국은 명실상부 동아(東亞)의 맹주로 부동의 지위를 획득하였습니다. 이리하여 다가오는 시대에 세계의 맹주로서 세계 평화와 인류 행복을 위하여 공헌해야만 하는 중대한 책무를 지게 되었습니다. 아울러 일본 국민 하나하나는 각자가 그 양어깨에 이러한 책임과 의무를 짊어지게 되었습니다.

이에 국민들은 마땅히 거국일치의 결심으로 시난(時難) 극복에 매진하여야 할 때를 맞이하고 있습니다. 이처럼 빛나는 나라에서 삶을 누리고 나아가 폐하의 경찰관으로 군주와 국가를 위하여 봉사할 수 있다는 사실은 국민으로 더할 나위 없는 영광입니다. 동시에 그 책임이 더욱 중요하고 무거운 것임을 통감하는 상황입니다. 이에 여러분은 항상 폐하의 경찰관이라고 하는 굳은 신념과 자부심을 유지하고 자나 깨나 직책의 중대함을 잊어서는 안 될 것입니다. 일상 업무 수행에서도 이러한 정신에 조금이라도 어긋나는 것과 같은 일이 없도록 주의를 부탁드립니다.

두 번째, 언제 어디서나 즉각 대응할 수 있는 마음 자세입니다. 이는 국경의 경관으로 이미 충분히 알고 계실 것입니다. 저는 여러분들이 남선(南鮮) 지방의 경관들에게서는 절대 찾아 볼 수 없을 정도로 긴장하고 있다는 사실을 잘 알고 있습니다. 이전 함경북도에 근무하던 당시 국경을 순시하고 나서 이러한 생각은 더욱 굳어지는 듯 하였습니다. 상부에서도 최근 본도의 정세가 매우 긴박했던 탓에 경관들의 고생이 이만저만이 아니며, 아직 긴장의 끈을 놓지 않고 있다는 상황도 잘 알고 있습니다.

저도 일찍이 여러 기회를 통하여 이러한 상황을 알게 되어 마음으로부터 경의를 표하고 있었습니다. 그런데 이번에 본도에 전근의 명을 받고 몸소 국경경비의 제일선에 서게 되었습니다. 부임에 앞서 우선 조선총독부 경무국을 방문하였습니다. 국장 각하를 비롯한 여러 간부들께서는 국경경비에 관한 상세한 상황 설명과 함께 격려의 말씀을 해주셨습니다. 듣고 있던 저는 몸과 마음 모두가 긴장되면서도 무한한 자부심을 느꼈습니다. 장차 국경경비의 앞길에는 더욱 많은 일이 있을 것이므로 여러분의 끊임없는 노력을 적지않게 필요로 할 것입니다. 이후에도 여러분들은 다시 더욱 대응 태세를 갖추고 본도 경찰이라는 중책을 완수하기를 간절히 바라마지 않습니다.

세 번째, 인화(人和)라는 것입니다. 만일 우리 사이에 공통으로 일치하는 정신이 없다면 경찰이라는 사무를 완수할 수 없습니다. 옛날 모리 모토나리[毛利元就][2]는 활을 꺾어 그의 자식들에게 교훈을 주었다고 합니다. 옛말에도 이르기를 지형이 아무리 유리하다 하더라도 사람들 사이의 화목만 못하다고 합니다. 이처럼 인화는 어떠한 일을 하던 매우 중요합니다. 특히 경찰이 그 기능을 제대로 발휘하기 위해서는 집단적 통제가 유지되어야 합니다. 부대 내부의 친화결속(親和結束)에 매우 중요한 의미를 두는 것도 다름 아닌 이러한 이유 때문입니다. 만일 여러분 각자가 마지못해 일을 한다거나, 혹은 다른 사람이 처리하는 업무에

---

2 모리 모토나리(1497.3.14.~1571.6.14): 전국시대 무장이자 책략가이다. 쵸슈[長州]번(현재 야마구치[山口]현)의 시조로 숭상되었다.

제1장 준비와 각오

대하여 수수방관(袖手傍觀)하는 듯한 태도를 취한다면 절대 충분한 성적을 거둘 수 없습니다.

다시 말해 우리는 혼연일체(渾然一體)가 되어 진정 경애하는 마음으로 뭉쳐 단결된 단체를 이루어야만 한다는 것입니다. 그리고 이를 통하여 본도 경찰에게 주어진 중대한 사명을 완수하기 위해 힘써야만 합니다. 여러분 각자는 항상 이러한 점을 염두에 두고 대국에 착안하여 소아를 버리고 한마음이 되어 오로지 국가를 위한다고 하는 커다란 전체의 목표를 향하여 힘써 주셨으면 합니다.

네 번째, 경찰관은 모름지기 명랑하고 진보적이어야 한다는 말이 있습니다. 우리가 받은 모자의 표식은 태양을 상징하고 있습니다. 이는 우리에게 경찰관의 심경이 항상 명랑하고 공정해야만 한다는 것을 가르치고 있습니다. 모두 아시는 바와 같이 태양은 무엇보다 명랑하고 공정하여 모든 부정불순(不正不純)을 마다하지 않습니다. 다시 말해 우리는 항상 가슴 속에 태양과 같은 명랑함을 품고 끊임없이 양심을 갈고 닦아야만 합니다. 이를 통하여 모든 복잡다기한 현실에 대하여 명확하고 공평한 판단을 내림과 동시에 사물의 이치에 적합한 조치를 취하는 데 주의하여야 할 것입니다.

또한 우리는 자칫하면 일상에서도 종래의 습관적 분위기에 사로잡혀 진보개선을 하나도 이루지 못할 듯한 폐단에 빠지기도 쉽다고 합니다. 그렇다고 진보개선이 전혀 불가능하다는 의미는 아닙니다. 오늘날과 같이 세상이 나날이 발전하는 시대에 산업, 경제, 교통, 문화 등 모든 분야의 사회 현상은 시시각각으로 진보하며, 점점 복잡해집니다. 이런 세상 사이에서 경찰만이 혼자서 구태를 벗지 못하고 전혀 진보개선을 이루지 못한다면 여러 가지 사무를 집행하는데 시무(時務)의 요구에 적합하지 않아 충분한 성적을 거둘 수 없을 것입니다.

만주국 시기 일본의 침략기구들. 위쪽 오른쪽부터 신경의 일본총영사관,
왼쪽은 신경의 일본군 장교 집회소, 아래는 신경의 일본 관동군사령부(『全滿洲名勝寫眞帖』, 26쪽)

　본도는 국경의 길로 경찰관 대부분은 강변 제일선으로부터 멀리 떨어
진 장소에 이르기까지 밤낮없이 목숨을 걸고 활동합니다. 이웃 국가인
만주국에 대해서도 국제경찰이라는 중요한 책임을 다하고 있습니다.
최근 다시 본도의 비약적인 발전에 따라 경찰 사무는 여러 가지 면에서
획기적인 변화가 예상됩니다. 종래 이른바 '무장경찰'이라는 역할 이외
에도 '문화경찰'이라는 역할을 요구받기에 이르렀습니다. 이러한 임무
를 완수하기 위해서는 충분히 연구하고 진보적인 고안과 기획을 짜내
고, 시대의 급변에 대처하여 경찰행정의 원활한 운용을 완수해야만 합
니다. 다섯 번째, 총독 각하가 실시하는 정치의 일대 방침인 만선일여
(滿鮮一如)의 구현입니다. 본도는 만주국과 지리적으로 가장 인접하여
산업, 경제, 문화, 국방 등 여러 분야에서 그 관계가 매우 긴밀합니다.
이에 우리는 솔선하여 만선일여 실천을 위해 노력하는 모범을 조선의

제1장 준비와 각오

다른 도(道)에 보여주어야만 하는 입장입니다.

여러분도 이미 신문지상 등을 통하여 총독께서 천명하신 만선일여의 대강에 대해서는 충분히 알고 있을 것이므로 지금 여기서 이를 다시 언급할 필요는 없습니다. 다만 만선일여의 유래와 그 표어에 대해서는 여러 가지 측면에서 해석이 달라 오해를 사는 경우가 아주 없다고 할 수는 없습니다. 이 만선일여의 정신을 결코 나쁜 의미로 받아들여서는 안 됩니다. 일만불가론(日滿不可論)이라는 원대한 계획은 만주국 건국의 근본정신입니다. 이에 본도 직원들은 만주국과 관계되는 관민 유지와 접촉하는 모든 기회를 통하여 만선일여가 형제이여(兄弟爾汝)와 같은 친밀함으로 좋은 의미이며, 나쁜 의미가 아니라는 이유를 충분히 납득시켜 깨닫게 해야만 합니다. 아울러 만선일여의 철저한 실현에 대해서는 만주국의 실체를 충분히 인식하고 그 동향을 연구하여 만주 국민은 어떠한 존재인가, 우리가 무엇을 요구받고 있는가를 미리 살피는 것도 필요합니다.

만주국이 건국되고 5년이라는 시간이 지난 지금 내정(內政)과 대외관계에서 모두 일대 전환을 맞이하고 있습니다. 일본의 치외법권도 올해 안에 폐지될 것으로 예상됩니다. 이러한 때에 우리는 경찰과 관련된 여러 가지 복잡하고 새로운 사태의 발생도 각오해야 합니다. 나아가 이에 대한 충분한 연구와 준비를 갖추고, 그 처치 대책을 위하여 만전을 기함으로써 이후 시국 대처에 한 치의 빈틈도 없어야 할 것입니다. 그러한 한편으로 우리는 만선일여가 본도에서, 그리고 그것도 본도 경찰부터 시작이라는 신념하에 만주국의 관계기관과도 긴밀한 연락협조를 유지하여 서로 힘을 모아야 합니다. 이를 통하여 어디까지나 건전한 만주국의 발전에 기여해야 할 것입니다.

이상은 저의 생각 중에서 다만 두 세 가지를 말씀드린 것에 지나지 않습니다. 저는 여러분 각자를 비롯한 3,000명의 본도 동료와 함께 죽음으로 이 중임(重任)을 완수한다는 생각입니다. 적어도 여러분의 바른 마음으로부터 나온 업무 처리에 대해서는 그 결과야 어떠하든 부족한 제가 전적으로 책임을 지겠습니다. 여러분들도 부디 전임 부장님들께 하셨듯이 저와 협조하여 이 빛나는 사명을 향하여 함께 매진하시를 부탁드리는 바입니다. (6월 17일 도회의실)

결빙기 중 본도(本道) 경비

초산경찰서장 야마다 마츠노스케[山田俟之助][3]

1. 겨울의 진(陣) 대책

야마다 마츠노스케
(동아일보:1939.4.25.)

작년 평안북도 국경경비의 형세는 매우 불온하였다. 이 때문에 올해 결빙기 국경경비는 예년과 비교한다면 너무나도 심각하며 우려마저 된다. 결빙기의 모든 경찰서원들이 미간에 불안한 빛을 보이면서도 그에 상당하는 결의를 다지고 있는 모습을 보고 있자니 마음은 더욱 불안해질 뿐이다.

이는 다름 아닌 작년 3월 25일 같은 날 잇달

---

3 야마다 마츠노스케: 1896년 히로시마[廣島]현 출생이다. 1922년 평북 벽동경찰서 경부보, 1925년 초산경찰서 경부보, 1927년부터 1929년까지 구성경찰서장, 1930년 자성경찰서장, 1931년 철산경찰서장, 1932년 벽동경찰서장, 1933년 영변경찰서장, 1940년 함남 회령경찰서장·회령마약류중독자치료소장, 1941년부터 1942년까지 대구경찰서장 등으로 근무하였다(『朝鮮總督府職員錄(1922·1925·1927·1929·1930·1932·1933·1940·1941·1942)』).

아 발생한 불상사 때문이다. 우선 창성경찰서 관내 대길(大吉)주재소에서 불미스러운 사건이 발생하였다.[4] 이어 건너편 관전현(寬甸縣) 유수구자(柳樹溝子)에서 적의 상황을 정찰 중이던 관내 옹암(甕巖)주재소원 네 명이 30여 명의 적과 갑자기 충돌하였다. 주재소원들은 용감하게 적을 격퇴하였다. 하지만 이 사건으로 김영길(金榮吉)[5] 순사가 순직하고, 와시즈[鷲頭] 부장이 중상을 입었다.[6]

같은 달 30일에는 다시 관전현 와방구(瓦房溝)에서 벽동경찰서 토키야[硏谷] 경부보 이하 토벌대 22명이 20여 명의 적과 전투를 벌여 몇 명

4 1936년 3월 25일 새벽 3시 40분에 '토병' 혹은 '공산군'으로 불리는 항일무장세력 150명이 압록강을 건너 전화선을 끊고 평북 창성군 대길주재소를 습격하였다. 이에 창성경찰서는 20명, 昌平駐在所는 6명, 벽동군 松西주재소는 9명의 응원 병력을 파견하여 이들과 교전하였다. 교전 중 일본측에서는 순사 나카니시 야스비토[中西康人], 오오하라 스스무[小原勉]가 전사하고, 김미섭(金尾燮)이 부상을 입었다. 교전 이후 일본은 다시 창성경찰서 39명, 벽동경찰서 17명, 삭주경찰서 13명의 응원 경찰을 파견하였다. 창성수비대도 수비대 1개 소대를 출동시켰다. 신의주에서는 경비행기 1대가 이륙하여 사건 현장을 정찰하였으며, 평북경찰부에서는 야스다[安田] 고등과장이 현장으로 급파되었다. 이 사건으로 대길주재소는 전멸에 가까운 피해를 입었으며, 무기와 물품을 약탈당하였다. 항일무장세력은 이 사건 이후에도 세관출장소를 습격하여 현금 500엔과 물품 등을 약탈하였다(『조선일보』 1936년 3월 25일, 「昌城大吉駐在所를 土兵百五十名 襲擊, 飛行機守備隊出動, 警官兩名戰死, 土兵團員越江退却」; 『조선일보』 1936년 3월 26일, 「昌城大吉駐在所를 共軍百五十名이 襲擊」).

5 김영길은 1937년 4월 야스쿠니[靖國]신사에 배향되었다(『매일신보』 1937년 4월 2일, 「殉職警察官-三氏合祀靖國神社에」).

6 당시 신문은 이 사건을 다음과 같이 보도하였다. "대길 사건이 발생된지 2일 후인 25일 오전 10시 20분경에 평북 초산경찰서 옹암주재소의 취두(鷲頭) 순사부장은 동 소원 전촌(前村), 김영길을 대동하고 관전현 전자구촌 유수구에 도착한 즉 계통 불명의 토병단 30여 명이 일대 사격을 개시하게 되어 응전하였던 바, 김순사는 대퇴부와 흉부에 부상을 당하여 즉사하였고, 취두 순사부장은 대퇴부의 관통을 당하여 중과부적으로 어쩔 줄을 모르고 있던 바 이 급보를 접한 경비제1분대의 대율(大栗) 부장이 소원 6명, 용산출장소원 구보전(久保田) 부장 이하 5명이 현지에 응원급행하였다. 취두부장은 일단 구원중 압록강 빙상에 혼도되었다 하며 동행 중이던 옹암동에 거주하는 이지실(29)도 두부에 탄환을 맞아 즉사하였다"(『조선중앙일보』 1936년 3월 27일, 「楚山署甕巖駐在所를 土兵團이 又復 襲擊, 約三十名의 猛烈한 射擊에 警官側三名이 死傷」).

제1장 준비와 각오

압록강 중강진 부근을 운행 중인 프로펠라선[飛航船]
카모메마루[鷗丸](平北警鐘編輯部, 『國境警備』, 平安北道警察部, 1936, 76쪽)

의 적을 쓰러뜨리고 궤주시켰다. 하지만 이 과정에서 오노[尾野] 순사가
중상을 입었다. 4월 25일에는 창성경찰서 후루오카[藤岡] 경부보 이하
14명이 관전현 제6구의 고자구(蒿子溝)에서 적 60여 명과 충돌하였다.
이 전투에서 십 수명의 적을 쓰러뜨렸지만, 오카다[岡田] 순사가 명예롭
게 순직하고, 야마시타[山下] 부장이 부상을 입었다.

5월 28일에는 초산경찰서 관내 외연(外淵)출장소원들은 출장소 바로
맞은편을 운행 중이던 선박의 약탈을 목격하였다.[7] 출장소원들은 즉시
상황의 긴박함을 보고하고, 선박을 습격하는 적을 뒤에서 공격하기 위

---

[7]   1936년 5월 28일 오전 8시 반 외연출장소 요시다[吉田] 순사부장 등은 건너편
관전현 노인구(老人溝)에서 항일무장세력 40여명이 압록강을 상행하는 선박을
공격할 것이라는 정보를 입수하고 미리 대기하다 11시경부터 이들과 교전하였다
(『조선일보』 1936년 5월 30일, 「鴨綠江上을 目標로 土兵團의 掠奪暴行, 二十六七
日의 四件 이후 또 三件이 連發, 騷然한 平北對岸과 東邊道」).

하여 외연, 내연(內淵), 옹암경찰서원들을 연자구(碾子溝)로 우회하게 하였다. 그렇지만 적에게 많은 타격을 주고 개선하던 도중 외연 바로 앞 압록강에서 발생한 돌풍으로 배가 난파되었다. 그리고 난파된 선박은 때마침 압록강을 거슬러 올라가던 선박과 충돌하였다. 이 사고로 불행히 오카다 순사가 순직하였다.

지금 봄이 찾아왔지만 녹음은 아직 우거지지 않았다. 예년 같으면 요즈음은 결빙 기간 경관들의 노고를 위로하고 그들의 사기를 크게 북돋아야 하는 시기이다. 그렇지만 적의 활동은 이미 활발해져 동료 경관들 사이에 벌써 고귀한 희생자 다섯 명과 부상자 네 명이 나왔다.

초목이 더욱 무성해지는 시기가 되자 놈들은 더욱 격렬하게 준동(蠢動)하였다. 9월 20일 위원경찰서 신천(新川)출장소원 세 명이 집안현(輯安縣) 임강구(林江口)로 가서 곧 30여 명의 적에게 포위를 당하였다. 이 사건으로 요시와라[吉原] 순사가 순직하고, 정(鄭) 순사는 부상을 입었다. 9월 13일에는 벽동경찰서 봉곡(鳳谷)출장소 하세가와[長谷川] 순사 피납 사건이 있었다. 10월 9일에는 벽동경찰서 노장(魯章)출장소 습격 사건이 있었다. 이 때 우리 동료 타니자와[谷澤], 스지[辻], 다케무라[辰村], 야나기이[柳井] 등 네 명은 결사적으로 습격하는 선비(鮮匪) 다섯 명을 맞이하여 이들을 전멸시키고 장렬히 순직하였다.[8] 지금까지 이러한 상황으로 짐작하건대 이후 추세를 전혀 예측할 수 없는 긴급한 상황이다. 하지만 선발되어 제일선으로 왔기에 국경 경관들은 결코 이 정도

---

8 1936년 5월 9일 오전 8시 50분에 조선인과 만주인으로 구성된 50여명의 항일무장세력이 짙은 안개를 틈타 배를 타고 압록강을 건너 노장출장소를 공격하였다. 교전 이후 일본은 벽동경찰서 서장 이하 15명이 추격에 나섰다가 타니자와 순사부장 등이 매복에 걸려 전사하였다(『조선일보』 1936년 10월 10일, 「殉職警官에 總督總監弔電」; 『조선일보』 1936년 10월 11일, 「今朝 平北碧潼에 土兵 多數越境 來襲, 搜査隊를 不意襲擊 谷澤部長을 射殺」; 『조선일보』 1936년 10월 14일, 「殉職四巡査에 功勞紀章下附」).

제1장 준비와 각오

압록강의 결빙(小川一眞, 『日韓倂合紀念 大日本帝國朝鮮寫眞帖』, 小川一眞, 1910)

의 일로 겁을 먹지 않는다.

이처럼 다사다난한 경비 경계의 한편에서 경관들은 겨울의 진을 갖추기 위하여 방어공사에 힘쓴다. 차마 눈물 없이 볼 수 없는 광경이다. 모든 경관들은 방어공사를 자신의 일처럼 생각하고 피땀으로 방어시설을 쌓아 올린다. 이러한 방어시설이 완벽하다고 하기는 어렵다. 하지만 방어시설 덕분에 우선 경관들이 방심하지 않고 경계에만 임한다면 설령 수 십배나 되는 적의 습격을 받더라도 우리 편이 응원을 위해 오는 몇 시간 동안 사수할 수 있을 것이라는 자신감을 갖게 되었다.

이러한 방어시설에 정예 무기까지 충실하게 된다면 이번 겨울의 진에 몇몇 마적들이 아무리 횡포를 부리더라도 저들은 우리 국토를 한 발자국도 유린할 수 없을 것이다. 반면 아무리 물적 대응책을 마련하더라도 인적 대응책이 마련되지 않는다면 물적 대응책은 전혀 도움이 되지 않는다.

경관들은 늦가을을 새카맣게 물들이면서 방어공사에 전념하였다. 고목이 엉겨 붙고 서릿발이 들어선 검은 흙을 들어 올렸다. 아침저녁으로 얇은 얼음이 보인다. 압록강변 의 그늘은 점차 단단한 얼음이 되었다.

강변 주변에 2,3미터의 얼음이 얼자 공사를 일단락 지었다. 이어 다시 허리를 펼 틈조차도 없이 경비대 요원들의 특별훈련이 시작되었다. 각 주재소원들 훈련은 검문법, 건각(健脚) 양성을 위한 행군 등 인적 대책으로 변경되었다. 이러한 훈련들은 경관들을 더욱 힘들게 한다.

12월 상순이 되면서 점차 겨울의 진은 대강 그 계획이 끝났다. 이미 사방은 유빙(流氷) 천지가 되어 압록강 건너편과 교통이 두절되었다. 초산경찰서에서도 특별경비대의 편성, 각소의 인원 증가 배치 등으로 50여 명의 인원이 일제히 이동하였다. 이 즈음 설을 쇠고 겨울의 진에 앞서 사기 진작을 위해 한바탕 활력을 불어넣었다. 여기에는 경찰후원회 구매부가 상당한 노력을 하였다.

이 기간에 평북 경찰 간부들의 인사이동 명령도 있었다. 전(前) 경찰부장 후루카와[古川] 도서과장님과 전 고등과장 야스다[安田]님, 충북경찰부장님께서는 일찍이 없던 국경의 이변이라는 수난 시기에 즈음하여 어디까지 부하들의 사기 고무와 국경 방비의 확충에 주의를 기울이는 한편 획기적인 계획을 완성하였다. 지금까지 적도(賊徒)에 대한 복수도 제대로 하지 못하고 중간에 유야무야 되는 것이 너무나 유감스러웠다.

신임 나카노[中野] 경찰부장과 오오와다 린노스케[大和田臨之助][9] 고등과장은 부임하자마자 11월 23일에 초산경찰서를 직접 순시하고, 사지(死地)에서 국경 경관으로 더욱 굳은 결의를 다졌다. 같은 달 15일 벽동에서 개최된 결빙기 중 경비사전협의회 자리에서 나카노 경찰부장과 야마토다 고등과장은 경관들이 항상 서장을 신뢰하여 충분한 실력을 발휘할 수 있게 하겠다는 자신들의 의지를 전달하였다. 여기에 우리가 무슨 더 할 말이 있겠는가?

2. '겨울의 진' 등장

한 마디로 결빙기 중 국경경비 경계를 위한 준비 대책에는 1년이 소요된다(다만, 작년은 방어공사를 위한 확충공사가 있었다). 조선 북단인 국경에서는 낙엽이 떨어지면 가을이라는 말이 적용되지 않는다. 낙엽이 떨어지면 국경은 바로 겨울이다. 이곳의 계절은 여름에서 겨울로, 여름 옷에서 겨울 옷으로, 그리고 녹음기에서 결빙기로 바뀐다고 한다. 계절을 뛰어 넘는다. 생활하기 가장 좋은 봄과 가을은 순식간에 지나간다. 계절의 덕을 보지 못하는 것이 이보다 더 할 수 없다.

---

9 오오와다 린노스케(1891. 2~?): 이와테현 출신으로 니혼[日本]대학 전문부(專門部) 법과를 졸업했다. 1913년 경시청 순사, 1918년 경부보를 거쳐 1921년 경기도로 전출되어 조선으로 건너왔다. 1923년 조선총독부 도경부로 임명되어 김포(金浦), 용인(龍仁) 등의 경찰서장, 경성 본정경찰서(本町警察署), 1931년 충남 고등경찰과장, 1934년 전북 고등경찰과장, 1936년 평북 경찰부장 등으로 근무하였다(『朝鮮人事興信錄』, 1935, 90쪽; 『매일신보』 1937년 4월 29일, 「江原平北九警官에 功勞記章授與」; 『朝鮮警察職員錄(1937)』).

벽동경찰서 간하(干下)출장소 경관들의 방어시설 공사(『國境警備』, 83쪽)

3. 결빙기 전 비적의 동정

각 방면으로부터 수집한 정보를 종합하여 보건대 마비적(馬匪賊)의 정세는 다음과 같다. 여러 차례 일만군(日滿軍)의 대토벌과 부단한 선무공작(宣撫工作)으로 비민분리(匪民分利) 경향이 현저해졌다. 그 결과 마비적은 그 세력도 계속 조금씩 쇠퇴하고 있는 것으로 보인다. 초산경찰서와 마주하는 집안·관전·환인(桓仁) 세 현의 경계를 중심으로 각지에 근거를 둔 비단(匪團)의 상황은 다음과 같다.

---

10 왕봉각(1895~1937): 길림성 통화(通化)의 한족(漢族) 교사 가정 출신이다. 1916년 통화현립중학교에 입학하고, 1923년 동북군 제58단에 투신하여 부관으로 활동하였다. 만주사변이 발생하자 만주에서 항일의식을 고취하였다. 1932년 통화 동쪽 동산구(東山區)에서 1만여명의 항일단체를 일으켜 司令으로 추대되었다. 곧이어 그의 세력은 요녕민중항일자위군(遼寧民衆抗日自衛軍)19로군(路軍)으로 편성되었고, 그는 사령으로 임명되었다. 그의 활동으로 금천(金川)·휘남(輝南)·유하(柳河)·반석현(磐石縣)과 길해철도(吉海鐵道) 연선의 일본군에게 타격을 입었다. 1933년 2월 홍토애(紅土崖), 대라권구(大羅圈溝) 일대로 이동하여 양정우가 지휘하는 항일연군과 연합하여 수 100회 이상의 전투를 치루었다. 1937년 봄 일본군과 만주군은 중무장 병력을 출동시켜 통화·임강(臨江)·집안현(輯安縣) 접경지역인 노호정자(老虎頂子)에서 양봉각 부대를 포위하였다. 이어 같은 해 2월

제1장 준비와 각오

중한항일연합군위원장 왕봉각(王鳳閣)[10] 사령 최종륜(崔宗崙)[11]의 부하 상단장(尙團長) 계통이 700명, 주요 인물인 자, 해교(海蛟) 이하 100명, 만단부(萬團副) 이하 100명, 차연장(艾連長) 이하 100명, 김산호(金山好) 이하 100명, 준산(俊山) 이하 30명, 반단(潘團) 이하 50명, 청산호(靑山好) 이하50명, 구국군(救國軍) 계통 25개 부대 100명, 좌사령(左司令) 200명, 홍군(紅軍)계 홍사령(紅司令) 200명, 정사령(程司令) 100명, 조선혁명군은 총사령 김활석(金活石)[12] 이하 200명 등이다. 이들은 모두 현재의 쇠퇴를 만회하기 위해 호시탐탐 다가오는 결빙기에 대거 조선에 있는 경비기관을 공격하여 무기의 탈취, 금품의 강탈을 기도하고 있는 상황이다.

15일 동남차(東南岔) 전투에서 부하 대부분이 전사하고 왕봉각도 팔과 대퇴부에 중상을 입고 체포되었다. 통화현성 감옥에 투옥된 왕봉각은 여러 차례 일제의 귀순을 권유를 거절하고 4월 1일 길림성 통화 옥황산(玉皇山) 아래 유조구(柳條溝) 형장에서 부인, 자식들과 함께 처형되었다(李世龍 編著, 『中韓血盟東北抗日聯軍戰史1931~1945』, 圖書出版 高句麗, 2011, 239쪽).

11 최종륜: 본명이 한검추로 1935년경부터 조선혁명군 제2중대장, 제1사령 등으로 활동하였다. 1937년 4월 초순 교육부장 윤일파와 함께 일제에 투항한 이후 500~600명으로 구성된 최종륜부대를 편성, 항일세력 토벌에 출동하였다. 특히 1940년 2월 동북항일연군 제1로군 군장 양정우 사살에 앞장섰다. 광복 후 귀국하여 국군에 투신한 뒤 1959년 3월에 육군 준장으로 예편하였다(장세윤, 『1930년대 만주지역 항일무장투쟁』, 독립기념관 한국독립운동사연구소, 2009, 194쪽).

12 김활석(생몰년 미상): 평북 강계 출신이며, 이명은 김탁(金鐸)·문무경(文武卿)·김호석(金浩石)이다. 1933년 국민부 군사위원장으로 활동하였다. 1934년 9월 조선혁명군 총사령 양세봉(梁世鳳)이 전사하고, 조선혁명군이 조선혁명군정부로 개편되자 조선혁명군 총사령이 되었다.이후 조선혁명군정부의 군사부장으로 활동하면서 1935년 7월 5일 남경에서 성립한 통일전선체 조직 조선민족혁명당의 중앙집행위원을 역임하였고, 그가 이끈 조선혁명군은 명의상 한 때 이당의 당군으로 편제되었다. 그는 조선혁명당을 계승한 독자적 투쟁단위를 고집하며 최후까지 고군분투하였다. 그러나 1938년 9월 6일 결국 제7단 정광호(鄭匡鎬)와 함께 만주국 안동공서에 체포되자 항복하였다. 이로써 조선 독립을 직접 표방하던 만주 최후의 민족주의계 독립군인 조선혁명군도 종말을 고하였다. 그러나 중국 관내로 합류한 김학규, 최동호, 유동열, 이웅 등은 인사들은 조선혁명당군의 이념을 계승하여 독립운동을 지속하였다(撫順朝鮮族志編纂組 編, 『撫順朝鮮族志』, 民族出版社, 2015, 104~122쪽; 장세윤, 앞의 책, 2009, 197쪽).

4. 경비 경계의 대책

앞서 말하였듯이 결빙기 전 마비적의 상황은 실로 무시할 수 없다. 그렇지만 저들은 차례로 식량난에 빠졌다. 몇 차례의 토벌에도 불구하고 저들의 행동은 아직 왕성하다. 지금까지 토벌 상황을 보면 저들은 가능한 한 우리 토벌대와 마주치는 것을 피하고 있다. 최근에는 역습(逆襲) 행동을 취하는 등 완전히 궁지에 몰린 쥐처럼 나오고 있다.

특히 이주 조선인에 대한 집가법(集家法, 혹은 聚家法)[13] 강제로 실시하거나, 이주 조선인들이 조선으로 돌아간 탓에 '선비혁명군'은 마침내 식량을 조달할 방법이 끊겼다. 군자금으로 사용하던 호세의무금(戶稅義務金) 징수마저 불가능하게 되었다. 이에 궁여지책으로 조선인 자산계급에 협박문을 보낸다거나, 결빙기가 되면 국내 습격이라도 감행하려는 듯 기세를 올린다. 아울러 국내 깊숙이 잠입하여 군자금을 징수하여 조달할 것이라고도 장담한다.

10년 전의 일을 기억하는 국내 주민들은 다소 동요하는 모양이다. 주민들 만이 아니라 우리 경비원들도 혹시 만일에 저들이 오지 깊숙이 잠입하여 이전처럼 위협과 폭력 행위로 나온다면 현재의 경비도 그 배치를 달리해야만 할 것이라고 생각하였다. 그러나 이전과 달리 이러한 상황에서도 국내 주민들은 경관을 신뢰한다. 현재 사회정세 속에서 일반인조차 조선혁명군이 어떠한 존재인가를 잘 이해하고 있다. 이러한 사실이 믿음직스러울 뿐이다.

그렇다고 이전처럼 소극적으로 단순한 국경선 경비경계에만 매달릴 수도 없다. 아무리 경비기관이 충실하다 하더라도 관내 수 십리 강변에

---

13 集과 聚의 일본어 발음이 같아 본문에서는 둘 다 사용하고 있다.

제1장 준비와 각오

8개에 불과한 주재소와 출장소, 혹은 한계가 있는 인간의 활동만으로 24시간 내내 한 치의 틈도 없는 이상적인 경비가 가능할 것이라고 기대할 수 없다. 오히려 다소의 희생이 있더라도 적극적인 대응책으로 나서야만 한다고 생각한다.

우선 적들의 상황을 충분히 내사(內査)하여 저들 비적의 무리가 압록강 건너편 몇 리 이내로 접근하지 못하게 하였다. 아울러 하루 안에 왕복할 수 있는 지점이라면 가능한 한 적극적으로 토벌을 감행하였다. 저들 내부에 동요를 일으키기 위하여 ××공작을 시도하였다. 이를 위해 호리[保利] 고등주임을 두 차례나 평안북도 당국으로 보내어 충분한 양해와 지시를 받았다. 최초 구상은 작년 안에 반드시 상당한 성과를 거두고 적도들을 처치한다는 계획이었다. 그렇지만 중간에 첩자를 이용하여 작전한다는 계획은 생각만큼 쉽사리 진척되지 않아 안절부절하기도 하였다. 그렇지만 나카노 경찰부장님이 이러한 점에 대하여 따뜻한 격려로 지지해 주셨다. 덕분에 ××명의 ××(귀순인 듯 함…역자)자를 찾아내어 조금 체면을 세운 듯하다.

그러나 이에 만족하지 않고 당초 계획대로 어디까지나 저들의 궤멸시키고자 하였다. 다시 독으로 독을 다스린다는 방법을 사용하였다. 처음에는 상당한 위험을 느끼고 주도면밀하게 그들을 주의하였다. ××자들에게 각각 이전에 활동하던 지역의 비적 상황을 정탐하게 하고 토벌에도 동반시켰다. 그들의 활동은 실로 주목할만 하였다. 초산경찰서는 결빙기 후반에 진심에서 우러나오는 저들의 도움 덕분에 비적 토벌에 성공하였다. 저들에게 감사한다. 저들은 모두 수년 동안 같은 행동을 하였으므로 주변의 지형, 적들의 배회 경로, 도주로, 주요한 근거 가옥의 구조 등에 이르기까지 훤히 알고 있었다.

더욱이 저들은 지금 정의라고 할 수 있는 강력한 후원이 있다고 생각

일본 군경의 다양한 경비 망루의 모습. 오른쪽 위부터 "수상전망경비" "야간철도경비", "극산
수비대전망대의 보초", 아래의 오른쪽부터 "철도경비" "야간○○대 앞의 보초", "빈주선(濱洲
線) 부랍이기철교(富拉爾基鐵橋) 전망초소"라는 제목이 있다(『全滿洲名勝寫眞帖』, 58쪽)

하여 마음껏 움직인다. 저들은 양민으로 다시 되돌아갈 수 있는 증거를
인정받으려는 의지가 있다. 그렇기에 저들 두세 명만 동반하더라도 우
리는 마치 수 십 명의 협력을 얻는 듯한 느낌이었다. 이처럼 하늘이 우
리에게 강온(強穩) 양면 계획을 허락하신 덕분에 저들 내부 상황에 커
다란 동요를 초래하였다. 그리고 한편으로 다음과 같은 전례 없는 성공
속에 이번 결빙기 겨울의 진이 종결됨을 고하였다.

　이는 수많은 희생자 영령의 안내와 오로지 경찰서원들 모두가 일치협
력하고 멸사봉공한 덕분이었다. 책임자로 이들의 목숨을 건 노력에 대
해 오로지 감사 감격, 가슴에서 우러나오는 경의를 바쳐 마지않는다.

기(記)

1. 12월 28일, 집안현 양수천자(凉水泉子)에서 선비 8명과 교전(우리는 타카[高] 부장 이하 15명)하여 적 세 명 사살, 총기 한 정 노획
2. 1월 17일 집안현 대흑준자구(大黑俊子溝)에서 오오구리[大栗] 부장 이하 열 명이 선비 박유빈(朴有彬) 체포
3. 1월 20일 관전현 백채지(白菜地)에서 카와카미[川上] 경부보, 타카 부장 이하 23명이 군대와 협력하여 적 팔십 명과 교전, 여덟 명 사살
4. 1월 21일 집안현 문감초(門坎哨)에서 호리 경부보, 타카 부장 이하 열여덟 명이 적 30명과 교전, 세 명 사살
5. 1월 25일 관전현 백채지에서 요시다 부장 이하 13명이 선비 20명과 교전, 한 명 사살
6. 1월 31일 집안현 외차구(外岔溝)에서 타카 부장 이하 15명이 적 한 명 체포
7. 2월 18일 집안현 고력묘자(高力墓子)에서 카와카미, 호리 순사보, 타카·요시다 부장 이하한 명이 마적 60명과 교전 세 명 사살
8. 2월 28일 집안현 고마령(古馬領) 남구(南溝)에서 호리 부장보, 타카 부장 이하 16명이 적 50명과 교전, 세 명 사살
9. 3월 5일 집안현 삼홍호자(三紅胡子)에서 호리 경부보, 타카 부장 이하 16명이 적 한 명 체포
10. 3월 14일 집안현 남강연(南江沿)에서 서장, 호리 경부보, 타카 부장 이하 22명이 적 65명과 교전, 사살 아홉 명, 체포 두 명
11. 3월 23일 환인현 남노영구(南老營口)에서 호리 경부보, 요시다·타카 부장 이하 50명이 선비 한 명 체포, 한 명 사살
    요령(腰嶺)에서 적 수 십명과 교전 우리 측 부상 1명, 24일 신개령(新開嶺)에서 약 80명과 적과 교전, 적 아홉 명 사살

제2장
'연합토벌'의 기억

산개 훈련 중인 후창경찰서 포동(葡洞)주재소 경관들(『國境警備』, 165쪽)

소비(掃匪) 공작 상황

초산경찰서 호리 미츠오[保利三南][14]

초산경찰서 맞은편 주변은 겹겹이 산으로 둘러싸여 있다. 혼강(渾江)은 산 사이를 가로지른다. 지형은 험하고 교통도 불편하다. 그렇지만 토지는 비교적 비옥하여 농경에 적합하다. 혼강은 경제 하천으로 많은 선박들이 물자를 운반한다. 따라서 토비들이 토벌대를 방어하거나, 도주하기에 편리하다.덕분에 비적들은 힘들이지 않고 쉽사리 생활물자를 수집할 수 있다. 혼강 일대는 마비적의 소굴이 되기에 실로 최적의 조건을 갖추었다. 작년 여름 환인현 제3구, 집안현 제1·3구, 관전현 제4·5구를 근거지로 하는 마비적이 약 2,000명이라고 하였다. 흉폭하기 그지없는 이들이 조선 방면의 틈만 노리는 것은 아니다.

---

14 호리 미츠오: 1934년부터 1935년까지 신의주세관 수구진세관출장소 감리 및 도순사, 1936년부터 1937년까지 초산경찰서, 1938년부터 1939년까지 선천경찰서, 1940년 만포경찰서 경부보, 1941년 평안북도경찰부 경무과 경부, 1943년 경찰견습소 강사 등으로 근무하였다. 1939년 3월 일본의 만주사변 제3차 논공행상에서 만주의 치안유지에 공적이 있는 조선총독부 경관들을 포상할 때 백색동엽장과 금을 하사받았다(『朝鮮總督府職員錄(1933·1935·1938·1939·1940·1941·1943)』;『동아일보』1939년 3월 23일,「滿洲事變論功行賞」).

압록강변 자성(慈城)의 선착장에서 검문(『國境警備』, 88쪽)

저들은 폭탄에 이렇게 격발장치를 한다…(원문…역자) 초산경찰서는
육지가 계속 이어진다. 결빙기를 앞두고 최대한 힘을 기울여 강변을 경
비경계한다. 최대한으로 신경을 써서 노력하였다. 그렇지만 과거 역사
를 돌이켜보는 것만으로 원망은 골수에 깊이 사무친다. 설욕하기 위해
노력하면 노력할수록 회생만 낳았다. 이에 초산경찰서는 적과 특수한
연락을 취하여 회유하고 그 실상을 속속들이 알게 된 이후에야 그 대책
을 수립하였다. 특히 작년 가을에는 조선혁명군을 목표로 첩자 몇 명을
그들 본거지로 파견하여 몰래 상황을 조사하게 하였다. 파견된 이들은
이전 조선혁명군에서 상당한 지위에 있었던 이들이다. 지금도 이들은
혁명군총사령 김활석, 부사령 최종륜 등과 교분이 깊다.
　첩자들의 조사에 따르면 조선혁명군은 작년 가을부터 만주국의 철저
한 치안공작 때문에 쇠퇴의 길을 걷고 있다고 한다. 저들은 '만주에서
민중과 분리된 혁명운동은 무의미하다. 만주에서 객사하느니 차라리

　　　　　　　　　　　　　　제2장 '연합토벌'의 기억

압록강변 동흥(東興)의 선착장에서 검문(『國境警備』, 88쪽)

조선으로 건너가 명예롭게 싸우다가 조국의 땅에서 산화한다'다는 의미를 알고 있다. 우리는 조선혁명군이 단말마의 숨을 헐떡이면서도 분을 참지 못한다는 사실을 파악하고 엄중하게 수비하였다.

　아울러 나는 서장을 따라 작년 12월 이래 연담(蓮潭)으로 출장하였다. 우리는 이곳을 본거지 삼아 앞서 말한 첩자를 활용, 적도(賊徒) 회유에 힘쓰는 한편 수 십명에 이르는 첩자를 동원하여 저들에 대한 공작에 주력하였다. 그 계획이 적중하여 올해 1월에 들어 무기를 휴대한 적의 중견 간부급 인물들이 속속 우리 군문(軍門)에 투항하였다. 이 때문에 적도들이 크게 동요하자 조선혁명군 간부들은 조선을 습격할 기력을 상실한 것은 물론 우리의 공작을 우려하여 대원들이 강변 근처로 이동하는 것조차 경계하였다.

　우리는 투항자들을 통하여 적의 상황을 파악하였다. 건너편 일대 적의 상황을 손에 잡힐 듯 분명해졌다. 적단(賊團)에 대해서는 투항자를 활용한 공작을 하는 한편 우리는 투항자들과 함께 건너편으로 가서 통행자 검문, 통비자(通匪者)[15] 적발에 노력하였다. 그 동안 서로 연락하는 사이였던 투항자에게 거짓을 말할 수 없던 통비자는 마침내 우리에게 적에 대한 정보를 제공하기에 이르렀다. 우리도 이러한 기회를 놓치지 않고 적들을 공격하고, 저들을 초멸(剿滅)시키고자 하였다. 투항자는 과거 수 년간 이 지역에 거주하던 자들로 비적들의 상황을 잘 알았다. 적들을 공격할 때에는 투항자를 앞세웠다.

더욱이 여러 해 저들이 연구한 기습 작전을 받아들이고, 정예화된 조선 경관들을 전투에 임하게 하였다. 사나운 적들이라도 저항할 수 없었다.

1. 1937년 1월 21일 집안현 제3구 문감초(門坎哨)에서 왕봉각비(王鳳閣匪), 반단부(潘團附) 이하 30명과 교전하여 적 3명을 사살하고 다수의 부상자를 내게 함. 러시아 장총 1정과 탄환 70발, 브라우닝 소형 권총 1정과 탄환 20발, 군복 3벌, 기타를 노획

그 전날인 1월 20일 초산경찰서원들은 관전현 남구(南溝) 및 908고지 부근에서 초산수비대와 협력하여 반만항일비 상(尙) 단장 일파와 교전, 11명을 쓰러뜨렸다. 당일 전투 현장에서 수색에 나선 경비 제2분대 타마 부장 이하는 수색 후 혼강을 따라 집안현 제3구 노고랍자(老古

15 조선혁명군정부 지방지도원 및 항일투쟁을 지원하고 있던 후원자들을 지칭한다. 1935년 8월 하순 일본 관동군의 대토벌대가 흥경현(興京縣) 일대를 석권하면서 조선혁명군정부의 근거지는 큰 타격을 받게 되었다. 특히 관동군의 사주를 받던 만주국 치안 당국은 1936년 1월부터 3월까지 조선혁명군 정부 지방지도원 및 항일투쟁을 지원하고 있던 후원자들을 '통비자'라는 이름으로 대거 검거하였다. 이는 조선혁명군 정부의 조직 운영에 큰 손실을 입혔다. 특히 조선혁명군정부의 국내외 방면에 걸친 치열한 항일투쟁과 독립운동에 상당한 타격을 받은 일제는 1936년 가을 괴뢰 만주국 군경까지 동원한 대대적인 탄압을 전개하였다. 그리하여 그 해 12월 일본 군경과 만주국 관헌은 합동으로 조선혁명군이 활동하던 남만주의 동변도 일대 지역에 대한 이른바 '동변도치본공작'이라는 항일세력 말살공작을 추진하였다(장세윤, 앞의 책, 2009, 189쪽).

拉子)에 이르렀다. 제2분 대의 황금룡(黃金龍)[16] 순사는 주변을 몰래 살피다가 전날 적의 일파 반단부 이하 약 30명이 아직 문감초 폐가에 잠복하여 치료와 휴식 중이라는 정보를 입수하였다. 이에 제2분대 일동은 용감하게 뛰어나갔다. 타카 부장도 즉시 수색에 착수하였다.

나도 작년 12월부터 연담으로 출장 중이었다. 1월 초순에는 선비에 대한 공격을 위하여 관전현 소천구(小川溝)로 갔다. 이 때 오른손에 동상을 입어 21일 교전에도 출동하지 않고 연담에서 혼자 고독하게 빈 경찰서를 지켜야만 했다. 나는 이것이 불만스러웠다. 그렇지만 동료애 덕분에 이번 교전에 참가하게 되었다. 즉시 오후 3시에 노고납자(老古拉子)의 타카 부장은 비둘기 통신으로 호리 경부보 앞으로 '문감초 폐가에 반단부 이하 약 30명이 잠복하여 있다는 확실한 정보이다. 지금부터 포위 공격을 요청한다'고 통보하였다. 이 통보를 접한 나는 전날의 울분을 한꺼번에 날려버리기라도 하듯 대원 세 명과 함께 미리 준비한 말썰매를 타고 약 1리가 되는 혼강의 빙상을 단숨에 질주하였다.

문감초에 도착하니 타카 부장은 적의 잠복 가옥을 파고들어 포위 대형으로 전환 중이었다. 나는 즉시 전투에 참가하였다. 우익으로부터 흩어져 적이 잠복한 주택으로 접근하였다. 적은 우리의 습격을 알고 즉시 발포하면서 뒷산을 점령하고 완강하게 저항하기 시작하였다. 우리는 이러한 적의 공격에 대하여 "이까짓 것"이라면서 그대로 앞으로 흩어져

---

16 황금룡: 평북 출신이다. 1932년 평북 박천경찰서 맹중(孟中)주재소, 1937년 초산경찰서 등에서 순사로 근무하였다. 1938년 간도특설대(間島特設隊) 제1기생으로 입대하였으며, 기박련(機迫連: 기관총·박격포중대) 상병으로 복무하였다. 간도특설대는 1938년 9월 만주국이 동북항일연군과 팔로군 등 항일조직을 공격하기 위해 조선인 중심으로 구성한 무장조직으로, 일제가 패망할 때까지 존속하였다. 1943년 훈8위 경운장(景雲章)을 받았다. 1952년 서대문경찰서에서 근무하였다(『朝鮮警察職員錄(1932·1937)』; 친일인명사전편찬위원회, 『친일인명사전』3, 민족문제연구소, 2009, 995쪽).

압록강변 중강(中江) 선착장에서 검문(『國境警備』, 86쪽)

적들을 향하여 공격하였다. 적들도 맹렬하게 응사하였으므로 일대 접전이 되었다. 짧은 겨울날은 벌써 저물고 있었다.

특히 혼강 특유의 겨울날 저녁 안개가 주변을 둘러쌌다. 시기가 적당하였으므로 일몰 전술?(원문…역자) 라고도 할 만한 전술을 택하여 단숨에 적을 공격하였다. 마침내 적은 더 이상 견디기 어려워 사체 두 구를 버려두고 퇴각하였다. 우리는 결연히 적이 있던 주택을 점령하였다. 적은 눈앞의 약 50미터의 지점에서 흩어져 궤주(潰走) 중이었다. 추격하여 지휘자로 보이는 한 명을 쓰러뜨릴 수 있었다. 적의 잔당은 고개를 넘어 고마령 방면으로 도주하여 버렸다. 더 이상의 추격은 오히려 불리하다고 판단하고 수고한 대원을 위로하였다. 우리들은 '어제 전투의 부산물치고는 너무 과한 것 같다'면서 웃고 떠들었다. 오후 7시 모두 개선가를 높이 부르면서 본거지로 퇴각하였다.

제2장 '연합토벌'의 기억

2. 2월 18일 집안현 제3구 고력묘자 528고지 동방 약 4,000미터 계곡 사이에 항일비 왕봉각의 부하 이연장(李連長, 혹은 老二連, 李可嶺) 일파 약 60명과 교전 적 3명을 쓰러뜨리고, 러시아식 장총 1정과 탄환 7발, 잡품 다수를 노획

2월 17일 평소와 같이 우리는 혼강구에서 통행자를 검문하던 중이었다. 이 때 투항자 한 명이 정말 지저분한 복장으로 짐을 썰매에 싣고 운반 중이던 50여 세의 만주족 남자를 가리켰다. 투항자는 '저자가 비적과 내통한 자입니다. 제가 신문해 보겠습니다'면서 그 남자와 몇 분간 대화하였다. 때마침 기회가 맞아떨어져 그 남자를 통하여 적의 잠복지와 그들의 계획 등을 남김없이 파악하였다. 비적과 내통하던 만주족 남자는 식료품인 쌀을 구입하여 그날 오후 11시까지 적의 본거지까지 전달하기 위해 가는 도중이었다. 우리는 "좋았어"라고 말하고 나서 즉시 그 상황을 보고하였다. 적의 계획을 기선 제압하기 위한 출동 명령이 내려졌다.

우리는 카와카미 경부보 이하 31명을 본대로 삼아 두 개의 분대를 편성하였다. 나를 포함한 20명은 선발대 1분대로 편성되었다. 17일 오후 9시 출발 명령이 내려졌다. 20명은 즉시 용감하게 연담을 출발하였다. 도중에 험난한 대홍호자(大紅胡子)도 지나갔다. 발의 동상이 아직 낫지 않은 나는 움직이기 매우 불편하였다. 18일 새벽 2시 적의 잠복 가옥 근처에 이르러 그 자리에서 간부회의를 마쳤다. 카와카미 본대는 적의 뒤편에 있는 계곡을 멀리 우회하여 포위 형태를 취하기로 하였다. 호리부대는 적의 전면으로부터 진격하다 동틀녘을 기다려 일제히 공격하기로 하였다. 모두 계획대로 행동을 개시하였다.

새벽 3시 잠복지 후방에서 적의 감시자와 충돌한 카와카미 부대의 발포로전투가 개시되었다. 그 때 호리부대는 잠복지 아래 약 4미터 되는

V자형 계곡 바닥에 대기 중이었다. 그런데 적의 전방 감시자가 교전 중이던 카와카미 부대를 발견하였다. 적의 본대는 카와카미 부대에 갑자기 사격을 퍼부었다. 지형마저 불리한 상황에서 불가피하게 큰 손실이었다. 바로 옆까지 비처럼 쏟아지는 탄환을 무릅쓰고 약 100미터를 전진하였다. 주위를 둘러볼 여유가 없다. 계곡의 도랑을 발견하고 이를 이용하여 공격하기 위하여 이동하였다. 적도 몸을 사라지 않는 우리에게 겁을 먹었는지 조금씩 퇴각하기 시작하였다. 바로 지금 이 때라 생각한 우리는 갑자기 사격하여 몇 명의 적을 쓰러뜨렸다. 적은 아직 가장 높은 지점에서 저항한다. 우리 부대는 전군에 호응하여 해당 고지를 점령하였다. 우리가 적을 협피구(夾皮溝) 방면으로 격퇴시켰던 새벽 4시는 다름 아닌 '동트기 직전'이었다.

전투가 끝난 후 오지에서 행군은 위험하다. 이번에는 주객이 전도되었다. 우리가 적의 잠복 가옥을 본거지 삼아 엄중한 감시를 하면서 하룻밤을 지냈다. 적은 민가를 잠복 가옥으로 사용 중이었다. 이는 감시 장소 등의 시설에 해당한다. 새벽 3시 밖에 되지 않았는데 솥에서는 벌써 아침밥이 끓고 있었다. 이러한 산속에서도 저들은 항상 긴장하고 있음을 엿볼 수 있었다. 만주풍의 붉은 종이에는 '반만, 항일'이라는 글자가 씌여 있었다. 이것으로 불을 밝히기도 하고 심지어는 제물로도 사용하고 있다는 사실을 알았다. 이를 보니 저들은 항일의식을 종교화시켜 부하들을 사로잡고 있는 것이 아닐까라는 생각이 들었다. 뜨거울 정도로 불이 잘 드는 온돌방 하나에서 동료들과 어젯밤의 피로로 찌든 몸을 서로 엉키어 가면서 꿈을 꾸었다. 직접 경험해 보지 않은 사람이라면 모를 것이다. 산 위의 새벽은 일찍 찾아온다. 아직 수면이 부족한데 정신은 말짱한 느낌이다. 길보(吉報)를 전하기 위해 청공사관(靑空士官)(전서구…역자)를 날린 후에 노획품을 분담하여 귀로에 나섰다.

　　　　　　　　　　　　제2장 '연합토벌'의 기억

3. 2월 28일 집안현 제3구 고마령 남구에서 계통 불명의 마적 약 50명과 교전하여 적 3명을 쓰러뜨리고 러시아식 장총 1정과 탄환 50발, 30년대식 니켈제 권총 1정과 실포(實包) 3발, 중국식 권총 3정과 실포 8발, 말 1필, 노새 2필, 그 외 잡다한 물건 10점을 노획

　3.1 기념일을 기하여 선비들이 조선 습격을 계획 중이라는 정보가 있었다. 당시 나는 경비대원들과 함께 관전현 대천구(大川溝) 부근에서 지형 정찰을 겸하여 실시하고 단독 군장으로 돌아오던 중이었다. 황, 최 두 명의 순사는 집안현 노고랍자에서 투항자와 동반하였다. 투항자가 말하기를 이곳 정상으로부터 얼마 되지 않는 아랫쪽에서 마적 약 50명이 잠복하여 무엇인가를 획책 중이라는 것이었다. 즉시 이들을 한꺼번에 격멸하겠다는 결심을 한 우리들은 산꼭대기에 이르렀다. 이미 저녁 7시였다. 밤이 깊어지기를 기다려 약 500미터에 아래에 있는 잠복 가옥 두 채를 포위 공격할 계획을 세우고 기회가 오기를 기다렸다.

　그러던 중 적의 감시자로 보이는 두 명(?)이 벌써 산꼭대기로 왔다. 이들이 우리를 발견한다면 계획이 물거품이 될 수 있었다. 이에 사전에 위험에 빠질 우려를 제거하기 위한 전법을 택하였다. 위험하지만 전원 즉시 산개 대형을 취하였다. 우익은 호리, 좌익은 타카의 지휘에 따라 일사분란한 대형으로 단숨에 전진하였다. 의지할 만한 지형이 전혀 없는 약 50도 경사에 가슴까지 빠지는 눈 속이었다. 때마침 하늘이 도왔는지 강풍이 불어와 우리가 전진하는 발소리를 줄여주었다. 잠복 가옥 약 50미터 앞에 이르렀어도 적은 우리를 알아차리지 못하였다. 이는 전적으로 하늘이 도왔다는 생각이다. 적은 담소를 나누면서 저녁 식사를 하고 있는 것 같았다.

　우리가 다시 적에게 접근하려 하자 적도 이를 알아챘는지 갑자기 동

위원경찰서 관내의 검문(『國境警備』, 49쪽)

요하는 기색이었다. 우리는 이러한 기회를 놓치지 않고 바로 사격을 개
시하였다. 적도 즉시 준비된 방탄벽에 의지하여 완강히 저항하였다. 그
자리에서 장렬한 전투를 치루었다. 우리는 의지할만한 지형지물이 전
혀 없었던 탓에 주변으로 적탄이 날라왔다. 정의는 우리에게 있다는 신
념의 우리는 "적비 따위는 아무것도 아니다"며 적을 압박하였다. 이미
기선을 제압당한 적은 최초의 일격에도 당황하였다. 정예의 공격에 겁
은 먹은 적들은 삼삼오오 무리를 지어 후퇴할 조짐을 보였다. 우리는
특기 전법인 만세 돌격 함성을 질렀다. 전군이 함성을 올리면서 진격하
자 적은 시체를 버려둔 채 완전히 궤주하였다. 이어서 적의 잠복 가옥
을 수색하니 한창 저녁 식사 중이었던지 식탁에는 '강냉이밥' 수증기가
피어 오르고 있었다. 화로에는 젖어서 말리던 발싸개 여섯과 신발 다섯
켤레 버려진 채 있었다. 이것으로 보아 저들은 아무것도 가져가지 못하
고 도주하였을 것이다.

4. 3월 14일 집안현 제3구 남강(南江) 연안 442고지 동쪽 계곡에서
   구국군(救國軍) 제5단 장(張) 단장(團長) 및 왕봉각비(王鳳閣匪)

           제2장 '연합토벌'의 기억

제2연장(連長) 노이련(老二連) 등이 합류한 비적 65명과 교전. 장단장 이하 체포 11명, 사살 아홉 명, 부상 다수, 러시아식 장총 세 정과 탄환 86발, 대형 모젤 권총 한 정과 탄환 46발, 사비지[サーベージ](원문…역자)식 소형 권총 1정과 탄환 20발, 잡품 다수를 노획. 3월 13일 평소와 같이 투항자들을 동반하고 혼강구에서 적의 상황 정찰과 통행자에 대한 검문을 실시하는 과정에서 투항자 한 명이 지방에서 보기 드문 미인(?)을 연행하였는데 이는 장단장 부하의 첩이라는 보고

이들을 신문하여 보니 앞서 말한 장소에서 장단장과 노이련 등이 무엇인가를 협의 중이었다는 것이다. 즉시 당시 강변 순시를 위하여 연감에 출장 중이던 서장에 보고하였다. 적의 월경 계획을 안 이상 기선을 제압하여 격멸하여야만 한다. 즉시 명령을 내려 야마다[山田] 서장 이하 22명으로 구성된 토벌대가 편성되었다. 이전부터 대장 책무를 계속 맡아왔던 나는 이번에 서장 직속으로 제1분대장 겸 참모장(?)을 자임(自任)하였다. 대원들은 이미 혈기 충만하였다. 투항자들도 서장이 탄 말 앞에 서서 자신들의 활동을 보여주겠다는 의지였다. 출발 전 우리들의 기세는 이미 모든 적을 집어삼킬 듯 하였다. 오후 9시에 정렬하여 서장의 일장 훈시를 받은 대원들의 사기는 하늘을 찔렀다. 이번이야말로 '당하지는 않겠지'라는 예감뿐이었다. 때마침 내리기 시작하여 쌓인 눈도 우리 앞길을 응원하는 듯 하였다.

어두운 밤에 내리는 눈은 행군을 너무 힘들게 한다. 한 치 앞도 분간할 수 없는 가운데 수 많은 어려움이 반복되었다. 목표하던 남강연(南江沿)에 겨우 도착하니 새벽 3시경이었다. 즉시 이시이[石井] 순사 이하 일곱 명을 우회 부대로 삼아 적의 퇴로를 차단하였다. 해질 무렵이던 동틀 무렵이던 적과의 전투는 우리에게 가장 유리하다. 동틀 무렵을 기다리면서 적의 잠복 가옥 아래 약 100미터의 지점에서 약 3시간을 대

기하였다. 그 동안에 온 몸이 눈에 젖고 다리마저 얼어 붙어 동상에 걸리기 쉽상이었다. 각자 동상에 걸리지 않게 충분한 주의를 기울인다.

적의 상황을 정찰하니 장단장 등은 아직 두 채의 집에 나누어 자고 있었다. 그 장소에서 다시 약 200미터 떨어진 계곡 안쪽에는 노이련이 잠복하고 있었다. 우선 장단장 이하를 생포하고 다시 진격하여 노이련의 본대에 돌격하기로 하였다. 이러한 계획을 세우고 장단장을 생포하려는 자는 적의 눈에 띄지않게 잠복가옥에 접근하여 '원칙적'으로 총기를 사용하지 않기로 하였다. 여기에는 상당한 용기와 기민함이 필요하였다.

이른바 '결사대'가 조직되었다. 나도 영광스럽게 결사대 제1대장으로 참가하였다. 새삼 말할 필요도 없이 이는 평안북도 경찰 직원으로 더할 나위없는 영광이었다. 결의를 굳게 다졌다. 황금룡, 하야시 노보루[林登] 군이 좌우에, 다른 줄에는 투항자 두명이 동행하였다. 결사대 제2대장 타카 부장(투항자는 최일환(崔日煥)[17], 스기모토 미츠모리[杉本滿盛][18], 투항자 두명과 밀접하게 연락하였다.

한편 서장 이하 본대는 결사대가 실패할 경우를 대비하여 잠복 가옥 100미터 아래 고지에 대기하였다. 서로를 격려하면서 온몸을 눈과 귀로 삼아 주의를 거듭하여 기민하게 잠복 가옥에 접근하였다. 이런 좋은 기회(?)에 적은 토벌대에 대비하여 직접 흙벽을 만들어 놓았다. 우리

---

17 최일환: 평북 출신이다. 초산경찰서 순사로 근무하였다. 1937년 4월 29일 조선총독부가 천장절을 맞이하여 "평북 비적토벌에 있어서 경찰관의 귀감이 될만한 용감한 행위를 한" 경관 9명에게 수여하는 공로기장을 받았다. 1943년 만주국 간도성 안도현(安圖縣) 안도경찰서 경사로 근무하였다(『朝鮮警察職員錄(1937)』; 『滿洲國官吏錄(1943)』; 『매일신보』 1937년 4월 29일, 「江原平北九警官에 功勞記章授與」). 그러나 본문의 최일환과 동일인 여부는 알 수 없다.

18 스기모토 미츠모리: 가고시마[鹿兒島]현 출신이다. 1937년 4월 '압록강대안비적토벌'에 대한 공로를 인정받아 공로기장을 받았다. 1937년부터 1943년까지 초산경찰서 순사로 근무하였다(『매일신보』 1937년 4월 29일, 「江原平北九警官에 功勞記章授與」; 『朝鮮警察職員錄』4).

는 흙벽에 의지하여 가옥 출입구에서 약 3미터 되는 지점에 총을 겨누었다. 투항자에게 만주어로 "우리들은 대일본의 조선 경찰관이다. 빨리 투항하라. 만일 투항하지 않으면 전멸시킬 것이다"고 큰 소리로 외치게 하였다.

집안에서는 인기척 비슷한 반응도 없다. 처음 출전한 하야시 노보루 군은 "대장, 제가 들어가겠습니다"고 외쳤다. "무슨 소리냐. 그렇게 하다가는 독안에 든 쥐다. 당황하지 마라. 여차하면 전멸시키겠다"고 연호하였다. 조금 지나지 않아 한 명이 나와서 총기를 내어주고 항복하겠다는 뜻을 밝혔다. 뒤를 이어 나온 여섯 명의 몸을 수색하던 도중 두 명이 도주를 시도하였다. 황군은 이들을 제압하려 하였으나, 적의 반격이 맹렬하므로 불가피하게 그들을 사살하였다. 타카 부장 부대에서도 같은 방법으로 크게 성공하였다. 여섯명을 체포하고 한 명을 사살하였다. 본대는 우리의 성공을 축하하였다. 다시 진용을 정비한 우리는 노이련의 본대를 공격하기 위한 행동을 취하려 하였다.

그런데 계곡 깊은 곳에서 갑작스러운 총격이 울렸다. 우회 부대가 노이련 부대와 교전한 것인가. 반드시 반격할 것이라 예상하고 흩어져 유리한 지형에서 적들을 기다렸다. 과연 적은 예상대로 궁지에 몰린 쥐와 같이 격렬한 기세로 본대로 돌격하였다. 자세를 가다듬고 기다리던 장소에서 여유롭게 그들을 격퇴하였다. 서장도 최전선에 서서 소리를 질러대니 대원들 사기도 어마어마하였다. 마침내 적은 시체를 남겨두고 고마령 방면으로 도주하였다. 이렇게 하여 이번 동절기 수 많은 교전 중에 가장 큰 성공을 거두었다. 이제 그친 눈이 아침 햇살에 찬란하게 반짝인다. 지금 몸과 마음의 피로 따위는 상관할 바 아닐 것이다. 승리를 전하는 전서구(傳書鳩)가 자주색 하늘로 날아 오른다. 경찰서에 남은 동료들에게, 처에게, 그리고 아이들 곁으로 높이 날아가기를 바란다.

5. 오오와다[大和田] 고등과장은 3월 20일부터 조선혁명군 소탕을 직접 지휘하였다. 나는 초산부대장으로 부하 50명과 투항자 11명을 인솔하고 참가.

  (1) 3월 23일 환인현 남노영구(南老營泃)에서 조선혁명군 제1사 최종륜의 부하 두 명과 격투 끝에 사살 한 명, 체포 한 명, 그리고 대형 모젤 권총 두 정과 탄환 76발을 노획했다. 나는 이전부터 최종륜과 연락이 있던 자를 첩자로 활용하고 있었다. 당일 첩자는 최종륜과 만나기로 하였다. 최종륜도 첩자와 연락하기 위해 남노영구 폐가로 부하를 파견하기로 약속하였다. 이 무렵 우리는 적의 연락자를 체포하여 적의 상황을 알게 되었다. 이번 대토벌을 수행하는데 연락자 체포가 우리에게 도움이 되는 방법을 찾고자 부심하였다. 지금은 일신의 위험을 돌 볼 틈조차 없다.

  경찰관이 직접 연락자로 변장하였다. 적의 허점을 노려 체포하기 위해서는 다른 방법이 없었다. 나와 타카, 황 세 명은 첩자 두 명과 함께 한복을 입은 노동자 모습으로 변장하였다. 모두 다섯 명이다. 오오쿠리 부장에게 본대 지휘를 명령하고, 변장한 이들은 남노영구로부터 약 1리 지점에 자리잡았다. 오오쿠리 부장에게 중간 연락을 부탁하였다. 출발은 오후 4시였다.

  남노영구 입구에서 계곡 안쪽으로 통하는 작은 길에서 적의 것으로 보이는 두 명의 발자국을 우연히 발견하였다. 이를 쫓아 다시 약 1리(里)[19]를 들어갔다. 갈수록 계곡은 점점 깊어지고 산이 가까워졌다. 주변에는 잣나무가 우거졌다. 적의 발자국 같은 것이 오른쪽 산 위로 올라가고 있는 것을 보았다. 혹시 저들에게 무슨 계획이 있는 것이 아닌가

---

19 일본의 1리는 약 3.9㎞이다.

의심하였다. 더 이상 계곡 안쪽으로 들어가는 것은 사지에 빠지는 것이었다.

유감스럽지만 하는 수 없이 돌아오려던 찰나였다. 오른쪽 산중턱으로부터 고함소리가 들렸다. 조선어로 수하를 하는 것을 보고 첩자 두 명이 즉시 그들의 이름을 불렀다. 적도 조금 안심한 모양이다. 즉시 첩자를 적 주변으로 보내어 연락하게 하였다. 이를 믿은 적도 우리에게 접근하였다. 우리도 어디까지나 최종륜과 연락을 취하는 사람처럼 하고 기다렸다. 그런데 선두에서 내려오던 적 한 명이 타카 부장에게 거수경례를 하는 것이 아닌가. 타카 부장은 "우리는 윤이라고 하는 사람이다. 조선 민족을 위해 불편한 산간에서 오래 수고한다"고 소리쳤다. 악수하는 것처럼 적에게 접근하였다. 황 순사도 즉시 이러한 행동을 따라 한다.

그 때 후방에서 온 적이 얼핏 나를 쳐다 보고(나도 노동자 복장은 자신이 있었다. 그렇지만 특이한 용모 때문에 역시 한복은 어울리지 않는 듯하다) 의심하는 것 같았다. 매서운 눈초리로 나를 지켜보고 있을 때를 생각하자니 지금도 눈 앞에 그 날카로운 눈매가 선하여 모골이 송연하다. 평생 아무리 무신경하게 살아온 나라한들 움찔할 수 밖에 없었다.

때마침 타카 부장이 선두에 있는 적의 권총에 재빠르게 손을 걸고 갑자기 그를 쓰러뜨렸다. 격투가 시작되었다. 적은 간발의 차이로 권총을 꺼내어 나에게 사격하였다. 적이 권총을 꺼내자마자 나는 '앗차'라고 생각하던 차였다. 나도 모르게 적에게 돌격하기 위한 자세를 취하기 위하여 몸을 조금 앞으로 기울이고 있었다. 총소리와 동시에 적탄이 바람이 스치듯 내 머리 위로 날아왔다. 황군은 이러한 위기의 순간에도 몸을 돌보지 않고 두 번째 탄을 당기려는 적에게 다가갔다. 그는 유도 5급의 실력을 완전히 발휘하여 오오소토가리[大外刈] 기술로 적을 제압하였다. 갑자기 두 개조의 대격투가 시작되었다. 타카 부장은 하는 수 없이 한 명을 사살하였다. 타카 부장의 위력을 두려워한 다른 한 명은 마침내 권총을 내던지고 항복하였다. 약 20분이나 격투가 계속되었다. 하늘이 도왔는지 나는 적에게 물린 상처뿐 다른 피해는 없었다.

(2) 3월 23일 환인현 요령에서 혁명군 위대장(衛隊長) 홍근산(洪槿山) 일파 40명과 교전하였다. 적 한 명을 쓰러뜨리고 사비지식 권총 1정과 탄환 7발을 노획하였다. 우리도 카도신 료조[門眞良藏][20] 순사가 부상을 입었다. 환인현경찰대 카네코[金子] 지도관(평북 경찰 출신)이 인솔하는 부대 17명과 화수전자(樺樹甸子)에서 합류하였다. 23일 오후 10시 이전에 내려진 총지휘관의 명령에 따라 다음날 24일 새벽까지 기다렸다. 그리고 위원대와 협력하여 조선혁명군 본거지인 신개령(新開嶺)의 산채를 포위하기 위하여 요령에 도착하였다. 이미 적의 전초(前哨) 부대 하나가 신개령을 점령 중이었다. 한 시간 동안의 격전 끝에 이들을 궤주시켰다. 하지만 나는 새벽 전투에는 끝내 참가할 수 없었다.

(3) 3월 25일 신개령자 1004고지에서 조선혁명군 총사령 김활석과 최종륜 일파로 구성된 약 80명의 적과 열 시간에 걸친 격전을 벌였다. 적은 사살 아홉 명(그 외 계곡 사이로 추락한 자도 다수) 외에 다수의 부상자 발생하였다. 과거 수 년간 조선혁명군이 난공불락의 본거지 삼아 의지하던 산채를 네 군데나 파괴하였다. 이로써 조선혁명군은 아예 재기(再起)할 여지가 없을 정도로 타격을 입었다. 우리 부대도 24일 새벽 전투에 참가하였다.

---

20 카도신 료우조: 1932년 평북 구성경찰서, 1937년 벽동경찰서 남면(內淵)주재소 등에서 순사로 근무하였다. 1937년 4월 29일 천장절을 맞이하여 조선총독부가 "평북 비적토벌에 있어서 경찰관의 귀감이 될만한 용감한 행위를 한" 경관 9명에 선발되어 공로기장을 수여받았다(『朝鮮警察職員錄(1932)』; 『朝鮮警察職員錄(1937)』; 『매일신보』 1937년 4월 29일, 「江原平北九警官에 功勞記章授與」).

일본군의 포판 신호
(陸軍步兵學校準士官下士集會所 編, 『陸軍步兵學校案內』, 陸軍步兵學校準士官下士集會所,
1925, 17쪽)

　다음 날인 3월 25일. 1년 전 이날에는 관전현 유수구자에서 우리 동료 김영길 군이 순직하고, 와시즈 부장이 부상을 입었다. 그리고 이날은 대길리(大吉里) 참사의 사건 당일이기도 하였다. 아직도 1년 전 기억이 생생하다. 다름 아닌 바로 이와 같은 날, 우리는 용감하게 목적지로 나아갔던 것이다. 환인현경찰대 지도관 오자키[尾崎]가 지휘하는 부대와 협력하여 싸웠다. 환인경찰대만이 아니라 우리도 잘 싸웠다. 이날 각 신문 지상에는 다리에 토벌대의 사명을 숨기고 활약하던 24마리 전서구에 대한 기사가 발표되었다.

　경비행기가 단순한 위협 이상으로 그렇게까지 우리의 용기를 고무시킬 것이라고는 미처 생각하지 못하였다. 경비행기는 너무나도 좋지 못한 기류를 무릅쓰고 난관을 극복하였다. 높은 산꼭대기에서 사방 어디를 둘러보아도 알 수 없는 산들만 죽 늘어서 있었다. 날마저 저물려는데 지원군은 보이지도 않았다. 적이 해질녘을 틈타 역습이라도 계획하고 있을지 예측할 수 없었다. 대원들은 몸과 마음 모두 피로해진다.

그런데 뜻하지 않게 너무나도 훌륭한 우리 편이 나타났다. 우리가 도저히 감당할 수 없었던 적들도 등골이 서늘해져 싸울 수 없었다. 그 때 하늘 일각에서 높은 폭발음이 울린다. 일동은 각자 "비행기다! 경비비행기다!"라고 한마디씩 주고받으면서 용기백배하였다. "아! 비둘기가 무사히 도착했구나. 우리가 고전한다는 사실을 보고하였구나." 즉시 포판(布板)²¹을 깔았다. 비행기는 현장에서 조금 떨어진 상공을 선회 중이었다. "현장의 상황은 아직 확인되지 않았는가", "연기를 올려라"는 명령에 따라 휴식자들은 일제히 불을 피웠다. 비행기에서도 상황을 확인한 듯 하였다. 우리 편이 바로 위까지 왔다. 우리 머리 위 근처까지 온 비행기는 탑승자의 몸까지 분명히 보였다. "우리 편이다." 교전 중에는 우리 편이 가장 그립다.

비행사가 보인다. "만세! 만세!" 만세 소리가 저절로 튀어나온다. 그 사이 적은 조용해져 소리도 없다. 발포조차 하나도 없다. 통신통이 내려온다. 주변이 전혀 없는 곳에서 연락에 성공했다. 우리는 더욱 기운차게 교전을 계속하였다. 그리고 뜨거운 열정 덕분에 성공할 수 있었다.

---

21 아군 비행기에 우군(友軍)의 위치를 알리기 위하여 지상이나 함정에 베로 만들어 설치한 표지판.

연합 토벌 전후

위원경찰서장 사카모토 신사쿠[阪本信作][22]

지금 생각하니 1935년 5월 11일이었다. 고(故) 사카구치 유우[坂口優] 순사부장은 집안현 제2구 지구촌(池溝村) 버드나무숲에 잠복 중이던 조선혁명군 제2대 박유빈(朴有彬) 일파 23명의 독아(毒牙)에 당하여 비장한 최후를 맞이하였다. 1936년 9월 20일에는 집안현 제2구 임강구에서 고 요시와라 사이[吉原齊]순사부장이 순직하였다. 1922년 이래 희생당한 우리 경찰서의 스즈키 마사오[鈴木正雄], 송일성(宋日成), 나카무라 타카오[中村隆雄], 송희주(宋希冑) 등 제군들의 영령을 생각한다면 그 어느 누가 감읍하여 분발하지 않겠는가. 저들을 섬멸하는 것이야말로 현재의 급무이다. 국경경비원이라면 이것이 자신의 일대 임무라는 사실을 한시도 잊을 수 없다.

---

22 사카모토 신사쿠: 야마구치현 출신이다. 1930년 평북 전천경찰서 순사부장, 1932년 희천경찰서장 경무주임, 1936년 평양전매지국 위원파출소장·신의주세관 구읍출장소장, 1937년 위원경찰서장, 1940년 초산경찰서장, 1941년 신의주세관 감시·삭주경찰서장, 1943년 정주경찰서장 등으로 근무하였다(『朝鮮警察職員錄(1925·1930·1932·1937)』; 『매일신보』 1933년 10월 28일, 「地方人事」).

의주경찰서 서호(西湖)출장소의 경비(『國境警備』, 6쪽)

　근거지를 압록강 맞은편에 두고 조선××(독립…역자)을 표방하는 무리는 매년 여름 녹음이 우거진 시기만 되면 강변의 엄중한 경계선에 교묘히 잠입하였다. 이들은 군자금 모집이라는 명목 아래 평안북도는 물론 멀리 평안남도 방면까지 강탈, 방화, 살인 등 모든 폭학(暴虐)이 극에 달하였다. 20여년 동안 경관들도 이에 대한 경계, 토벌에 전심전력을 기울인 결과 1928, 1929년경이 되면 충실한 경비와 인민의 이해 덕분에 적도의 조선 침입은 완전히 그 자취를 감추었다. 덕분에 모든 민초는 갱생의 길만을 걸어왔다.

　한편 선비는 조선 내에서 준동할 수 있는 기반을 상실하고 압록강 건너편 이주 조선인들을 세력 범위로 삼아 겨우 그 세력을 겨우 유지하고 있다. 만주국이 성립한 이후부터는 그나마 이러한 최후의 온상(溫床)마저 점차 위기에 빠졌다. 그들의 단말마적 흉폭함은 나날이 심해진다. 이들은 만주 비적과 부대를 합치거나, 만주 비적들의 주구(走狗) 행위를 한다. 아니면 이주 조선인들을 협박하여 금품을 강탈하거나, 조선 내로 침입하여 인질을 납치하고 압록강의 상류와 하류 사이를 항해하는 선박을 습격한다. 저들은 간절히 바라는 총기와 탄약을 보충하고 이를 입수하기 위해 조선의 경찰관을 습격하기도 한다. 따라서 이들에 대한 경비경계는 한 순간의 방심도 허락하지 않는 상황에 이르렀다. 사카구치, 요시와라 두 부장의 순직 사건도 저들 조선혁명군이 총기를 탈취하고자 하는 목적때문에 발생한 사건이었다. 이것도 만주 비적의 주구 행위에 다름 아니었다. 저들의 벽동경찰서의 노장출장소(魯章出張所) 습격 사건, 초산경찰서 연담의 인질 납치사건과 같은 것도 모두 조선혁명군의 단말마적 발악의 흉폭함으로 보인다.

시시각각 수은주가 내려간다. 날마다 눈이 내린다. 얼굴을 때리는 북풍과 함께 국경 겨울의 진은 완벽하게 완성되었다. 겨울이 되면 녹림(綠林)에 안주하던 마비적도 어쩔 수 없이 틀어박혀 움직이지 않는다. 6개월씩이나 틀어박혀 있으려면 무엇보다 넉넉한 식량과 탄약이 필요하다. 그리하여 마침내 관내 신천출장소와 임강구(臨江溝)의 촌락이 기어이 이들의 희생자가 되고 말았다.

때는 1936년 12월 9일이었다. 위원경찰서는 집안현 제2구의 황차(荒岔)(강변에서 3리 거리 오지)에 있는 독립가옥에서 선비 제2중대 강승덕(康承德)[23] 일파와 만주 비적 창북풍(創北風) 일파가 합류한 약 25명의 비적이 동일 야반(夜半)을 기하여 임강구 시가와 신천출장조를 습격하기 위해 머리를 맞대고 협의 중이라는 확실한 정보였다. 즉시 신천출장소원 14명으로 구성된 기습대가 편성되었다. 저들의 기선을 제압하기 위하여 동일 오전 11시 압록강 건너편으로 진출하였다. 그리고 앞

---

23 강승덕(?~1936.12.9): 평북 위원(渭原) 출신이다. 1936년 12월 평북 위원군에서 조선혁명군 제2대대 정사(正士)로 활동하다 위원경찰서 신천출장소 공격을 논의하던 중 일본 경찰의 습격을 받고 피살되었다. 2015년 건국훈장 애국장에 서훈되었다.

서 말한 황차곡의 독립가옥을 습격하여 선비 두목 강승덕 이하 11명을 쓰러뜨렸다. 거의 괴멸적 타격을 주어 저들의 간담을 서늘하게 하였다. 12월 28일에는 양수천자구에서 초산특별경비대 대원들이 강승덕의 잔당 두 명을 쓰러뜨렸다. 이로써 이 비적 단체의 세력은 쇠퇴하기에 이르렀다.

전사한 강승덕의 후임으로 조선혁명군 본부에서 정사(正士) 이창준(李昌俊)[24]이 파견되었다. 만비와 연계한 이창준은 붕괴에 직면한 비적 잔당들을 이끌면서 초산·위원 두 경찰서에 대한 복수를 자신의 일대 사명으로 삼았다. 이들은 양수천자 세원곡(細遠谷)(신천출장소에서 1리, 앙토주재소에서 2리 거리)에 있는 독립 가옥에 잠복하여 대원을 두고 정비 중이었다. 12월 30일 밤 다시 위원특별경비대원들은 이들을 습격하여 두목 이창준과 만비(滿匪) 한 명을 쓰러뜨렸다.

이상 12월 9일부터 30일까지 전후 3회에 걸쳐 계속된 토벌로 저들은 붕괴하여 자멸하기 시작하였다. 이후 압록강 건너편 이주 조선인들 사이에서 선비들의 신용은 날로 추락하였다. 그와 반대로 이주 조선인들의 조선 경관에 대한 신뢰가 견고해지는 역전 현상이 발생하였다. 선비들의 호구(糊口)를 위한 양도(糧道)는 점점 줄어들었다. 생존을 위한 총기와 탄약도 점점 사라졌다. 저들은 나가기만 하면 공격받고 싸우기만 하면 패한다.

초산경찰서의 적절한 ○○공작도 착착 효과를 발휘하여 체포 혹은 귀순하는 자들이 속출하였다. 지금까지 산속 깊은 곳에 몸을 숨기고 대원들을 부리던 본부 수령들도 한 번 떠나버린 부하들이 돌아오지 않으니

---

24 이창준(1910.5.15.~1934.2.7.): 1930년대 중국 요녕성 신빈현·환인현, 길림성 집안·통화·장백현 등에서 조선혁명군으로 활동하다 체포되어 피살되었다고 한다.

어쩔 수 없었다. 저들 사이에는 재기(再起)를 도모하거나, 아니면 항복으로 기울어진 자도 나온다. 본부에서도 강경파와 온건파가 대립하는 상황이 되었다. 저들의 아주 가까운 주변부터 동요하기 시작하였음을 쉽게 상상할 수 있다.

저들의 심장부인 본부는 선발부대인 유격대[遊動隊···원문]의 피해에도 아직 멈추지 않았다. 본부 옹호를 위한 당원은 아직 ○○○명을 헤아린다. 결빙기에 저들은 어디론가 숨어들어 아무런 활동을 하지 않고 그냥 이대로 지나갈 것이다. 그러나 다가오는 녹음기가 되면 저들은 반드시 궁지에 몰린 쥐가 고양이를 무는 것과 같은 행동에 나설 것이다. 저들은 깊은 원한이 쌓인 위원·초산 두 경찰서에 대한 일대 복수를 하고 자신들의 세력권에서 이주 조선인들 사이에서 반드시 신용을 회복하고 말겠다고 호언장담한다는 정보가 자주 들어온다.

지금까지 여러 차례 교전으로 타격을 받거나, 체포 혹은 항복한 자도 십 수명이나 된다. 그렇지만 저들은 소위 유격대로 보잘 것 없는 자들에 불과하다. 수령들은 절대로 제일선에 서지 않는다. 자신들의 본거지조차 대원들에게 절대 비밀로 하면서 만주국 군경의 토벌망을 벗어나 여기저기를 돌아다닌다.

조선××군 본부의 소재 탐지야말로 토비 공작에서 가장 중요한 사안이다. 여기 위원·초산의 특별경비대는 세 차례에 걸친 토벌을 당하고도 악운(惡運)이 좋게 생존한 조선혁명군 제2중대 부사 강익순(姜益順)[25]이 조선 방면으로 침입할 계획으로 부하 11명을 인솔하고 남하 중이라는 정보를 얻었다. 이러한 움직임을 예상한 위원특별경비대는 준비에

---

[25] 강익순(?~1936.12.9): 평북 위원 출신이다. 1936년 12월 평북 위원군에서 조선혁명군 제2대대 정사(正士)로 활동하다 위원경찰서 신천출장소 공격을 논의하던 중 일본 경찰의 습격을 받고 피살되었다. 2015년 건국훈장 애국장에 서훈되었다.

도보로 압록강을 건너가[渡涉] 경비를 서는 자성경찰서
삼흥(三興)주재소 경찰들(『國境警備』, 20쪽)

만전을 기하면서 대기 중이었다. 3월 3일 새벽 5시 카노[河野][26] 경부
보 이하 22명의 특별경비대가 출동하였다. 이들은 집안현 제3구 거횡
로구(巨橫路溝)(강변에서 5리 거리)에서 그들을 요격(邀擊)하였다. 이
때에는 유감스럽게 선비 한 명만 체포하고 기나긴 토벌의 행진도 끝나
버렸다.

체포된 선비 최○○의 계급은 비단(匪團)의 무등졸(無等卒)이었다. 그
는 본부의 물자공급대원으로 본거지인 산채에 수시로 출입한 전력이
있다. 진정한 공순(恭順)의 뜻을 표한 최○○의 입에서 다음과 같은 정
보를 얻었다.

---

26 카노 쇼유지: 쿠마모토[熊本]현 출신이다. 1925년 평북 벽동(碧潼)경찰서 풍
등(豊登)경찰관출장소, 1930년 삼박(三朴)경찰관출장소, 1932년 신의주경찰
서 용운(龍雲)출장소 순사부장 등으로 근무하였다. 1937년 평북 경찰부 경부
보 시험에 합격하였다(『동아일보』 1937년 10월 4일, 「消息」; 『朝鮮警察職員錄
(1925 · 1930 · 1932)』).

기(記)

조선혁명군 본부 근거지

1. 신개령(新開嶺)

(1) 소재지와 그 부근 지형
환인현 신개령자 내 신개령(표고 990미터)의 남측 산중턱이다. 산채
는 신개령 중턱 저지대에 있다. 남쪽의 초가집 세 채는 부근을 전망할
수 있다. 토벌대 등의 접근을 멀리에서도 충분히 바라볼 수 있는 가장
좋은 지점에 위치한다. 주변에는 2,30년생 가량의 활엽수가 있어 외부
에서도 발견하기 상당히 어려운 지점이다.

(2) 산채 구조
산의 경사를 깎아 만든 넓이 약 네 칸의 온돌방 한 칸이 있다. 천정은
여러 개의 통나무를 차례로 쌓고 세 척 가량 두께의 흙을 덮어 지붕으
로 삼았다. 전면에는 출입구 하나를 설치하였다. 밖에는 돌을 차곡차곡
쌓아 올려 방탄벽으로 삼았다.

(3) 잠복한 비적의 인원
위대(衛隊) 참모장 김두칠(金斗七)[27]

대대장 홍권산(洪權山)

---

[27] 김두칠(1891.4.1.~1936.12.16.): 경남 밀양 출신으로 이명은 이상관(李相觀)·
이정헌(李禎憲)이다. 1925년 중국 길림성 환인현 일대에서 정의부 지방행정부 환
인남구총관으로 활동하였다. 1935년부터 조선혁명당 중앙집행위원, 재무부장으
로 활동하다 1937년 1월 체포되었다.

소대장 이일봉(李一鳳), 이병삼(李炳三)

정사 김용억(金用億)

등과 병졸을 합하여 25명.

같은 장소에 25,6세 가량의 여성 한 명이 있다.

(4) 무기와 복장

대형 모젤 권총 4정, 탄환 980발

장총 20정, 탄환 1,000발

복장은 각양각색으로 군복을 입은 자, 혹은 한복, 만주 옷을 입은 자
등이 있다. 모두 방한모에 작업화를 신었다.

(5) 외부에 대한 경계 상황

낮에는 산채 앞과 부근 고지(거리 약 5정) 두 지점에 보초를 세우고,
남쪽에 있는 세 채의 초가 방면을 주로 경계한다. 고지에서 망을 보는
임무를 담당한 자는 수기(手旗)를 휴대한다. 밤에는 산채 앞에서 한 명
씩 교대로 서서 보초를 선다.

(6) 생활과 식료품 조달 상황

집가법 실시에 따라 식량은 소각된 민가에서 남은 잡곡류를 약탈한
다. 이외 연락자가 구입하여 운반하게 하기도 하나, 조달이 여의치 않
아 상당히 곤란하다.

(7) 산채와 주변 민가와의 거리

주변 민가인 초가와 세 채의 쌍차두(雙岔頭) 등은 집가법 실시에 따라 모두
소각되었다. 가장 가까운 거리에 있는 민가도 3리 반 내지 4리 떨어져 있다.

끝없이 이어진 산맥들. 사진은 만포와 자성 사이의 월기봉(月起峰)이라고 한다
(『國境警備』, 67쪽)

(8) 산채 거주의 일시

금년 1월 20일경 환인현(桓仁縣) 협피구 방면으로부터 이동했다.

2. 문장차(門庄岔)

(1) 소재 및 주변 지형

환인현 문장차의 마지막 독립 가옥은 신개령 남쪽 산록에 있다. 그 배후(북쪽)과 동서쪽은 모두 산악으로 둘러싸여 있다. 남쪽으로 작은 길이 있어 겨우 초가집 세 채와 통한다.

(2) 잠복 가옥의 구조

소각되어 벽만 잔존한 만주인 가옥을 수리하였다. 그 가옥은 남쪽으로 향해 있으며 정면의 폭은 여섯 칸이다. 안쪽으로 들어가면 약 세 칸 크기의 방 1개가 있다. 출입구 두 곳이 있으나, 방어시설은 없다. 주변은 밀림지대로 공격이 매우 곤란한 지점이다.

(3) 잠복 비적의 수

제1사 참모장 김윤걸(金允杰)[28]

대대장 김상호(金尙鎬)[29]

소대장 정봉화(鄭鳳化)[30]

등 및 병졸까지 합쳐 36명.

같은 장소에는 김상호의 처 이하 4명의 부녀자가 있다.

(4) 무기와 복장

대형 모젤 권총 6정, 탄환 180발

장총 30정, 탄환 1,500발

소형권총 1정 탄환 20발

(5) 외부에 대한 경계 상황

낮에는 배후의 고지 두 곳과 집 앞 세 곳에 입초한다. 야간에는 집 앞
에서만 보초를 선다.

---

28 김윤걸: 1933년 1월 중국 요녕성에서 조선혁명군 제7중대 부관(副官)에 임명되었다. 1936년 3월 조선혁명군 제4중대장으로 요녕성 환인현 결석령(缺石嶺)에서 일본군 경비대를 습격하는 등의 활동을 하였다. 한편 1899년생으로 조선혁명군 활동을 하다가 1938년 12월 신빈현 산악지대로 피신하였다가 이후 병사하였다는 설도 있다. 2008년 건국훈장 애국장에 서훈되었다.

29 김상호(1897~?): 이명을 김상호(金尙浩·金湘浩·金相湖)라고도 하였다. 1919년 3월 중국 간도에서 파리강회회의 대표자 파견을 위한 지방기금 모금위원, 4월부터는 광성학교(光成學校) 교사로 재직하면서 훈춘(琿春) 대한국민회의 명령으로 명동학교(明洞學校), 정동학교(正東學校) 학생들에게 독립정신을 고취하였다. 이외 대한독립기성총회, 충렬대(忠烈隊), 1919년 9월부터는 맹호단(猛虎團) 등의 간부로 활동하였다. 그러나 본문의 조선혁명군 제3대대에서 활동한 김상호와 동일인 여부는 확인되지 않는다.

30 정봉화(1904.9.12.~?): 평북 철산 출신으로 이명은 정재택(鄭在澤)·정봉화(鄭鳳和) 등이다. 1963년 건국훈장 독립장에 서훈되었다.

(7) 생활과 식료품의 조달 상황

신개령 부분과 같다.

신개령과 마찬가지로 약 4리 정도 된다.

(8)잠복의 목적

올해 1월 10일경 관전현 방면에서 이동했다.

3. 두 산채 사이의 연락 상황과 거리

연락이 일정하지 않은데다 자세한 내용도 알 수 없다. 식량도 떨어져서 외부에서 조달이 안되면 서로 융통할 수 있다.

두 지역의 거리는 1리에 불과하다. 하지만 기복이 있는 산속 지역을 통과하기 때문에 실제 거리는 1리 반 이상이라고 한다. 관원의 토벌 등으로 상황이 급박하면 양측은 주변 고지에 올라가 봉화를 올려 연락을 하기로 약속하였다고 한다.

제3장
반격, 그리고 추격

자성경찰서 기관총부대의 훈련 장면이다(『國境警備』, 36쪽)

1월 28일 앙토사건(央土事件)

초산경비대 제2분대 황금룡 · 카츠카와 나이조[勝河內匠][31]

1936년 11월 오전 10시 가을의 대책을 결정하는 종이 울리자 초산
경찰서 60여명의 용사들은 사무실 안으로 집결하였다. 이 자리에서 신
진기예(新進氣銳) 야마다[山田] 서장은 특별경비대 조직을 명령하였다.
제1분대장 오오쿠리[大栗] 순사부장 이하 15명은 본서로, 제2분대장
타카 순사부장 이하 15명은 연담으로, 제3분대장 요시다 순사부장 이
하 15명은 옹암(瓮巖)으로 각각 배치되었다. 작년부터 토벌에 참여하기
를 간절히 바라던 나는 마침내 제2분대 일원으로 편성되었다. 특히 제
2분대 통역 겸 내사(內査)라는 중대한 임무를 명받았다. 이러한 중임을
어떻게 완수할 수 있을 것인가 걱정이 앞섰다.

대원 일동은 신 앞에서 굳게 맹세하였다. 이들은 이구동성으로 "부탁
합니다"라는 한마디를 내뱉고, 다시 하나가 되어 결사봉공의 의지를 굳

---

31 카츠카와 나이조: 1939년 평안북도 순사로 근무하였으며, 1940년 4월 종군기장
이 수여되었다(『朝鮮總督府官報(1940.4.20)』).

신의주경찰서 상단(上端)출장소의 방어상황. 주변의 철조망과 벽의
사격을 위한 총안(銃眼)이 있다(『國境警備』, 40쪽)

했다. 나는 11월 16일 부임 이후부터 내사 임무를 맡아 동분서주하였
다. 그리고 기회가 있을 때마다 조사를 하던 중 11월 26일 드디어 선비
혁명군 제2대대 참사 이창준 외 두 명이 집안현 제3구 양수천자의 이
주 조선인 호수(戶首) 박근유(朴根裕)의 집에 잠복하여 무엇인가를 획책
중이라는 정보를 얻었다. 확실한 정보였다. 서장의 승인을 얻은 분대장
타카 부장 이하 15명은 한 시간이 되지 않아 2리 이상이나 되는 길을
날아가는 새처럼 주파하였다. 박근유의 집을 포위하고 수색하였지만,
적은 이미 도주한 후였다.

　우리는 이를 너무나도 수상하게 여기고 그들의 도주 사실을 엄밀하게
조사하였다. 그 결과 ×근유, ×인하(仁河) 두 사람이 선비들과 연락하
여 그들을 도주시킨 뒤였다. 그들은 우리에게 적이 한 시간 전에 오지
로 도주하였다고 말하여 적들에게 편의를 제공하였다. 그들이 허위 정
보를 제공하여 우리를 아주 어려운 곤경에 빠뜨린 사실이 확인되었다.

　　　　　　　　　　　　　　　　　제3장 반격, 그리고 추격

우리는 전략상 앞서 말한 두 명에게 엄중 경고하였다. 그리고 사흘 안에 '우리가 적을 쉽게 체포하는데 협조하지 않는다면(어떠한 처벌이라도 달게 받겠다…역자)'이라는 청원서를 제출하게 하였다. 이후에는 다음날인 27일 오후 2시 앙토로 물러나 기다리는 수 밖에 없었다.

12월 28일 앞서 말한 선비 연락자 두 명에게 적의 상황을 정탐하게 하였다. 오후 4시 18분이 되자 그들이 "적이 지금 막 서곡(西谷)으로 와서 오늘 밤 안으로 이동이 예상되니 국경을 넘어와 달라"고 특사(特使)를 보낸 온 것이 아닌가. 대기 중이던 우리는 지금이야말로 때가 왔다는 듯이 바로 출동하였다. 오후 5시였다. 분대장 타카 부장은 대원 중에서 다름 아닌 나와 이타노[板野], 와타나베[渡邊] 등 순사 세 명을 선발검문반(先發檢問班)에 임명하였다. 이어 부대 전방 약 10미터까지 전진을 명령한다. 세 명은 전진하면서 이곳저곳을 샅샅이 조사하였다. 적도 차참사(車參事) 외 두 명이 계통 불명의 만비 두 명과 합류하여 주하리(朱下里) 이주 조선인 김모의 집에 모였다. 우리는 이들이 주변 세 군데에 망을 세우고 조선 침입에 대하여 머리를 맞대고 회의를 진행 중이라는 사실을 확인하였다. 김모의 집을 포위하기 위해 신속하게 부대와 연락하였다. 주의를 거듭하면서 신속하게 전진 중이었다.

오후 6시 40분경 양수천자 주하리 이주 조선인의 집(강변에서 약 2리 거리이며, 그 집에서 김모의 집까지 거리는 18정) 앞에 이르렀을 때였다. 적은 이미 우리 부대의 토벌을 알아차리고 있었다는 듯 도로 양측으로 흩어져 조선말로 "누구냐"라고 우리를 향하여 수하를 하였다. 나는 아무렇지도 않은 듯이 위장한 하구(下區) 사람이라고 대답하였다. 하지만 우리 검문반이 그 장소에서 흩어지자마자 적도 알아차렸다는 듯 우리를 향하여 일제히 발포하였다. 우리도 신속하게 응사하였다.

이 와중에 나는 "더 빨리 쏴라"고 호령하던 한 명의 적을 저격하였다.

나는 내가 저격한 탄환에 맞은 그가 그 자리에서 고꾸라졌다고 생각하였다. 그런데 쓰러진 적은 다시 일어나 총을 난사하면서 우리에게 돌격하려 하였다. 이미 온몸이 하나의 전투신경(戰鬪神經)이 되어버린 나는 나도 모르게 그에게 달려들었다. 그가 쏘고 있던 권총을 탈취한 나는 유도의 오오소토가리 기술로 그를 쓰러뜨렸다. 그래도 그는 다시 일어나서 다가온다.

우리 선발대가 육탄으로 적과 교전하면서 격투하던 중 총성과 함께 본대가 도착하였다. 본대는 좌우 양측으로부터 일제히 사격을 개시하였다. 아나나 다를까 크게 당황한 적은 급히 도주하는 대형으로 바뀌었다. 우리의 공격도 훌륭하였다. 그렇지만 부상당한 적 한 명이 굴하지 않고 다시 저항하였다. 적은 다시 발포하려 하였으나, 고장인었는지 권총에서는 총성이 울리지 않는다. 만일 내가 그의 권총을 빼앗기 전에 고장이라도 났다면 어찌할 뻔 하였는가.

그의 권총을 빼앗던 순간을 떠올리면 나는 지금도 가슴이 서늘해지는 것 같다. 타카 분대장은 더 이상의 추격을 중지하고 대원들을 집결시켜 인원을 점검하였다. 전혀 이상이 없다. 이에 추격하지 않고 수색하였다. 적의 시체 세 구를 발견하였다. 노획품 몇 점도 압수하고, 밤 11시 50분 무사히 앙토로 물러났다. 요컨대 본 사건으로 학수고대하던 1936년 마지막 토벌의 목적을 훌륭하게 달성한 셈이었다. 동시에 이는 이후 4개월간 12차례에 걸친 교전의 서곡이기도 하였다. (황)

경험에 따르면 야간 토벌은 연락이 중요하다. 아군 사이에 연락이 없으면 비적의 소재가 불분명하게 되거나, 아군 부대가 아니라고 생각하여 서로 불안감을 느낀다. 어둠 속에서 질주하는 자가 적비라고 생각하면서도 한편으로는 혹시 적이 아닌 우리 편이 아닐까라고 생각하고 주

제3장 반격, 그리고 추격

저하면 기회를 놓친다.

토벌전은 정숙해야만 한다. 특히 비적이 잠복한 지역에서는 적의 끄나풀들이 눈치채지 못하게 주의해야만 한다. 만일 적의 끄나풀들이 알아차렸다면 즉시 흩어져 단숨에 습격하여야만 한다. 우리가 돌격하면 적의 개들은 두려워서 짖고 돌아다니지 않는다. 목표 가옥에 침입할 때는 착검해야 한다. 실패하지 않으려면 교전 후 착검하고 인가(人家)에 돌격하여 침입해야 한다.

야간 전투에서도 여러 가지를 주의해야만 한다. 습격할 때 목표 가옥, 다시 말해 잠복가옥에만 주의하는 것은 부주의한 것이다. 반드시 멀리서부터 가옥 주변에 주의를 기울여야만 한다. 습격할 때 함성을 질러 겁을 주면 적에게 도주할 기회를 주는 셈이다.

토벌은 한 번보다 두 번, 세 번 자주 할 수록 좋다. 익숙해지면 겁이 나지 않는다. 적과 가까이 접근할수록 총알에 맞지 않는다는 확신이 들기 때문에 토벌은 익숙해지면 겁이나지 않는다. 총알에 맞지는 않을 것이다. 그렇지만 총에 맞는다면 그보다 재수 없는 일은 없다고 생각한다. 총알에 절대 맞지 않는다고 할 수도 없기에 방심은 금물이다. 주의만 하면 목숨을 잃지는 않는다.

비적을 토벌할 때에는 간식이 간절하다. 압록강을 건너면 마지막으로 먹은 음식물의 고마움을 절실하게 느낀다. 특히 대천구(大川溝)의 비적을 토벌하게 되면 강을 건너기 전부터 입맛이 떨어진다. 이 때문에 대천구 토비들은 출발 전 조선의 교맥(蕎麥)을 먹지 않고 압록강을 건넌다고 한다. 그렇지만 돌아오는 길에 차츰 허기가 져서 아무 것도 할 수 없다. 조선까지 걸어가서 돌아오는 길이라면 아마 낙오할 것이다. 휴대품 중에서도 꼭 필요한 물건이라면 식염(食鹽) 등을 들 수 있다.

복장은 동상을 입지 않게 준비해야 한다. 다시 말해 여벌의 전투화와 작업화 한 벌은 반드시 휴대해야 한다고 생각한다. 전투 중에는 겁나지 않는다. 잠복을 하게 되면 비적보다 동상(凍傷)이 더 위험하다. 옥수수 껍질을 작업화에 넣으면 가장 따뜻하다고 생각한다. 이렇게 하면 절대 동상에 걸리지 않을 것이다.

사격은 여럿이 흩어지는 것이 가장 중요하다. 거리가 가까워지면 당황해서 아무 생각 없이 사격한다. 이 점은 특히 침착하게 전후 상황을 판단하지 않으면 위험하다고 생각한다. 사격 후에 가옥 등을 습격할 때에는 가옥 주변의 돌담 주변까지 돌격해야 했다고 생각한다. (카츠카와)

12월 9일 제1차 신천사건

위원신천출장소 요시다 이사무[吉田勇][32]

야부키 마사토시[矢吹政利][33]

후지자와 분지로[藤澤文治郎][34]

---

32 요시다 이사무: 치바[千葉]현 출신이다. 1925년 평북 자성경찰서 이산경찰관출
장소(梨山警察官出張所) 순사, 1930년부터 1932년까지 위원경찰서 화창출장소
(和昌出張所) 순사부장, 1937년 숭정출장소(崇正出張所) 순사부장(1937) 등으
로 근무하였다. 1936년 12월 위원경찰서 신천출장소 순사로 재직 중 본문에 기
재된 활동으로 조선혁명군 토벌 과정에서 용감하게 돌격하여 11명을 사살한 공
적을 인정받아 1937년 1월 19일 야부키 마사토시[矢吹政利]·후지자와 분지로
[藤澤文治郎]·오병욱(吳炳旭)·김찬희(金贊熙) 등과 함께 '경찰관공로기장'을 받
았다. 1939년 3월 22일에는 다시 만주사변 제3차 논공행상에서 '만주의 치안
유지 공적'으로 백색동엽장(白色桐葉章)과 금을 받았다. 1940년 대만에서 주립
대중고등여학교(州立臺中高等女學校) 교유(敎諭)로 근무하였다(『朝鮮警察職員錄
(1925·1930·1932·1937)』;『매일신보』1937년 1월 20일,「警察官의 龜鑑表彰
十一名에 功勞章 – 인명구조와 비적토벌 공로로 十九日 南總督이 授與」;『매일신
보』1939년 3월 23일,「滿洲事變論功 朝鮮警察官行賞 廿二日警務局에서 發表」;
『朝鮮總督府職員錄(1941)』).

33 야부키 마사토시: 후쿠시마현 출신이다. 1932년 평북 위원경찰서 함장출장소(含
長出張所) 순사로 근무하였다. 1936년 12월 위원경찰서 신천출장소 순사로 근
무 중 조선혁명군 토벌 과정에서 용감하게 돌격하여 11명을 사살한 공적을 인정
받아 1937년 1월 19일 요시다 이사무·후지자와 분지로·오병욱·김찬희 등과 함께
'경찰관공로기장'을 받았다(『朝鮮警察職員錄(1932·1937)』).

34 후지자와 분지로: 에히메[愛媛]현 출신이다. 1932년 평북 위원경찰서 함장출장

위원경찰서 남파(南波)출장소의 방어시설(『國境警備』, 66쪽)

우리 신천출장소원들은 나가노 경찰부장의 적극 방침을 몸으로 실천하고자 1936년 12월 9일 사카모토 서장의 지휘에 따라 집안현 제3구 황차구에서 선비 혁명군 제2대대 정사 강승덕(姜承德)[35] 이하 13명과 만비 창북풍(創北風) 이하 12명이 합류한 부대를 급습하여 거의 궤멸시켰다. 이로써 적극적 토벌은 절정에 달하였다. 그날 이후부터 우리 머리속 깊은 곳에는 "비적 따위는 아무것도 아니다"라는 신념이 자리 잡게 되었다. 다음은 당시 상황을 구술한 것이다.

나는 작년 4월 초 신천출장소에 배치되었다. 초목이 무성한 녹음기를

소(含長出張所) 순사, 1937년 신천출장소 순사 등으로 근무하였다. 1936년 12월 위원경찰서 신천출장소 순사로 재직 중 조선혁명군 토벌 과정에서 용감하게 돌격하여 11명을 사살한 공적을 인정받아 1937년 1월 19일 요시다 이사무·야부키세이리·오병욱·김찬희 등과 함께 '경찰관공로기장'을 받았다(『朝鮮警察職員錄(1932·1937)』).

35 강승덕(?~1936.12.9): 1936년 12월 평북 위원군에서 조선혁명군 제2대대 정사(正士)로 위원경찰서 신천출장소 공격을 논의하던 중 일본 경찰의 습격으로 피살되었다. 2015년 건국훈장 애국장에서 서훈되었다.

　　　　　　　　　　　　　　제3장 반격, 그리고 추격

맞이하자 압록강 건너편 마비적의 움직임도 조금씩 활발해졌다. 적들은 강변을 따라 바로 건너편 임강구, 동강구(東崗溝)의 관문납자(關門拉子) 등에서 방화와 약탈, 선박에 대한 습격, 그리고 조선 방면으로 침입을 감행하고자 하였다. 6월 17일 이후 우리는 저들과 여덟 차례나 총격전을 벌였다. 9월 12일 김·요시와라·정(鄭) 세 순사는 신천출장소 건너편을 내사하던 도중 임강구에서 만비 제2연장 중산의(中山義) 이하 30여 명의 습격을 받았다. 세 순사의 목숨을 건 분투에 불구하고 요시와라 순사가 장렬히 순직하였다. 이른바 '임강구사건'이 일어난 것이다.

당시 적들의 상황은 악화 일로를 걷고 있었다. 그에 대한 대책 수립을 위해서는 무엇보다 정확한 정보 입수가 필요하였다. 우리는 현장 지형의 불리함도 아랑곳하지 않고 적의 무리를 제압하였다. 요시와라 순사는 우대퇴부에 관통상을, 정 순사도 적탄을 맞아 집게손가락을 잃어버리는 등 분투하였다. 요시와라군은 임강구(臨江口)에서 대퇴부와 오른쪽 견갑골에 관통상을 입고 허무하고도 원통하게 생명을 잃고 말았다. 당시 이 보고를 접한 우리는 도주하는 적의 무리를 쫓아 멀리 강변에서 4리나 되는 지점까지 추격하였다. 그러나 복수는 고사하고 모처럼의 기회마저 허망하게 놓쳐 버린 우리는 비분의 눈물을 삼켰야만 했다.

복수하겠다는 생각을 굳히고 나서 벌써 석 달이나 지났다. 그러나 "눈을 씻고 찾아보아도 적은 그림자도 볼 수 없었다." 기회도 잡지 못하고 시간만 허비했다. 모든 일을 하는데 성공하려면 처음 가졌던 열의와 노력이 필요하다는 신념을 가진다. 그렇지만 시간이 지날수록 점차 '하다 보면 운 좋게 뭐 하나라도 건지겠지'라는 상황이 되지 않는다고 할 수 없다. 설령 그렇다 하더라도 12월 9일의 성공은 죄다 지금까지 우리의 열의와 노력에 따른 결실이라고 우쭐거리고 싶을 정도였다.

그날 나는 오전 10시를 지나 평소와 같이 야부키, 후지자와, 오, 김

1930년대 일본 군경들의 마적 토벌 모습. 오른쪽 위부터 설명문을 보면 "지금 완전히 비적을 포위한 우리 ○○대의 용사" "영하 30도 혹한의 광야에서 비적 토벌의 상황", 오른쪽 아래부터 "비적 토벌의 상황" "우리 수비병이 열차 전복을 시도한 폭려한 비적을 발견하여 체포"(『全滿洲名勝寫眞帖』, 60쪽) 등이다. 그러나 구체적인 지역이나 시간을 알 수 없어 연출 가능성도 있다.

순사와 함께 얼음이 얼기 직전 '무엇인가 특별한 일이 없을까'라고 임강구를 향하던 참이었다. 앞서 오지로 파견된 밀정의 정보에 따르면 현재 강승덕 이하 선비 13명과 만비 12명이 합류 부대를 편성하고, 임강구에서 약 2리 반, 다시 말해 제3구 황차구의 마석구(磨石溝) 계곡 이주 조선인의 집에서 임강구와 신천출장소 습격을 위하여 무엇인가 획책 중이라는 것이었다. 이야말로 심사숙고와 노력의 결과가 아니고 무엇이란 말인가.

사카모토 서장은 이 보고를 접하고 즉시 "가라. 방심하지 말고 속지마라"고 하였다. 서장님은 잔류 대원들의 응원 속에 이쿠다[生田] 순사 이하 9명을 보낸다고 말씀하셨다. (요시다)

제3장 반격, 그리고 추격

국경경비를 위한 근무 9년 가운데 1936년 12월 9일은 내 평생 잊을 수 없는 비적 토벌의 날이다. 신천출장소는 작년 6월부터 올해 3월까지 십여 차례에 걸쳐 저들과 교전했다. 적도 이렇다 할 성공은 드물었다. 해마다 반복되듯이 적은 1년을 결빙기와 녹음기로 구분하여 그 활동 방식을 달리한다. 따라서 우리의 토벌 방법도 달라져야 했으므로 매우 곤란하였다.

우리가 근무하는 신천출장소는 위원경찰서의 관문이라 할 수 있다. 날씨가 덥던 춥던, 눈이 오던 비가 오던 상관없이 날마다 세 명 내지 네다섯 명의 직원들이 적의 상황 조사를 위해 임강구로 건너간다. 정보 수집을 위해서 수사망을 집안현은 물론 환인·통화 각 현까지 넓혔다. 압록강 하류 강변의 여러 지역(남파(南坡)·이산(梨山)·신천·연풍(蓮豊))에서는 적의 기선 제압을 위하여 달마다 밀정비를 갹출(醵出)하였다. 조사원들은 전적으로 밀정을 신용할 수 없었다. 그렇지만 임강구사건 전과 다름없이 날마다 정보 수집을 위해 압록강을 건너가 수고한다.

12월 9일 고 요시와라 부장의 원수를 갚을 기회가 갑자기 찾아왔다. 당시 적의 상황은 점점 어려워지고 있었다. 이에 적을 찾아가는 길에 세심하게 주의를 기울면서 적이 잠복한 장소를 20정 지난 황차까지 몰래 행군하였다. 그 때 거동이 수상한 조선인 한 명을 발견하고 몸을 샅샅이 수색하였더니 버선 바닥에서 군자금을 강요하는 협박문 두 통을 은닉하고 있는 것이 아닌가. 다시 엄중히 추궁하자 그는 동료 비적들이 현재 오지에 있는 독립가옥에서 회의 중이라는 사실을 자백하였다.

우리는 확실한 증거를 얻었다고 여기고 뛸 듯이 기뻐하였다. 그리고 다시 전진, 적이 잠복한 가옥을 15정 지난 산기슭에 도착하였다. 이 때 응원대 9명이 서둘러 왔다. 지형을 고려한 공격 방법을 강구하였다. 요시다 부장반에 속한 우리 다섯 명은 적의 퇴로를 차단하기 위해서 잠복

가옥 배후의 산으로 우회하였다. 응원을 위해 온 이쿠다반 9명은 산비탈을 걸어가 잠복가옥이 있는 계곡에 진을 쳤다.

요시다 부장은 이쿠다 반장에게 "우리가 전투를 개시하지 않는 이상 절대 발포하지 말라"고 신신당부하였다. 우리는 한밤중인 0시 30분에 출발하였다! 길도 없는 급경사를 부지런히 걸어 겨우 산꼭대기로 갔다. 다시 적의 잠복가옥을 향하여 거듭하여 급행이다. 혹한이라는데 삼복 무더위와 같이 땀이 비오듯 쏟아진다. 산꼭대기에서 길이 없는 수풀 속을 내려와 약 50미터 지점에 이르렀을 때였다. 전방 500미터 산 중턱에서 망을 보는 흰 옷을 입은 적 둘을 발견하였다. 이 때 상대편도 우리를 발견하고서 재빠르게 잠복 장소를 향해 무엇인가 신호를 보내려는 듯 하였다. 바로 그 순간! 우리는 일제 사격 자세를 취하여 상대를 위협하는 동시에 손짓으로 정지를 명령하였다. 그들은 총기를 소지하고 있지 않았던지 우리 명령에 순순히 복종하였다.

우리는 '이 틈에 전진'하여 단숨에 적의 잠복가옥과 150미터 떨어진 전방 지점까지 몰래 다가갔다. 이번에는 만주인 복장의 보초가 대형 모젤 권총을 휴대하고 망을 보고 있었다. 우리는 "앗차" 했다. 하지만 다행히 상대는 우리의 접근을 아직 알아차리지 못하였다. 다시 18미터 지점까지 몰래 다가갔다. 그 때 요시다 부장은 "우선 망을 보는 사람에게 일제사격을 하고 나서 집안에 급사(急射)하라"고 명령하였다.

우리 다섯 명이 일제사격을 가하자 탄환이 총구를 벗어남과 동시에 망을 보던 사람이 푹 쓰러졌다. 우리가 계속하여 필사적으로 집안에 맹렬한 사격을 퍼부우면 몹시 당황한 적들이 큰 소리를 질러대면서 튀어나올 것이라 예상하였다. 그렇지만 적들은 예상과 달리 전혀 겁을 먹지 않고, 오히려 사격하면서 우리에게 저항했다. 이러한 가운데 우리가 우뢰 같이 쏟아낸 탄환에 적비 몇 명이 갑자기 그 자리에서 쓰러졌다. 당황한 적들은 드디어 계곡 방면으로 도주를 시도하였다. 한편 그 방향에서는 이러한 상황을 예상한 이쿠다반이 정예의 진을 펼치고 대기하고 있었다. 이쿠다반은 맹렬한 경기관총 사격으로 적 세 명을 순식간에 쓰러뜨렸다. 이렇게 되자 지금까지의 상황을 미리 각오라도 하였는지 적들은 도주를 단념하고 주변의 움푹하게 파인 지역으로 들어가 포진하고 머리만 내놓은 채 모젤 권총과 장총으로 완강히 저항하기 시작하였다.

장렬한 전투가 이렇게 시작되었다. 우리 주변도 우박처럼 쏟아지는 적의 탄환에 위험하기 짝이 없었다. 말하지 않아도 알 수 있는 결사의 각오로 맹렬히 사격하기를 두 시간. 이는 필설로 표현할 수 없는 긴 시간이었다. 거의 시간을 계산하지 않았다고 할 수 있다. 마침내 비적은 배후의 계곡 사이의 움푹 들어간 지역을 통하여 산꼭대기를 향해 도주를 시도하였다.

이를 목격한 우리도 뒤처지지 않고 상대가 도주하는 좌측 고지를 향하여 달려가기를 약 200여 미터. 순식간에 그 뒤의 선을 점령했다. 적은 그 자리에서 도주를 중지하고 주변보다 낮은 지역으로 흩어져 다시 우리에게 맹렬하게 사격하였다. 시간이 흐를수록 양측의 거리는 80미터까지 좁혀졌다. 다시 전투가 시작되었다. 마치 커다란 폭풍우 같은 느낌의 광경이었다.

양측이 사격하는 총성은 여름날 천둥소리와 같았다. 피비린내가 점점 퍼져간다. 희미한 화약 연기에 겨울에 말라붙은 잡초도 쓰러진다. 계속해서 떨어지는 적탄은 우리 대원들 사이를 연결하는 듯 하다. 지금은 국경경비를 위해 목숨을 바쳐야 한다. 이곳에 있는 이상 적을 쏘아 죽이지 않으면 나만 적의 탄환에 맞아 죽을 뿐이다. 나만이 아니라 다섯 명 모두 열정에 타올라 목숨을 돌보지 않는다. 그러는 동안에 양측의 탄환은 거의 다 소진되었다. 해도 서쪽으로 떨어져 사방은 어둠에 갇히려 한다.

"이대로 좋은 기회를 놓쳐서는 어느 세월에 요시와라군의 복수를 할수 있을지 알 수 없다. 마지막 수단이다……착검하고 적진으로 돌격이다!" 요시다 부장은 비장한 명령과 함께 분연히 일어섰다. 적탄이 어지럽게 날라왔다. 우리는 지금 삶과 죽음의 갈림길에 서 있다. 어차피 죽을 목숨이라면 한 명이라도 더 많은 적을 죽이고 나서 죽자. "좋다. 해보자!" 다섯 명이 육탄으로 적진에 뛰어들자 그 기세에 눌린 적 두 세명이 도주하였다.

그렇지만 대부분의 적들은 최후까지 완강하게 버티면서 우리와 맞서고자 하였다. 그 순간 나는 간발의 차로 적의 왼쪽 가슴에 "얏"하면서일격을 가했다. 손에 든 모젤 권총을 툭 떨어뜨린 적은 "으으"라는 최후의 신음 소리와 함께 그 자리에서 푹 쓰러졌다. 아직 숨이 멈추지 않았다. 살기가 오른 나는 다시 일격을 가하였다. 나의 총검은 힘차게 적의가슴을 관통하여 다시 땅까지 삐져나와 꽂혔다. 숨마저 멈춘 그는 낯빛이 창백해지고 몸도 점차 축 늘어졌다. 이 때만은 극도로 살기가 올라오히려 유쾌하였다.

이를 본 나머지 적들도 기회를 틈타 필사적으로 도주하기 시작하였다. 우리 추격에도 불구하고 비도(匪徒)들은 때마침 어스름한 어둠을틈타 산꼭대기를 넘어 사방으로 흩어져 버렸다. 오후 4시 30분 우리는 전투를 중지하였다. 적 진지를 완전히 점령하였다. 우리는 손으로적의 총기를 옮겼다. 이 때 우리 다섯 명은 자신도 모르게 만세를 불렀다. 만세 소리가 사방으로 퍼져나갔다. 그 기쁨은 가슴이 벅차오를정도로 유쾌하였다. 이 때 계곡 아래에서도 같은 만세 소리가 계속되었다.

우리는 이쿠다반과 합류하여 적비의 잠복가옥과 그 주변에 대한 수색을 계속하였다. 압수한 총기 이외 중요 물건들이 산더미처럼 쌓였다.

1930년대 마적들의 공격 모습. 오른쪽 위와 왼쪽 아래는 "비적의 본부"로 "저들집단은 두목과 부두목 및 반장이 잡병을 인솔하여 출동한다", 그 나머지는 "비적의 야습"으로 "야습의 명령이 내려지면 미리 점찍어 둔 농가를 총성으로 위협하고 담을 넘어 문을 부수고 폭력을 행사"(『全滿洲名勝寫眞帖』, 59쪽) 등의 설명이 덧붙여져 있다. 그러나 지명이나 시간을 알 수 없어 연출 가능성도 있다.

수색하여 보니 쓰러진 적은 11명이었다. 우리측 피해가 전혀 없었다. 이러한 대성공은 필시 변함없는 상사(上司)들의 지도와 여러 형들의 지지, 그리고 물론 하늘의 도우심 덕분이기도 하다. 아울러 당일 요시다 부장 이하가 일치 협력하여 기민한 행동으로 복종하고, 적절한 방법을 택하여 적의 기선을 제압한 결과일 것이다. (야부키)

  "오강(烏江)은 물이 얕아 추(雛)도 건너간다. 한 조각 의로운 마음은 동으로 갈 수 없다!"[烏江水淺雛能逝, 一片義心不可東]
  전투가 시작되자 적은 당황하면서도 흩어져 지형을 이용한 저항을 계

자성경찰서 법동(法洞)주재소의 방어시설(『國境警備』, 152쪽)

속한다. 적들은 조금씩 산 위로 향하는 작은 길로 도주하려는 듯 하였
다. 산병선(散兵線) 가장 좌익에 있던 나는 쏟아지는 총알을 뚫고서 급
히 그 작은 길에 있는 적의 앞을 막아섰다. 지형지물이 전혀 없는 경사
45도의 길에서 약 30미터 앞의 적과 교전한다. 적 네 다섯명이 나에게
만 난사한다. 더 가깝게 접근하였더니 서로의 동작이 손에 잡힐 만큼
가깝다. 적들은 소총을 장전할 틈도 없었다. 두 세명의 부상자가 있던
적들은 신속하게 대응할 수 없다는 것을 알아챘는지 갑자기 "계곡 입구
쪽으로 퇴각하라"고 한다. 가만히 앉아서 이러한 기회를 보고서 놓칠
리 없는 우리는 맹렬히 사격하면서 전진하였다. 적은 두목 이하 시체
네 구를 버리고 이쿠다반 진지가 있던 계곡 입구를 향하여 일제히 도주
하였다. 이들을 추격하는 동안 잠시 적은 이쿠다반과 우리 사이에 낀
모양새가 되었다.

　입구가 좁은 마석구(磨石溝) 안쪽은 M자 모양이다. 요시다반은 바로
M자의 왼쪽에서 전투를 시작하였다. 적은 요시다반의 포위 대형을 벗
어나고자 M자의 오른쪽 방면의 참호에 틀어박혔다. 현장에는 적의 시

　　　　　　　　　　　　　　　　제3장 반격, 그리고 추격

체 세 구가 있다. 적은 마석구의 유리한 지형을 이용하여 배수진을 치고 난사한다. 우리는 한 발자국도 전진할 수 없다. 요시다 부장은 이쿠다반에 지휘를 일임하였다. 이쿠다반은 반원을 인솔하여 M자의 왼쪽 방면으로 물러나 산중턱의 험한 곳을 우회하여 M자의 중앙 고지를 향해 해일처럼 돌격하라고 하였다.

도중에 총기를 소지하지 않은 적 부상자 한 명과 마주쳤다. 이미 다 죽어가는 모양새였다. 그에게 손을 댈 용기가 없었다. 적은 조금이라도 빨리 퇴로를 열기 위하여 과반수가 요시다반과 대적하였다. 그들은 폭 5미터, 깊이 1.5미터 참호 안에 의지하여 계속 완강히 저항한다. 숨조차 쉴 수 없을 정도로 참혹한 광경이었다. 우리도 산개 대형을 취하고 적 5미터 앞까지 전진하여 대응한다. 적은 간간이 함성을 올리며 저항한다. 이러한 상황을 아무리 계속하여도 전혀 효과가 없었다. 가장 왼쪽에 있던 우리는 결의를 다진 후 적 20미터 앞까지 접근하여 보니 적은 분명히 전투 자세를 취하고 있었다.

적은 아직 우리들의 삼킬 듯한 기세를 보지 못하였다. 저들 가운데에는 총을 장전하는 자, 대피소에서 부상자를 치료하는 자, 탄환에 맞아 고장이 난 장총을 수리하는 자 등이 보였다. 우리가 조금이라도 사격을 늦춘다면 적들은 즉시 참호를 넘어와 우리에게 몰려들 것 같았다. 적이지만 훌륭하였다. 3시간이 넘는 교전이었다. 이 때 나는 탄환 한 발도 소지하지 않았다. 나도 모르게 "부장님, 부장님……"하고 계속 부른다. 참호를 넘어선 적 두세 명이 발포하는 나에게 돌격하려 한다. 눈앞에서는 말라붙은 풀들이 적탄에 의해 좌우로 쓰러진다. 마음속으로 '지금 적탄에 맞으면 당장 죽는다'고 생각하면서 조용히 죽음을 기다렸다.

빗발치는 탄환을 무릅쓰고 돌격하는 것은 별거 아니다. 커다란 총성 가운데 산병선으로부터 계속해서 "부장님, 부장님"하고 부르짖는 소리

일제강점기 조선인 화전민의 집(서울대학교 중앙도서관 고문헌 디지털 콘텐츠)

가 들린다. 반원 모두 탄환이 다 떨어졌나? 큰 소리로 "돌격하라"고 한다. 이 때 우리 뒤에 있던 요시다 부장 이하 다섯 명은 적진을 향하여 사자와 같은 맹렬한 기세로 적탄을 무릅쓰고 뛰어든다. 나는 참호 위에서 난사하는 적에게 돌격하여 총검으로 그를 찔렀다. 하지만 급소를 빗나가 몸을 지탱할 수 없다. 참호 안의 적은 모두 쓰러졌다. 적은 중상을 입었으면서도 계속 발포하려 하였다. 이에 무릎쏴 자세로 적의 심장부를 찔렀다. 좁은 참호 안에서 피아간에 피를 튀기면서 어지러운 백병전을 벌였다. 이 때 김순사의 총검에 찔린 적이 내가 찌른 적 시체 위로 쓰러져 겹쳐진다. 적 두 세명은 벌써 참호를 벗어나 모젤 권총으로 방어전을 한다.

나머지 적들은 시체 네 구를 버리고 겨우 약 100미터 앞의 두 번째 참호에 의지하여 다시 발포한다. 우리 반의 추격에 방해가 된다. 응전하려 하나 탄환이 없다. 다시 돌격하자 적은 두목 이하 11명을 잃고 삼삼오오 무리지어 도주하기 시작한다. 최후까지 완강히 분전하던 적 두 명

제3장 반격, 그리고 추격

도 마침내 잡목(雜木) 수풀 속으로 잠복하였다가 도주하였다.

적의 시체는 열 한구다. 참혹하면 참혹하다고 할 수 있다. 고생 끝에 적을 격퇴한 우리는 너무 유쾌하기만 하였다. 만세 소리가 밀물처럼 터져 나왔다. 때마침 해도 서쪽으로 기울어 떨어져 희미한 황혼이 계곡을 덮는다. 피비린내가 진동하던 진지의 반이 어둑해졌다. 러시아식 장총 1정, 대형 모젤권총 5정과 탄환, 그리고 기타 잡다한 물건 다수를 노획하였다. 이를 고 요시와라 순사부장 영전에 바친다. 결빙기가 머지않은 압록강은 조용히 유빙을 운반한다. 사방은 어둠 속에 잠겨 새하얀 눈이 반짝인다. 용감하게 분전하던 고인의 모습이 선명하게 떠오른다. 최후까지 분투한 적의 행동에 대해서는 눈물이 앞을 가린다. (후지자와)

마지막으로 만주국의 도로에 대해서 말하고자 한다. 통구에서 외차구까지 길들은 만주국 국도라 하여도 폭이 7칸 정도이다. 교통의 편의를 위하여 8칸이나 되는 큰 도로가 집안현의 중앙을 횡단한다. 그렇지만 이는 겨우 도로 모양새만 갖추었지 자갈도 하나 깔려 있지 않다. 이 때문에 장마기나 해빙기 등에는 사람조차 보행이 쉽지 않다고 한다. 이외에는 도로라고 할 만 것도 없다. 이러한 상황을 내버려 둔다면 매일 조선의 도로를 오가는 우리가 어떻게 조선 구석구석까지 갈 수 있겠는가.

한편 촌민들의 생활 모습을 보니 완전히 야수(野獸) 그 자체에 가깝다. 특히 최근 집가법 실시에 따라 작년 11월경까지 주민들의 집은 만주군 토벌대에게 거의 소각당하였다. 현재 주민 대부분은 소각당한 가옥을 수수 줄기로 둘러싸서 마치 동굴에 사는 것 같다. 이런 곳에서 평생 목욕이라도 한번 꿈꿀 수 있을까? 이러한 상황에서 위생도 열악하다. 올해 결빙기에 압록강을 건너 토벌을 담당했던 여러분이라면 모두 건너편 만주가 위생 관념이 빈약하다는 것을 직감하였을 것이다. 굴속의 곰처럼 흙을 파고 그 안에서 생활한다. 특히 놀라울 정도로 전염병이 많았다. 장티푸스, 천연두 환자다. 집집마다 전염병 환자 한두 명은 꼭 있다. 가는 곳마다 만주 특유의 시체를 넣은 관이 화장장처럼 정렬된 모양이다.

반면 자택을 소유하고 부동산을 가진 자는 자신의 집에서 하루도 안심하고 살 수 없다. 당연히 많은 이들은 재산 등을 모을 여유가 없다. 설령 재산을 모았다 하더라도 현재 상황에서 재산을 모으는 것은 실로 마비적에게 재산을 가져다 바치는 행동에 불과하다. 정말 처량한 생활이다. 우리는 이러한 생활을 바라보면서 우리가 얼마나 행복한 국가에서 생활하고 있는가를 절감할 수 있었다.

당시 현지 주민들이 우리의 토벌을 반기는 이유를 들자면 한 두 가지가 아니었다. 성질 급한 인간들은 "이제 압록강 건너편은 절대 안심이다. 이제 안심하고 압록강을 건너가서 농사를 지을 수 있다. 압록강 건너편은 조선과 달리 토지가 평탄하고 비옥하다. 올해부터 압록강을 건너서 경작할 수 있다"며 크게 기뻐하는 상황이다.

건너편 주민들, 예를 들어 바로 맞은편 임강구 시가의 주민들은 토벌 이전까지만 하더라도 밤낮 전투가 빈번하였기에 낮에도 집집마다 문을 닫았다. 상점도 거의 빈집과 같았다. 그런데 토벌 전후 이러한 상황은 어떻게 변하였는가. 밤에도 문을 열어 놓고 닫으려는 사람이 없다. 최근에는 보갑단(保甲團)의 야경(夜警) 등도 폐지된 것 같다. 야경에는 순라(巡邏)를 하는 사람도 없는 듯 하다. 안동 방면으로 피난하여 있던 유력 만주인들도 이러한 상황을 보고받고 돌아온다고 하여 소란스럽다. 지금까지 헐값이었던 토지도 천정부지로 치솟아 소자본으로는 손조차 댈 수 없다. 임강구의 유력자들은 머지않아 한 두 해 안에 사변(1931년 만주사변…역자) 전 임강구로 돌아갈 것이 확실하다면서 기뻐한다. (야부키)

제2차 신천사건

위원신천출장소 김찬희(金贊熙)[36]
타노우에 타케토요[田之上武豊]

 우리 내사반(內查班)은 이번 달 9일 발생한 황차사건이 발생하자 이전 사례로 판단하건대 가까운 장래에 반드시 적의 복수행위가 있을 것이라고 예상하였다. 이에 출장소원 전부가 불면불휴(不眠不休)로 이전 밀정망을 확장하고, 날마다 압록강을 건너 조사에 노력하고 있을 즈음이었다. 임강구로 건너가 적의 상황을 수집 중이던 12월 30일 오전 11시, 황차사건으로 괴멸적 타격을 입은 선비 총사령부가 전사한 동지들 복수를 위하여 위원을 목표로 삼아 저들 가운데에서도 가장 용감한 정예 제2중대 부사 이창준(李昌俊) 이하 9명을 제3구 양수천자 세원곡(細遠谷)으로 파견, 신천출장소 습격을 획책 중이라는 정보를 얻었다. 이

---

[36] 김찬희: 1936년 12월 위원경찰서 신천출장소 순사로 재직 중 조선혁명군 토벌 과정에서 용감하게 돌격하여 11명을 사살한 공적을 인정받았다. 1937년 1월 19일 요시다 이사무·후지자와 분지로·야부키 세이리·오병욱 등과 함께 '경찰관공로기장'을 받았다(『매일신보』 1937년 1월 20일, 「警察官의 龜鑑表彰 十一名에 功勞章 - 인명구조와 비적토벌 공로로 十九日 南總督이 授與」).

정보를 접한 요시다 부장은 즉시 이를 사카모토 부장에게 보고하였다. 서장은 기선 제압을 위한 야습 감행을 명령하였다.

우리는 모두 최근 만비와의 교전에서 임무를 맡아 본 경험이 부족하였다. 그렇지만 용의자에 대한 몸수색만은 철저하게 실시하였다. 더욱이 타노우에 순사는 적이 권총을 발포하려는 찰나 간발의 차로 그에 대응하여 마침내 적을 사살하였다. 다음은 타노우에 순사의 수기이다. (김)

어젯밤 근무를 마치고 돌아와 피곤한 몸을 쉬기 위해 온돌방에서 뒹굴던 때가 새벽 1시였다. 잠깐 눈을 떠보니 오후 3시 30분이다. 갑자기 출장소 내에 집합을 알리는 경적(警笛)이 울려 퍼진다. 눈을 뜨자마자 신속하게 무장을 갖추고 우선 사무실로 달려갔다. 이창준 일파가 제 3구 세원곡에 잠복하여 현재 임강구와 신천출장소 습격을 위해 몰래 협의 중이라는 소식이었다. 수석 요시다 분대장 이하 11명은 저들을 격퇴하겠다는 결의를 굳히고 즉시 임강구로 출동하였다.

나도 그 일원으로 출동하였다. 도중 마음속으로 어떠한 어려움과 맞딱뜨린다 하더라도 생명이 붙어 있는 한 야마노나카 시카노스케[山中鹿之介][37]처럼 적과 싸워야 한다고 마음 속으로 끊임없이 부르짖었다. 그 사이에 벌써 임강구 입구에 도착하였다. 지금은 고인이 된 요시와라 순사부장은 비겁하기 그지없는 저들의 불의한 행동에 비장한 최후를 맞이하였다. 복수하지 않고 우리는 결코 돌아가지 않을 것이다.

이윽고 보갑단사무소에 도착하였다. 지휘자 요시다 분대장은 우리에게 망보는 임무를 분담시켰다. 각자 부여받은 중요한 임무를 두 어깨에

---

[37] 일본 전국시대의 무장.

짊어지고 엄중히 경계하겠다고 맹세하였다. 그 때의 긴장감이란 이루 말할 수 없었다. 이제 요시와라 순사부장을 위한 복수는 성공이 가까워 졌다고 생각하니 기분이 실로 의기양양하였다. 대기 중이던 요시다 분대장 이하 세 명은 사무실에서 토벌에 대한 대책을 강구하였다. 적의 잠복 상황에 대한 진위 여부를 파악하였는지 이쿠다 분대가 편성되었다. 마침내 오후 5시 출동 명령이 내려졌다.

임강구를 떠나 약 1정 거리에서 바라보니 들과 산이 바다처럼 넓게 펼쳐져 있다. 높은 곳에서 아래로 불어오는 바람이 살을 에이는 듯 파고든다. 숨을 쉴 때마다 코로 쉬는 숨이 차갑다. 허기도 진다. 엄중한 경계를 더욱 엄중히 한다. 몸도 점차 피곤해진다. 이러한 상황에서 과연 그 험준한 차도령(車道嶺)을 넘을 수 있을까. 이번에는 의문이 들 수 밖에 없다.

요컨대 배를 가득 채운다면 이 정도의 고생은 아무렇지도 않게 여기고 행군할 수 있을 것이다. 어느 틈엔가 차도령을 넘을 수 있을 만큼 올라왔다. 산중턱에 도달한 그 때의 괴로움이란 평생 잊을 수 없을 것이다. 거의 인내와 의지로 산중턱에서 산꼭대기까지 정복할 수 있었다. 대원들은 신음소리 조차 내지 않는다. 어떠한 고생도 마다않고 목적지까지 선두에 서야 한다는 강한 의지는 대원들 모두가 역류(逆流)에 저항한다는 것 이상의 포부임에 틀림 없다. 이야말로 다름 아닌 평소 단련된 경찰 정신이라는 것이 나의 결론이다.

현도(縣道)에 오르자 주변에는 벌써 엷은 어둠이 깔려 있다. 오후 6시 마침내 양수천자에 도착, 6시 20분 세원곡(細遠谷) 입구로 가서 도로 오른쪽에서 비적과 내통하는 연락자 유무를 검색하고 나왔다. 그 때였다. 갑자기 앞에서 출현한 적 7~8명이 우리 분대와 맞딱뜨렸다. 비적이라 직감한 우리는 즉시 검문법(檢問法)을 시행하려 하였다. 뒤편의 적은 권총을 발사하고 도주하기 시작하였다. 우리는 "적이다! 적!"이라고 계속 연호하였다. 현장에서 남쪽으로 20칸 떨어진 왼쪽 밭 가운데에서 잠깐 적과 격투를 벌였다. 적은 아직도 저항한다.

요시다 부장 이하는 만비 7~8명과 조우전(遭遇戰)을 벌였다. 적 한 명을 사살하고 모젤 권총 한 정을 압수하였다. 약 20분간의 격전을 치른 적은 통천구(通天溝) 방면으로 도주하였다. 우리는 밤이 되자 다시 선비 이창준 일파에 대한 토벌을 명받았다. 이에 추격을 중지하고 즉시 세원곡으로 향한다. 벌써 저녁 7시 20분이다. 잠복 가옥 아래 약 3정 지점에 도달한 요시다 부장 이하 다섯 명은 오른쪽 가운데로 전진하였다. 우리 이쿠다반 여섯 명(경기관총 한 정)도 공격을 위해 정면으로 전진하였다.

적도들도 우리가 만비와 교전할 때 총성으로 우리의 습격을 알아차린 듯 하였다. 적들도 가옥 앞마당에 흩어져 요시다반을 맹렬하게 공격하였다. 마침내 적과의 거리는 약 20칸으로 어느 쪽이라 할 것 없이 모두 악전고투하였다. 이쿠다반은 경기관총과 소총으로 엄호사격을 하였다. 요시다반은 마침내 돌격을 감행하여 꼿꼿이 서서 대원들을 지휘하던 비도 두목으로 보이는 한 명을 사살(해당 적은 후에 이창준이라는 사실이 판명됨)하였다. 즉시 요시다 부장, 전(全), 오군은 저들과의 간격이 3칸 되는 지점에서 가장 유효한 사격을 하였다. 나머지 적은 도주하였다. 1936년의 마지막 날은 폭풍우처럼 끝이 났다. (타노우에)

1월 9일 적과 조우(遭遇)하지 못하다

초산 강면주재소 니시다 이츠오[西田逸雄][38]

1937년 1월 9일 새벽 2시 갑자기 전화가 울렸다. 옹암출장소원 일곱 명, 옹암경비대원 다섯 명은 새벽 3시까지 연담주재소로 집합하라는 명령이었다. 거짓말 같은 비상소집이다. 연담까지는 3리다. "자, 사건이다. 서둘러, 서둘러라." 밥 먹을 시간은 고사하고 각자 닥치는 대로 음식을 입안에 쑤셔 넣으면서 달리고 또 달린다.

용상(龍上)의 감시원이 "누구냐, 누구냐" 수하를 한다. 하지만 "옹암, 옹암" 연호하면서 뒤도 돌아보지 않고 달린다. 한참을 달려 용담에 도착하니 2시 50분 정각이다. 한숨 돌릴 틈도 없이 다시 집합 신호다. 서장님은 "지금부터 ××방면으로 출동한다. 소집된 전원 50명을 세 개 분대로 편성한다. 대원들은 모두 분대장의 지휘를 받을 것이다. 적은 선

---

[38] 니시다 이츠오: 쿠마모토현 출신이다. 1937년 평북 벽동경찰서 옹암주재소 순사, 1939년 만주국 수도경찰청 특무과 경위 등으로 근무하였다. 1940년 4월 종군기장(從軍記章)을 받았다(『朝鮮警察職員錄(1937)』; 『滿洲國官吏錄(1943)』; 『朝鮮總督府官報(1940.4.20)』).

비다. 제군들은 용감하게 행동하기 바란다"고 우리를 격려하였다. 우리 옹암반은 야마다[山田] 서장님의 총지휘 아래 고무라[小山] 부장의 지휘에 속하였다.

즉시 압록강을 건넜다. 눈이 새하얗게 빛나는 혼강 위를 2리 남짓 묵묵히 행진하였다. 지형이 점점 험준해진다. 길도 없고 눈이 가슴까지 빠지는 곳이다. 지리는 처음부터 아예 모른다. 한 발자국 올라가면 다시 한 발자국 미끄러진다. 말도 할 수 없이 힘들다. 이 때부터 벌써 허기가 지기 시작한다.

녹초가 되지는 않았지만, 걷는 것이 힘들다. 잠시 후 정상에 도달하였다. 목표한 적이 바로 눈 아래 있다. 너무 좋아서 큰 소리가 나오려는 가슴을 진정시킨다. 총을 겨누고 포위 대형을 취하려고 하는 바로 그 때였다. 전위(前衛)에서는 적이 이미 도주한 이후라고 확인하였다. 분하였다. 그렇다고 낙담할 필요는 전혀 없다. 여기에서 전원을 둘로 나누어 좌우로 갈라져 멀리서부터 적을 포위한 다음 적의 근거지인 소천구(小川溝)의 ××지를 향한다.

이번에는 멀리서 짖는 개에 놀라지 않고 급경사와 산처럼 쌓인 눈 속을 몇 시간이나 뛰어다녔다. 아무렇지도 않게 험준한 산을 뛰어다니는 동안 어느새 정상에 도달한 듯 하다. 이번에는 정말로 모든 용사들이 첫 번째 산악에서 녹초가 되었다. 정체를 알 수 없는 이번 산은 험준하기 짝이 없다. 마치 도깨비 같다. 완전히 녹초가 되어 쓰러졌다.

폭포수처럼 흐르던 땀도 잠깐 멈추었는지 한기가 몸속을 파고든다. 이 한기로 몸과 마음 모두가 얼어붙은 것 같다. 도대체 여기는 어떤 곳이냐. 너나할 것 없이 모두 국경경비 용사로 자부하는 우리가 이 따위에 녹초가 될 것인가. 그렇기에 출발할 때 서장님도 우리를 격려하지 않았던가. 힘을 내자. 몸과 마음을 채찍질한다. 졸려 눈이 감기면서도 죽을둥살둥 온 힘을 짜내어 가기를 수 십 분이었다. 아직 어두웠지만, 벌써 멀리서부터 날이 희미하게 밝아오기 시작한다. 목적지인 정상에 겨우 도달하니 6시 50분이다.

 적의 근거지는 삼면이 산으로 둘러싸여 저항도 도주도 불가능한 계곡 사이에 있었다. 우리 편 한 부대가 먼저 우회하여 신속하게 고지 한쪽을 점령하였다. 이들은 우리와 계속 호응하여 한 명의 적도 달아나지 못하게 하였다. 공격의 방아쇠를 당기기 위하여 엎드려 자세로 날이 밝기를 기다리면서 때가 오기만을 기다렸다. 5분, 10분, 밝아오는 어둠 속에서 적의 잠복 가옥이 분명하게 드러난다. 적은 그림자도 보이지 않는다. 잠복가옥을 목표로 총을 겨눈 우리를 상대하는 적은 없다. 오호라 하늘은 두 번 다시 우리에게 기회를 주지 않는 것인가.

1월 20일 908고지 사건

초산경찰서 연담주재소 타니구치 토시오[谷口敏夫][39]
야마다 유키오[山田幸雄][40]
박병주(朴秉株)[41]

1월 18일 들어온 정보는 다음과 같다. 노흑산(老黑山) 석주자(石柱子)에 주둔 중이던 관동군(關東軍) 나라[奈良] 부대가 만비 상(尙) 단장 이하 60여 명과 교전 중인데 지형이 불리하여 상당히 고전 중이라는 것이었다. 이에 그들을 응원하기 위해 초산수비대 니시오카[西崗] 대위 이하 40여 명이 급히 출동 준비 중이었다.

우리 주재소는 주재소원 전원이 부탁받은 썰매를 준비하면서 니시오

---

39 타니구치 토시오: 토쿠시마[德島]현 출신이다. 1932년 평북경찰부 고등과(高等課) 경부보, 1937년 초산경찰서 용담주재소 순사 등으로 근무하였다(『朝鮮警察職員錄(1932·1937)』).

40 야마다 유키오: 아이치[愛知]현 출신이다. 평북 초산경찰서 순사부장, 만주국 안동성(安東省) 경위보(警衛補) 등으로 근무하였다(『朝鮮警察職員錄(1937)』;『滿洲國官吏錄(1939)』).

41 박병주: 1937년 6월 평안북도 순사로 종군기장(從軍記章)을 받았다(『朝鮮總督府官報(1940.4.20)』).

카 부대가 오기를 기다렸다. 다음날 19일 새벽 4시 니시오카 부대는 연담주재소에 도착하여 6시에 혼강구를 향해 출동하였다. 모든 경비대원은 강을 건너고 싶은 의지가 충만하였다. 하지만 무단 참가는 용납되지 않았다. 분하였다. 그날 저녁 정보에 따르면 새벽 1시 하루하(下漏河)에 도착한 니시오카 부대는 바로 노흑산으로 향하였으나, 적은 이미 도주한 후라 기회를 놓쳐 버렸다고 한다.

다음날 20일 오전 10시 밀정이 왔다. 밀정은 오늘 아침 8시경부터 니시오카 부대가 대천구(大川溝)에서 적을 발견하고 현재 치열하게 교전 중이라고 보고하였다. 우리는 즉시 이 소식을 본서에 보고함과 동시에 썰매를 준비하기 시작하였다. 준비가 다 되었다고 생각했을 때 서장님의 출동 명령이 내려졌다. 주재소에는 카와카미 경부보 이하 일곱 명이 참가하기로 하였다. 주재소 대원들은 주재소에 대기 중이던 특별경비대 제2분대장 타카 부장 이하 14명과 함께 목적지 대천구로 서둘러 가고자 하였다. 오전 11시가 지난 시각이었다.

주재소 대원들은 주민들의 환송을 받으면서 말이 끄는 썰매를 타고 혼강구를 출발하였다. 대천구는 어림짐작으로 약 3리나 되기에 10분이나 20분 안에는 도저히 도착할 수 없다는 것을 알았다. 급한 마음에 말 엉덩이를 채찍으로 때린다. 총성이 점점 가까워진다. 마음은 더욱 조급해져 정신이 없다.

이 때였다. 만주인 하나가 이마에 땀을 뻘뻘 흘리면서 무거운 걸음으로 온다. 경험자인 타카 부장은 즉시 썰매에서 뛰어내려 검문하였다. 말과 행동이 불분명하여 귀찮다. 하지만 만주인을 썰매에 태우고 서둘러서 달리고 또 달렸다.

이윽고 오후 ○시를 지나 대천구 입구에 도착, 니시오카 부대와 합류하였다. 적군은 유리한 위치를 차지하고 뒤쪽 908미터 고지에 진을 치고 두려움 없이 저항 중이다. 길 위는 가는 곳마다 총구의 불꽃과 소리가 여기저기로 튀고 있다. 한 척이 넘게 쌓인 눈은 감병선(敢兵線) 흔적을 있는 그대로 말해주고 있는 듯하다. 발밑에는 아직 전투의 흔적이 생생하다. 왼쪽 능선의 경사면을 바라보니 새하얀 눈 속에 적들의 도주로가 몇 갈래로 나 있다. 당황한 적이 앞을 다투어 능선을 올랐던 것 같다. 지금 절벽을 올라 908고지 적진에 접근하려 하였다. 절벽은 의지할 만한 지형지물이 전혀 없이 노출된 지형이었다.

이대로 접근한다면 우리도 상당한 희생자가 나올 것이 불을 보듯 훤하다. 이에 전략상 이곳이 아닌 백채지구(白菜地溝) 방면을 우회하여 공격하기로 하였다. 총성을 계속 들으면서 니시오카 부대와 함께 마의구(螞蟻溝)를 거쳐 백채지구 산고개로 서둘러 갔다. 이곳 도로 역시 험난하다. 최근에 사람이나 말이 왕래한 흔적이 없다. 험준하기 짝이 없는 길이다. 도중 몇 차례나 적과 응전하면서 힘든 산비탈을 조금씩 걸어갔다. 이 산은 그야말로 90도에 가까운 급경사다. 첫 발을 내딛는다 하더라도 두 번째, 세 번째에서는 발이 미끄러워 움직일 수가 없다. 한참 동안 나무에 의지하면서 걸으니 약 40분 정도 걸렸다. 그리고 나서야 적진으로부터 600미터 떨어진 고개를 간신히 점령할 수 있었다. 이곳에서 해가 지기를 기다리기로 하였다. 군대 시절 석양을 기다려 공격하던 때가 생각난다.

군대 시절 야간 전투에 대한 갖가지 주의사항이 희미하게 떠오른다. 소리를 내지 말 것, 총검의 소리를 죽이고, 발뒤꿈치를 들고 걸을 것, 돌격에 즈음해서는 함성을 올리지 말 것 등등. 시간은 오후 3시 반. 전투가 시작되자 소총은 콩 볶는 듯한 소리를 낸다. 기관총 소리는 하늘이라도 짓누를 듯 하다. 척탄통(擲彈筒) 소리는 적의 몸을 산산이 갈라놓을 듯 하다. 전투가 점점 격렬해진다. 기관총은 걸핏하면 얼어붙어 총알이 나가지 않는다. 얼어붙은 기관총을 다시 녹여 사격한다. 이렇게 몇 차례나 얼어붙기를 반복한다. 기관총 사수는 기관총의 톱니바퀴를 끝까지 올려 이를 녹인다. 그 사이에도 수 많은 적탄이 머리 위를 지나간다. 적도 후퇴할 조짐이 없다. "제길 모조리 죽여버리겠다"는 생각이 든다.

딱딱하게 얼어붙은 양말은 돌덩어리 같다. 점차 발도 시려온다. 배고픔은 어쩔 수 없어도 적탄보다 동상이 더 걱정된다. 저들도 우리도 작은 나무 그늘에 의지한 채 언 발을 녹이기 위해 한쪽 발을 들고 뛴다. 발이 따뜻해지면 사격하고, 다시 발 운동! 이를 몇 번이나 반복했는지 모른다. 이러한 상황은 마치 이로하 카루다[加留多·歌留多]를 할 때 허점을 전부 숨긴 줄 알았더니 허점의 일부가 드러난 것과 같다. 틈새로 몸의 일부 드러난 나는 불안하기 짝이 없다. 드디어 적탄이 낮게 날아온다. 저격하는 것 같다. 전투에 익숙한 동료들은 이에 아랑곳하지 않고 다시 발 운동이다. 이 때였다. "부상자입니다"라는 목소리다.

바라보니 수비대 신병이었다. 오른쪽 다리 관절 부위에 관통상을 입었다. 그렇지만 대장이 위로하는 말에 아무렇지도 않은 듯 대답한다. 우리는 발 운동을 멈추었다. 계속 침묵이 흐른다. 공격을 위한 전진의 시각이 시시각각 다가온다. 그렇다. 지금 가지고 온 비스켓을 먹고 힘을 내자. 비스켓을 I군 등과 네 다섯 명 분으로 똑같이 나누었다. 때가 오기를 기다린다. 오후 5시 40분. 앞으로 20분만 지나면 드디어 총공격이다. 다시 발 운동. 적탄도 점점 더 격렬해진다. 오후 6시 5분 전, 니시오카 대장은 마침내 "제1소대 우익, 제2소대 좌익, 경찰대 중앙, 공격 전진"이라면서 목소리를 높였다. 대장은 중앙으로 전진하라고 명령하였다.

이번이야말로 "모조리 다 죽여버리겠다"는 의지로 눈 속에 빠진 무릎

일본군의 경기관총 사격(『陸軍步兵學校案內』, 6쪽)

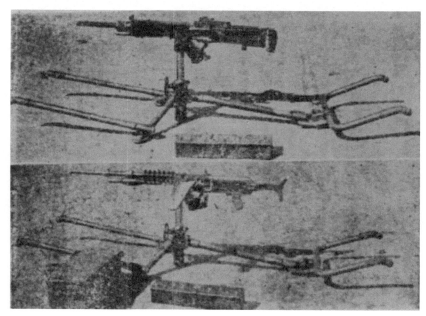

일본군 3년식 기관총(위), 38식 기관총(아래)(『陸軍步兵學校案內』, 7쪽)

　　　　　　　　　　　　　제3장 반격, 그리고 추격

을 박차고 나간다. 고개를 나와서 조금 지나는 순간 적탄이 "피융, 피융" 날아온다. 조금 재수 없게 전후좌우 지점으로 떨어진다. 지금 모두 보라는 듯 살기를 띤 표정으로 전진하고 있다.

적진까지 약 200미터 남았다고 생각한 때였다. 총성이 사라지듯 멈추었다. 누군가 "적이 퇴각한다"고 소리 지른다. 마음만 급하지 발은 뜻대로 움직이지 않는다. 이 놈의 눈만 없다면. 눈을 헤집고 적진으로 접근하였다. 적의 최전선으로 보이는 장소를 살펴보니 적은 바위 그림자를 이용하거나, 눈 속을 파고 잡목 따위를 깔아 놓았다. 발자국이 수도 없이 많다. 그런데 가장 중요한 적의 흔적이 보이지 않는다. 그곳에서 다시 50미터 앞으로 맹호와 같은 자세로 돌격하였다. 분하게도 적은 이미 도주한 후였다. 아래쪽을 보니 도주하다가 뒤쳐진 듯한 적의 모습 비스무레한 것을 발견하였다. 일제히 사격을 퍼부었다. 적의 산채를 점령한 순간의 기쁨이란 너무 유쾌하여 필설(筆舌)로 형언할 수 없을 정도다. 저녁 6시 40분이었다.

이어 부근을 샅샅이 수색하였다. 적의 시체 아홉 구를 발견했다. 날이 어두워져서 적의 잔당 추적은 불리하다는 것을 깨달았다. 유감스럽지만 추적을 중지하고 귀환하기로 하였다. 인원을 점검하니 이상은 없다.

마지막으로 부상자를 수용하고 수상한 가옥 세 채를 소각하였다. 병량반(兵糧班) K군은 주먹밥이 가득 들어간 배낭을 그곳까지 가져와서 제 역할을 해 주었다. 생각해 보니 제국호텔의 칠면조 요리가 무색할 정도로 맛있었다. 아마도 그 이유는 주먹밥이 그저 단순히 목숨을 부지하기 위한 양식만은 아니었기 때문일 것이다. (타니구치)

1월 21일 발생한 문취초(門炊哨) 사건에 대하여 기록하면 다음과 같다.

908고지 사건 이후 숙소에 도착하니 오전○후(원문⋯역자) 5분이다. 숙소 밖의 보초는 연담주재소원에게 호의를 부탁하고, 모든 분대원은 새벽 1시 취침에 들어가 꿈길을 걷고 있었다. 다음날 21일 오전 8시 갑자기 "출동"이라는 목소리에 용수철처럼 튀어 일어났다. 최전선에서 돌아와 이제 막 잠이 들었는데 다시 출동이라니 이상하다 생각했다. 모두 화장실도 다녀오지 못하고, 세수도 하지 못한 채 식사를 시작하였다. 공복으로는 싸울 수 없다는 말을 들으면서 먹었다. 길잡이들 사이에 서장이 보였다. 이 때 우리는 압록강을 건널 준비를 하고 있었다. 서장 이하 10명이 숙소에 왔다. "어머니[원문의 발음은 오모니(オモニー)⋯역자]"[42]에게 20명 몫의 식사를 더 준비하라고 명령하였다. 회의 중이던 분대장은 우리에게 "너희들 먼저 식사해라"고 전달하였다. 이에 각 대원은 "그렇다면"이라면서 식사를 하기 시작했다.

순식간에 30인분의 밥이 사라지는 중이다. 심지어 "조금만 더 주세요"라고 하는 사람도 있다. 회의 중이던 서장님 이하가 이제서야 식사를 한다고 하니 '어머니'는 "지금 밥을 짓겠습니다"고 대답하였다. 이 때문에 분대장이 매우 미안해 하기도 하였다. 우리 대원들은 압록강 건너편으로 가게 되면 보통 때보다 두 배 정도 충분한 식사를 하는 것에 익숙하다. 평소와 달리 두 배의 식사를 한다면 필시 압록강 건너편으로 출동하라는 명령이다. 적은 혼강 상류의 문취초에 잠복 중이라 한다.

---

42 어머니의 일본식 발음이다. "오모니"란 말은 일제강점기 조선 거주 일본인 가정에 고용된 조선인 여성을 일컫는 말이었다. 전후 일본에서는 '어머니'란 단어가 재일 한인 여성, 특히 여성 1세대에 대한 지배적 표상으로 자리 잡았다(정호석, 「다문화공생과 '오모니': 일본 3대 일간지 속 재일한인의 모성 표상 읽기」, 『다문화콘텐츠연구』, 2023, 315쪽).

제3장 반격, 그리고 추격

오전 9시 혼강에 정렬하였다. 썰매에 나누어 타고, 목적지를 향한 전진이 시작되었다. 이어 목적지 문취초에 도착, 첩자의 안내로 이름도 없는 작은 계곡에 들어섰다. 계곡 입구에서 약 10정 앞의 장소에 빈집이 있다. 낮에는 적이 빈집 뒷편 언덕으로 나와 망을 본다고 한다. 망을 보는 적들에게 발각되지 않도록 우회하였다. 다시 포위 대형을 갖추기 위하여 부대를 둘로 나누었다. 계곡을 끼고 산꼭대기 두 개를 조금 내려간 곳을 중심으로 계속 경계하면서 전진하기로 하였다.

허리까지 빠지는 눈을 헤치고 헉헉거리면서 산꼭대기까지 오르는 것이 쉬운 일은 아니다. 우리는 행동 개시 후 약 1시간 만에 빈집이 보이는 장소에 이르렀다. 여기서부터 만일 적 감시자에게 발각되기라도 한다면 모든 것이 물거품이 될 것이 뻔하다. 이에 더욱 세심하게 주의를 기울여 적과 약 150미터 사이에 접근하였다. 그 때 마침내 적 감시자에게 막 발각되었다. 신호라도 하였는지 적 20여 명이 출현한 듯 하였다. 그런데 적들은 어느 틈엔가 흩어져서 뒤의 산꼭대기를 향하여 도주한다. 그 때 우리의 사격이 이미 시작되어 도주하는 적을 추격하고 있었다. 적도 필사적으로 도주한다.

적들이 산꼭대기로 달려 올라가는 속도가 마치 노루와 같다. 보통 사람이라면 허리까지 빠지는 눈 속을 걷는 것조차 불가능하다. 아무리 필사적이라지만, 저들의 민첩한 동작에 모두 혀를 내두른다. 산꼭대기에 다다를 때까지 적 두 명이 쓰러졌다. 산꼭대기에 도달한 적들은 일단 가던 길을 멈추고 사격을 시작하였다.

엉거주춤한 자세의 적들은 우리의 맹렬한 사격에 대응하지 못하고 산중턱을 따라 도주하였다. 우리도 경기관총의 엄호 사격 아래 돌격을 감행한다. 앞서 말한 듯이 노루처럼 눈 속을 뛰어가는 적들을 따라 잡을 수 없었다. 적들은 이미 시체 한 구를 유기하고 500미터 이상 도주하였다. 더 이상의 추격은 효과가 없다고 판단하였으므로 추격을 중지하고 물러난 상황이었다.

경비대에 근무하면서 열 한 차례의 교전을 치루었다. 하지만 이번처럼 적들이 처음부터 도주를 감행하여 간단하게 적을 격퇴시킨 사례는 없었다. 분주한 출동을 보상할 만한 결과치고는 너무나도 어이없이 끝나버려 만족스럽지 못한 전후(戰後)였다.

한편 3분대는 오상룡(吳祥龍) 군이 내사반장을 하였다. 그는 오랫동안 강변의 중요지대에서 적의 상황 내사(內査)를 위해 노력하였다. 그는 여느 때와 같이 유창한 만주어를 구사하는 동료 두 세명과 함께 바로 건너편 연자구로 건너가 적의 상황을 정탐하고, 1월 24일 저녁 5시에 귀대하였다. 오군은 확실한 수확이 있었다는 듯이 웃는 얼굴로 대장에게 다음과 같이 보고하였다. "백채지(白菜地) 깊숙한 곳(강변에서 약 1리 10정)에 마적 구주(九州) 일파로 보이는 약 10명이 바위 절벽에서 월동 중이며, 각각 러시아식 장총을 소지하고 무엇인가 은밀히 논의 중이라는 확실한 정보가 아닙니까".

즉시 토벌을 결정하였다. 대장 이하 전원은 적들을 격멸하기 위하여 그날 밤 엄중 경계하였다. 다음 날 25일 오전 10시 대장 이하 13명이 출발하여 백채지에 이르렀다. 듣던 바와 같이 백채지구 오지에 잠복 중이던 마적 구주를 주의하여 조사하던 중에 같은 지역의 908고지에서 망을 보고 있는 적 두 명을 확인하였다. 일동은 뛰어올라 해당 고지를 향하여 전진하다 망을 보던 적의 약 20미터 앞에 다다랐다. 적이 "누구야"(원문…역자)라고 수하를 하였다. 대원중 기쿠치[菊地]군이 즉시 만비를 가장하고 "우리다"고 대답하였다. 그렇지만 발각되어 갑자기 적이 발포하였다. 우리도 "혁명군이다"라면서 즉시 흩어져 응사하였다. 적도 쉽사리 퇴각하지 않고 저항하였다. 약 15분이 지나자 적은 퇴각할 조짐을 보였다.

즉시 적이 망을 보던 장소를 점령하고 보니 해당 고지 아래 수 백미터에서는 적의 본대 50명이 도주 중이었다. 우리가 그들에게 기관총과 함께 일제 사격을 퍼붓자 적도 흩어져 응전하였다. 우리는 어디까지나 적을 전멸시키기 위하여 부대를 요시다, 기쿠치 부대로 나누었다. 기쿠치 부대는 산 위에서 엄호하고, 요시다 부대는 적을 추격하였다. 적은 시체 한 구를 유기하고 삼삼오오 무리를 지어 대천구 방면으로 도주하였다. 오후 2시 30분이었다. 하지만 적은 인원으로 우리 인원 이상의 적을 추적하는 것은 불리하다고 판단하고 조선 방면으로 퇴각하기 위하여 소산구(小山溝)를 넘으려는 찰나였다. 적 일부가 우리를 향하여 발포한다. 우리도 응사하고 소산구를 넘어서 조선으로 퇴각하였다. 그 때가 오후 6시였다.

이 무렵 적은 908고지부터 소산구(小山溝)까지 보초 수 십명을 배치하였다. 이들은 70여 명에 달하는 선비 최사령(崔司令) 일파였다. 더욱이 우리 부대가 추적을 위하여 908고지 아래를 향하다 이들에게 포위당해 위기에 빠졌다. 오랫동안의 추적은 아니었지만, 때마침 가장 좋은 기회였다. 적과 교전 중에 총성이 들리자 가와카미 부장보 이하 30여 명도 즉시 응원하였다. 카와카미 부대는 경비대 제3분대가 벌써 전멸 혹은 몇 명의 희생자가 나온 것이 아닌가 추측하였다고 한다. 사선을 넘어 포위를 당한 중에도 적을 쓰러뜨리고 무사히 조선 방면으로 후퇴하였다. 생각하여 보니 나 자신에게 스스로 부끄럽지 않으며, 지금도 통쾌하기 그지없다. 결빙기 중 토벌 경험에 따른다면 만주복 보호색이 우리에게 정말 유리하다는 생각이다. (박)

제4장
체포와 처형

일본이 노획한 독립군의 무기이다. 본문에는 "동지대(東支隊) 노획품의 일부"라고 하여 "홍범도가 소지한 폭탄과 덤덤탄"라는 설명이 있다(『國境警備』, 211쪽). 탄두에 십자가 표시를 한 '덤덤탄(Hollow Point)'은 탄환이 신체에 닿으면 퍼지면서 뼈와 살집을 헤집어 놓아 치명상을 입게 된다.

체포에 관한 노트

수감 중의 박유빈(경성형무
소:1938.4.8)(국사편찬위원회 소
장 『일제시대감시대상카드』)

초산경찰서 오오쿠리 마사오[大栗正男][43]

이하는 조선혁명군 제17중대장 박유빈[44]
체포에 관련 기록이다.

박유빈. 본명은 박응서(朴應瑞), 의주군 고
녕삭면(古寧朔面) 출신이다. 17세에 친부를
따라 집안현 파보산(爬寶山)으로 건너갔다.
1919년 만세 소요와 함께 조선×××에 가

---

43 오오쿠리 마사오: 토쿠시마현 출신이다. 1932년 평북 초산경찰서 순사부
장으로 근무하였다. 1934년 11월 경찰공로기장을 받았다(『朝鮮警察職員錄
(1925·1930)』; 『朝鮮總督府官報(1934.11.7)』).

44 박유빈(1900.6.15.~?): 평북 의주 출신으로 본명은 박창철(朴昌鐵), 이명은 박유
빈·박응서(朴應瑞)·박욱빈(朴勖彬)이다. 1923년경 참의부(參議府)에 가입하여
제2중대 소대장으로 활동하다 1930년 체포되어 징역 3년을 받았다. 1935년 조
선혁명군 제1소대장으로 군자금을 모집하다 체포되어 1938년 징역 12년을 받았
다. 1941년 경성형무소 투옥 중 간수의 수형인 살해에 항의하는 투쟁을 주도하
다 징역 1년이 추가되었다. 이후 의 행적은 확인되지 않는다. 2013년 건국훈장
독립장에 서훈되었다.

입하였다. 이후에 헌병대에 체포, 만주국 관헌에게 인도되어 신의주형무소에서 3년을 복역하였다. 그렇지만 ○○이라는 환상을 단념하지 않고 출소 후에도 군관학교에 들어가거나 혹은 혁명운동에 동분서주하면서 동지를 규합하였다. 그리하여 현재 다수의 총기 및 탄약과 부하를 거느리고 조선혁명군 제17대대 제1중대장이라는 지위를 획득하기에 이른 자이다.

이후 그는 집안현 제3구를 근거지로 삼아(초산·위원 두 경찰서 관할 바로 건너편) 우리의 직접 상대가 되었다. 주민들은 그에 대하여 공포심이라고 할까, 여하튼 모든 주민은 그를 매우 두려워한다. 그는 자기 뜻에 즉시 따르지 않는 자라면 한 명이던 두 명이던 방화, 사살, 납치라고 하는 상투적 수단을 사용한다. 그리고 인질 몸값으로 부녀자를 제공하게 하여 능욕하는 등의 행위를 한다. 그가 보낸 협박문 같은 것은 초산 읍내까지 알려졌다. 우리 경찰이 대응하기도 쉽지 않았다. 한시라도 빨리 그를 체포해야 한다고 결의하고 정보가 있을 때마다 몇 번이나 강을 건너가 수색하였다. 그렇지만 그의 모습을 쉽사리 발견하지 못하여 수색은 수포로 돌아갔다. 절치부심(切齒腐心)하여도 방법이 전혀 없었다.

이러한 가운데 1937년 1월 16일 오후 5시가 되었다. 앙토주재소 수석은 갑자기 야마다 서장에게 박유빈이 양수천자 대흑준자구(大黑俊子溝) 유(劉) 모의 집(강변에서 4리)에서 첩만 데리고서 동상을 치료 중이라는 확실한 정보를 제공하였다. 서장은 즉시 박유빈 체포를 결심하였다. 그리고 초산경찰서에서 본인 이하 다섯 명, 앙토에서는 하기와라[萩原] 부장 이하 다섯 명 등 도합 열 명에게 박유빈 체포를 명령하였다. 즉시 여러 준비를 끝낸 우리 초산경찰서원 다섯 명은 앙토주재소원들을 대신하여 16일 밤 12시 야하타[八幡] 신사에서 목적 달성을 기원하였다. 늦은 밤임에도 불구하고 서장은 경찰서로 나와 각자에게 격려 훈시를 하였다. 출발 다음 날인 1월 17일 새벽 2시 앙토주재소에 도착하였다.

하기와라 부장과 사전 회의를 하였다. 그 결과 박유빈 포박을 체포하기 위해서는 새벽에 포위하는 것이 가장 좋다는데 모두 의견이 일치하였다. 잠시 휴식을 취하고, 새벽 3시 40분이 되자 양수천자로 건너가려 하였다. 어두운 밤이라 한 치 앞도 구분할 수 없었다. 며칠 전에 내린 눈은 한 척 남짓이나 쌓였다. 주변은 황량하기 그지없는 산간뿐이다.

만일 저들이 평안북도로 돌아가는 우리 모습을 발견한다면 작전은 수포로 돌아갈 우려가 있다. 상당한 숫자의 병사들이 박유빈 주변을 둘러싸고 있다. 만일 우리가 온 것을 안다면 매복하여 사격할 것이 분명하였다. 그렇다고 적의 매복을 두려워하여 샛길을 골라 이만자구(裏灣溝子)에서 출발한다면 길다운 길은 더욱 없을 것 같았다. 그렇지만 방법이 없으므로 어쩔 수 없이 계곡 사이를 힘들게 전진한다. 이렇게 된 이상 눈과의 악전고투다. 아무리 발버둥을 쳐도 허리까지 파묻히는 눈과 험준한 고갯길에서 행동은 여의치 않다. 새벽까지 목표 가옥을 포위하여 공격할 예정이었다.

오전 8시 마침내 잠복 가옥 뒤쪽의 660고지를 간신히 점거할 수 있었다. 즉시 하기와라 부대는 뒤쪽에서, 오오쿠리 부대는 전면으로부터 포위 대형을 갖추고 천천히 접근하였다. 이를 알아차린 박유빈은 과연 예상대로 잠복 가옥에서 나와 갑자기 도주를 시도하였다. 우리는 "서라!"고 소리를 지름과 동시에 순순히 포박을 받으라고 권하였다. 이미 포위를 당해 도주가 불가능하다고 생각했는지 마침내 그는 순순히 포박에 응했다. 그 순간 우리도 호흡이 가빠지고 크게 흥분되었다.

박유빈 본인의 자백으로 군복 이외의 물건은 1리 남짓 떨어진 산간에 은닉하여 두었다는 사실을 알게 되어 이를 압수하였다. 오후 1시 50분에 출동한 부대는 무사히 조선으로 물러났다. 보통 대원들이 출동할 때

예상되는 최악의 상황은 야간에는 행동이 지리에 익숙하지 못하다는 점이다. 이는 지휘자도 똑같이 고통스러운 점일 것이다. 출동할 때 정보로만 판단해보니 이번 임무가 쉬운 것처럼 보였다. 하지만 곰곰이 생각해 보니 저들은 작년 겨울 양수천자에서 경비대 제2분대에게 패배를 당한 이후에도 대담하게 이처럼 좋은 정보를 알려 주고 우리가 오기를 기다리면서 매복한 것은 아니었을까. 만일 그렇다면 그 와중에 희생자가 나오지 않았다고 할 수 없다. 우리도 만일의 경우를 예상하고 전진하였다.

저들의 거괴(巨魁)였던 만큼 박유빈의 체포는 며칠이 되지 않아 일반에게도 알려졌다. 하루에도 피해자가 몇 명이나 찾아와 자기 자식을 사살하고 그 시체를 어디에 유기했는가를 물었다. 혹은 한 번 보기만 해도 증오할 그의 얼굴을 보여 달라고 하였다. 그 중에는 혈안이 되어 그를 때려 죽이겠다고 하는 사람도 있었다. 이와 같은 사람들이 몰려왔다. 덧붙이자면 박유빈의 체포 덕분에 압록강 건너편 이주 조선인이나 강변 지역 주민들도 모두 안심하고 생업에 힘쓸 수 있게 되었다. 이리하여 주민들의 조선 경찰에 대한 신뢰는 일시에 높아졌다.

효웅(梟雄)의 말로

만포경찰서 임토(林土)출장소 오가타 료우타로[緒方良太郎][45]

만주사변 이래 제1선에서 근무하는 우리는 저렇게 집요하게 소굴을 만드는 자들이 있을까라고 생각하였다. 비적 두목이라면 가장 먼저 왕봉각을 꼽고 경계 대상으로 삼아 왔다. 만주국 군경도 그를 최후 목표로 삼고 갖은 방법을 동원하지 않았을까. 그는 녹림(綠林)의 효웅으로 다섯 해가 넘는 세월 동안 동변도(東邊道)[46] 산하를 전전(輾轉)하였다.

---

45 오가타 료우타로: 후쿠오카[福岡]현 출신이다. 1930년 평북 정주(定州)경찰서 고시(高視)경찰관주재소, 1932년 만포경찰서 마시(馬嘶)출장소, 1937년 임토(林土)출장소 등에서 순사부장으로 근무하였다(『朝鮮警察職員錄(1930·1932·1937)』).

46 '동변(東邊)'이란 청대(淸代) 유조변(柳條邊) 동쪽을 지칭하여, 특히 유조변 동쪽의 두만강과 압록강 연안을 '동변외(東邊外)'라고 하였다. 청조는 1867년 안동현(安東縣)·봉황청(鳳凰廳)을, 1877년에는 통화(通化)·회인(懷仁)·관전(寬甸) 등의 현을 설치하였다. 그리고 군사시설로 봉천성에 설치된 '분순봉천동변병비도(分巡奉天東邊兵備道)'를 통칭 '동변도'라고 하였다. 1913년 봉천성에는 동서남북 및 중의 5도(道)가 설치된데 이어 7월에는 중로, 2월에는 서로가 폐지되고, 남, 북, 동의 3개 도만 잔존하였다. 1914년 6월 남로도를 12개 현을 관할하는 요심도(遼沈道)로, 동로도는 20개 현을 관할하는 동변도로, 북로도는 12개현을 관할하는 조창도(洮昌道)로 개칭하였다. 동변도에서는 안동·흥경·통화·봉성·관전·환인·임강·

'병비(兵匪)'들로부터 노획한 무기들(『國境警備』, 211쪽)

하지만 정의의 칼날에 더 이상 저항하지 못하고, 3월 27일 체포되어 사형장에서 삶을 마감하였다.

　지옥에 떨어져서도 그는 아직 교만하게 "우리가 동변도의 패자(霸者)다"라며 소리를 지르고 있을까. 교활한 지혜, 탐욕, 허위, 비열한 중국의 군벌 무리들과 비교한다면 그와 같은 혹은 확고한 신념을 가진[47][이하 원문 없음…역자]

　(4월 6일) 왕봉각은 대호산에서 엄중한 처분(참수)에 처해졌다. 그는 사형당할 때까지 일당의 우두머리라는 사실을 인정받았다. 따라서 체포 후에도 가능한 한 자유롭게 하여 신체를 구속하는 듯한 일은 없었다고 한다.

　그는 통화현 왕봉각구(王鳳閣溝)에서 체포되었다. 당시 토벌대는 그가 있는 곳으로 들이닥쳐 이중삼중으로 에워쌌다. Y부대는 방향을 잘

장백·집안·안도·무순·무송·본계·해룡·휘남·금현·복현·수암·장하 등과 길림성(吉林省)의 일부 현을 관할하였다(劉顯龍, 『清末東邊道設置研究』, 東北師範大學 碩士學位論文, 2007 참조).

47 원문의 207, 208쪽에 해당하는 부분으로 원문이 없다.

못 잡아 왕봉각구의 어떤 산을 넘고 있었다. 때마침 왕봉각도 도주 방향을 잘못 잡아 Y부대와 우연히 딱 마주쳤다고 한다. 이에 그는 "운명이 다했다"면서 반항조차 하지 않고 체포되었다고 한다.

사령부로 연행된 그는 실내에서 커다란 지도에 '토비 왕봉각 토벌부대의 상황'이라고 씌여진 것을 보았다. 일본식으로 말하자면 감개무량한 듯 왕봉각도 조용히 웃으면서 이를 보았다. 체포수배를 위해 복사한 그의 과거 사진을 보고도 고개를 끄덕이며 웃었다. 적이지만 태연자약하였다. 조사받을 때도 두려워하지 않고 "나 자신은 동변도를 사랑한다. 나는 동변도의 혼이 되기를 바란다. 내가 죽어도 제2, 제3의 왕봉각이 다시 나올 것이다"고 말하였다고 한다.

4월 6일로 그는 사형이 확정되었다.

사형 전날인 5일 오전 성내 눈에 잘 띄는 곳에 제1군관구 사령관 간심징(干深徵) 상장(上將) 명의로 포고문 '왕봉각 사형'을 고시되었다. 민심이 극도로 긴장됨을 느껴졌다.

처형되는 마적. 마적은 체포되면 참수형이었다
(西田繁造 編, 『新訂日本名勝舊蹟産業寫眞集』, 富田屋書店, 1918)

　다음날 6일 새벽부터 성내에서는 너나 할 것 없이 모두 왕봉각의 사형을 이야기하였다. 오후 1시부터 성문인 남관문(南關門)은 굳게 닫혔다. 동서 각 관문을 폐쇄하고 엄중 경계하였다. 성문을 폐쇄하자 성내 분위기는 긴장이 더욱 고조되는 듯 하였다. 흥분한 군중들은 북적거리면서 물밀듯 몰려들었다.

　영사관 헌병분대, Y부대는 각각 기마경계대를 시내 요소요소에 배치하고 교통을 차단하였다. 이러한 경계와 경비에도 아랑곳하지 않고 좌우에 군중들이 늘어섰다. 갑자기 물을 끼얹은 듯이 조용해진다. 그 삼엄한 경계와 경비 가운데 경비 트럭, 오토바이, 사령부의 고급 차량이 엔진을 울리며 통과하였다. 마치 늘어서 있는 군중들에게 마치 무슨 암시라도 주는 듯 하다. 모두 긴장하여 마른 침을 삼켰다. 성문 밖 1키로미터 이내에는 일본군과 만주군의 기관총 부대가 배치되었다. 촬영반은 여기저기 사진기를 설치하고 대기하였다.

　아침부터 잿빛 구름이 낮게 깔려 하늘은 음산하였다. 오후 2시 28분

위병은 굳게 닫힌 일본헌병대 임시감옥소(왕봉각을 위해 특별히 설치) 문을 열었다. 어제까지 손발의 자유가 허용되던 왕봉각은 양손을 뒤로 묶인 채 태연한 모습으로 나타났다. 그는 대기 중이던 트럭에 애첩들과 함께 빨려지듯이 태워졌다. 나는 그가 탄 차량의 바로 앞 차창에 있었다. 8대의 트럭이 연달아 성문을 빠져나왔다. 지금이라도 무엇인가 내릴 듯 음산하던 하늘은 3월의 비를 조금씩 흩뿌리기 시작하였다.

무엇인지 몰라도 사무쳐오는 감정에 사로잡힌 비장감. 사람들을 흐느끼게 하는 무겁고 괴로운 감정이다. 아니나 다를까. 군중들은 이상하게 변한 날씨에 놀랐다. 그 유명한 이시이 고문조차 '하늘도 슬퍼하여 비를 뿌린다'고 말씀하셨다.

우연의 일치인지 우리가 문을 나서자 비가 멈추었다. 왕봉각의 죽음과 무슨 인연이 있는 듯하였다. 이러한 이상한 감정 속에 선발대로 일본 헌병기마대, 영사관경찰 혼성제1사이드카, 영사사이드카, 이어서 우리 토벌대의 트럭, 왕봉각의 트럭, 관동군 트럭, 고문자동차 순서로 길게 늘어진 장중한 행렬이 계속되었다.

죽음을 눈앞에 둔 왕봉각은 태연자약하게 미소마저 띄운 채 군중들에게 말을 걸었다. 곧 제지당했다.

"아! 그런가, 그러면 그만하지"라는 의미의 말을 하였다. 형장은 성내에서 약 1키로 떨어진 왕황산(旺凰山)(만주인 공동묘지)이다. 무려 1,000여명의 군중이 모여 있었다. 일본군 80명과 기관총을 건 만주 군경이 대기하고 있었다. 그는 차에서 내릴 때 "오랫동안 수고하셨습니다"고 인사하고 눈을 들어 잠시 1,000여명의 군중과 경비병들을 쳐다보았다.

이러한 최후는 수년간 그가 요광의용군(遼廣義勇軍) 총사령으로 종횡으로 저지른 살육, 방화, 약탈 탓이다. 인과응보다. 오히려 그는 자랑스러워 할 것이다. 토벌대의 총탄에 쓰러져 어느 이름 모를 계곡 사이로 굴러떨어진 자들과 비교한다면 차라리 이처럼 형장에서 최후를 맞이하는 것이 죽음을 빛나게 할 것이다.

조금 높은 단상에 깊이 5척 정도의 구멍을 파낸 형장과 군중들과 거리는 약 300미터 정도이다. 원칙적으로 당시 그를 체포했던—교도대(敎導隊)의 Y중위가 참수를 할 계획이었다. 하지만 봉천으로 원대복귀하고 대신 S대위가 참수하기로 결정하였다. 자동차에서 내려 형장까지는 약 40미터다. 왕봉각은 활기 넘치는 걸음으로 이 사이를 걸어 정해진 장소에 정좌하였다.

"어떤 도구로 죽일 것인가, 목을 베어 달라"고 말하였다. S대위가 이시이 고문의 일본도를 가지고 섬광이 번쩍하는 순간 불길한 소리를 내면서 모든 것이 끝났다. 시체에서 선혈이 계속 흘러나왔다. 가제로 수급을 감쌌다.

제5장
살아 남은 자들

전사한 사카구치[坂口] 순사부장의 사체를 운반하는 모습이라고 한다
(『國境警備』, 206쪽)

2월 3일 노호산(老虎山) 사건

자성경찰서 이치노세 츠구미[市瀨胤美][48]

일개 나뭇꾼에서 출발한 비적 두목 왕봉각은 좋으나 싫으나 부하 수백명을 좌지우지 한다. 그 자신은 요녕민중자위군총사령(遼寧民衆自衛軍總司令)이라 칭하면서 동변도 일대를 석권하고, 건방지게 일만(日滿) 군경과 대치하여 수 많은 정의의 희생을 치르게 하였다. 그의 이름은 너무나도 유명하다.

무지한 현지인들이 그를 위정자처럼 여긴 지는 이미 오래다. 왕봉각은 일만(日滿) 토벌대에게 추격을 당하는 사이에도 여러 명의 처첩을 데리고 유유히 횡행한다. 이러한 왕봉각을 도저히 당할 수 없다. 우리 만

---

48 이치노세 츠구미: 토쿠시마현 출신이다. 1925년 평북 창성경찰서 학회경찰관주재소(鶴會警察官出張所) 순사, 1930년, 벽동경찰서신길경찰관출장소(新吉警察官出張所) 순사부장, 1932년 간하출장소(干下出張所) 순사부장 등으로 근무하였다. 1939년 3월 22일에는 만주사변 제3차 논공행상에서 '만주의 치안유지 공적'으로 백색동엽장(白色桐葉章)과 금을 받았다. 1941년 신의주경찰서 경부, 1942년 박천경찰서 경부 등을 역임하였다(『매일신보』 1935년 4월 18일자 「平北警察官移動」; 『매일신보』 1939년 3월 23일자 「滿洲事變論功 朝鮮警察官行賞 廿二日警務局에서 發表」; 『朝鮮總督府職員錄(1941·1942)』).

위장한 일본군 감시병과 매복병
(『陸軍步兵學校案內』, 41쪽)

주국은 왕도낙토(王道樂土)의 완성을 위하여 약진에 약진을 거듭하였다. 그리고 저들 불령도배(不逞徒輩)를 추격하고 토벌하기 위하여 죽자 살자 밀어붙인 끝에 지금은 동변도 일대 치안공작에 노력을 기울이는 일만 남았다. 쫓기기를 거듭하던 끝에 왕봉각도 현지인으로 변장하고 엄중한 경계선을 돌파하여 감쪽같이 자취를 감추어 버렸다. 작년 가을부터 왕봉각이라는 이름을 입에 올리는 사건은 없었다.

그렇다면 왕봉각은 지금 어디에 있는가? 천진? 북평(北平)?[49] 봉천(奉天)[50]? 아니면 산동성(山東省) 촌구석? 그것도 아니라면 만주인 피난민 무리에 섞여 조선 내로 잠입하였단 말인가. 하늘로 날아갔는가, 아니면 땅으로 꺼졌는가? 작년 가을부터 그의 소식은 종적을 감추었기에 우리는 왕봉각이 혹시 자결이라도 한 것이 아닌가 생각하였다.

정말로 그렇다면 어찌하여 그 일파는 세력이 수그러들지 않는 것인가? 왕봉각이 정말로 죽었다면 그의 부하들은 장수를 잃고 오합지졸이 되어 압록강 건너편은 치안도 안정되었을 것이다. 그럼에도 불구하고 비단이 횡행하기 이전부터 주민들이 몸이 가루가 되도록 고생하여

---

49 현재 북경의 옛 명칭.
50 현재 심양의 옛 명칭.

　　　　　　　　　　제5장 살아 남은 자들

모은 재산을 전부 소각시키고 집가법의 철저한 실시를 강조하는 것 이외에는 방법이 없는 현재의 상황. 더욱이 모든 비단이 왕봉각 일파라고 자칭하는데 이는 어찌된 영문인가.

세 명, 다섯 명이라면 모를까 매일같이 수 십, 수 백명에 달하는 비단이 인가도 없는 건너편 오지에서 잘 살아가고 있다는 정보다. 이를 보건대 한 가지는 분명하다. 틀림없이 근거지가 있을 것이다. 아마 정해진 숙소가 있을 것이라 상상이 간다. 잘 알려진 사건이 계속 일어났다. 필시 왕봉각은 머지 않은 곳에 있으며, 결코 다른 곳으로 도주하지 않았다. 너나 할 것 없이 우리는 왕봉각이 자성경찰서 건너편에서 토벌대의 어리석음을 비웃고 있을 것이라고 생각하니 걱정이 된다.

연말연시도 무사히 지나갔다. 다만 모든 측면에서 오래된 인습(因襲)인 음력 설날을 중시해야만 한다는 사실에 우리의 노력이 부족하였다는 생각에 부끄럽기까지 하다. 하지만 아직 어쩔 수 없는 현상이라는 생각이 든다. 1월 29일 밤 갑자기 왕봉각의 위대(衛隊) 제3연장이라고 하는 해산비(海山匪) 십 수명이 강변 바로 근처에 나타났다. 비적 피해에 익숙한 건너편 주민들도 오랜만의 사건이라 심하게 동요한다. 갑자기 우리들의 손에 비적의 상황이 입수되어 경계토벌 대책이 수립되었다. 물자에 굶주린 저들의 첫 번째 목표가 조선으로 침입이라는 것이 사실로 드러났다. 우리의 영혼은 분노한다. 어찌 불령한들이 맨발로 우리의 무결(無缺)한 국토를 유린하게 둘 수 있겠는가. 방어가 공격이라는 사실은 병가(兵家)의 핵심이다.

일거에 저들을 공격하였지만, 저들은 홀연히 도주하였다. 목적의 일부를 달성하였다고 하나 개선가는 부를 처지는 아니다. 그렇다고 전혀 성과가 없었던 것도 아니다. 저들이 눈 속에 남긴 선명한 발자국들은 저들의 운명을 말하듯이 오지로 계속 이어지고 있는 것이 아닌가. 사방으로 밀정을 풀어 며칠 동안이나 저들의 잠복 장소를 탐문하였다. 주변 상황으로 보아 적은 조선에서 겨우 두 세 시간이면 도달할 수 있는 해발 1,480미터 노호산의 높은 봉우리 근처에 잠복하고 있다는 사실과 정보가 일치한다. 조선의 치안이 위태롭다. 저들의 행동을 도저히 감당할 수 없다.

보통 사람들은 국경경비라고 하면 만주국에 웅크린 비적, 불령도배의 조선 방면으로 습격과 잠입 방지를 임무로 하는 것이 아닌가라고 이해한다. 이는 물론 외교 문제와 관련되어 불가피한 측면도 있기 때문이다. 하지만 목표가 정해지지 않은 경계 근무에서 종종 나태한 마음가짐이 생겨 예상치 못한 실태(失態)를 초래한 사례가 한두 번이 아니다. 이러한 사실은 전쟁에서 비교적 분명하다. 바로 이 때문에 긴장의 정도가 달라진다.

국경경비에는 목표가 없다. 굳이 있다면 있다고 할 수 있다. 그렇지만 막연하다. 저 넓은 만주를 바라보자면 적이 언제 어디서 적이 공격할 것인지 알 수 없다. 이것을 경계라고 하기는 어려울 것이다. 적의 위치와 세력을 찾아내어 이를 경비원에게 목표로 부여하는 것이 국경치안 확보의 핵심이 아닐까. 이러한 불안과 위험 속에서도 우리 경비원들이 임무완수를 위해 몸과 마음을 바쳐 성실을 다한다는 사실은 변함이 없다.

2월 3일 마침내 때가 왔다. 집요하게 국토를 엿보던 저 해산비가 다시 강변으로 접근했다. 지금이라도 저들을 섬멸하지 않는다면 그 결과는 토벌하지 않은 것만 못할 것이다. 우리가 이전처럼 적이 오기를 기다린다면 파리 끈끈이처럼 펼친 우리 경계선에 저들은 결코 걸려들지 않는다. 머리끝부터 살충제를 뿌려야 저들을 제압할 수 있다. 공격이라는 방어. 이는 저들의 근거지를 수색하여 발본색원하기 위한 월경 토벌이다.

개편된 특별경비대 21명은 경비 목표 확립을 위한 결의를 다진다. 일본 무사도의 진수는 가죽을 벗겨 살을 자르고, 다시 자른 살에서 뼈를 발라내는 것이다. 불구대천(不俱戴天)의 적도라고 하나, 상대는 명실상부한 왕봉각 이하 비적들이다. 적어도 정예 50명을 인솔하고 있을 것이라 예상하였다. 스스로 마음을 비워야만 토벌은 성공을 거둘 수 있을 것이다. 나를 완전하게 하고 나서야 적을 토벌하는 것이 바람직하다. 하지만 이는 곤란하다.

토벌할 것인가 토벌당할 것인가. 새롭게 결의를 다지고 난국에 대처하는 국경경찰관의 의기를 보여주자. 우리 21명의 희생으로 국경경찰관의 사기를 진작하고 경비 목표와 토벌 지침만 확립된다면 더 이상 바랄 것이 없다. 군대는 신속(神速)이 중요하다. 발에 자신이 있는 21명은 흰 옷(한인…역자)으로 변장하였다. 각자 세 끼 분량의 식사를 휴대한다. 쌓인 눈을 밟으며 적의 발자국을 뒤쫓는다.

험악한 산길을 가르면서 들어가기를 1리, 2리. 눈은 점점 깊어지고, 높은 산들로 겹겹이 둘러싸여 자신도 모르게 전율이 느껴진다. 지금 이름도 알 수 없는 작은 새가 우리에게 무엇인가를 암시하듯 가지에서 가지로, 바위에서 바위로, 우리 머리 위로 어지럽게 날아다닌다. 깊은 산속에서는 나무 끝으로 불어오는 바람 소리에도 신경이 곤두선다. 21명의 신경은 오로지 적의 그림자를 찾고 있었을 것이다.

길은 점점 더 험준해진다. 쌓인 눈은 허리까지 빠진다. 이러한 가운데 오직 한 가닥 발자국만이 정상으로 이어진다. 저들 발자국 흔적이 다시 사라졌다. 아아! 오른쪽에 보이는 것이 노호산. 이제 머지않아 산정상인가, 벌써 배가 고파온다. 추위도 점점 심해진다. 저 산꼭대기를 점령하고 밥도 먹고, 몸도 녹이자. 이놈의 발자국은 도대체 어디까지 계속되고 있는 것일까. 한숨을 쉬면서 뒤를 돌아본다. 멀리 동남쪽으로 끝

동흥경찰서 나죽(羅竹)주재소 부근(『國境警備』, 189쪽)

없이 이어진 산들이 하얗게 빛나면서 끝도 없이 계속된다. 하늘에는 구름 한 점 없다. 손이 닿을 듯 가까운 우리 국토는 조용하고, 평화롭게 빛나고 있는 것이 아닌가.

황토(皇土) 어디에도 꺼림직한 지역은 있는 법이다. 신성한 우리 일본, 우리 웅장한 조국!! 나도 모르게 만세를 부르고 싶었다. 바로 이 때 첨병 아카스지[明閑] 군은 이를 말리기라도 하는 듯이 "쉿"하면서 몸을 엎드린다. 손가락으로 무엇인가를 가리킨다. 지금 눈길이 닿는 곳에 보이는 녹림(綠林) 왕자(王者)의 무리. 어슬렁어슬렁 무엇인가를 찾아 발걸음을 옮기는 모습. 이곳은 우리의 세상인가, 아니면 저들 적도가 안주하는 땅인가? 저들의 자유분방한 태도는 왕도낙토 따위야 상관없다는 분위기다. 13년이나 국경경비를 한 우리도 이처럼 자연스러운 모습의 마적을 본 적이 없다.

저 가증스럽기 그지없는 인도(人道)의 적. 지금 정의로운 총구 21개가 네 놈들의 가슴팍을 겨누고 있다는 사실을 모르는가. 지금 생각해 보니 한바탕 피바람이 몰아칠 듯한 노호산 꼭대기였다. 신의 분노와 함께 쌓인 눈을 붉게 물들일 것이다. "기다려라!" 절대 소리를 내지 말라는 수신호다.

제5장 살아 남은 자들

저들은 무엇을 하는 것일까. 우리의 추적을 알 리가 없는 저들의 태도. 아니면 저들 일단(一團)은 강변 지역에서 저 두 명을 앞세우고 무엇인가를 찾아 이동하는 것은 아닐까. 좋다 본대의 출현을 기다려보자. 총을 겨눈 채 몇 분간 꺼림칙한 긴장과 침묵의 시간이 흐른다. 그 때 갑자기 머리 위 4,5미터 급경사 산꼭대기 지점 주변에서 만주어 대화 소리가 들리는 것이 아닌가. 아! 왔다. 아마도 본대일 것이다. 찾고 있던 적단. 하늘의 인도 덕분에 우리의 사기는 더욱 올랐다. 싸우기도 전에 이미 적을 삼킬 듯한 분위기다. 기다리는 것도 잠시 대화 목소리는 계속되나 싶었는데 움직임이 없다. 우리가 있는 지점에서 그들의 모습도 보이지 않는다. '훈련분대 오른쪽으로', '선두 분대 전진'이라는 수신호와 함께 소리를 죽이며 한 걸음 한 걸음 포복하듯 전진한다. 찾았다! 움직이지 않아도 적의 모습이 잘 보인다. 참호 안에는 사격 자세를 취한 초병 두 명이 망을 보고 있다.

'산채(山寨)인가?' 지금 무엇을 주저하는가. "쏴라!"는 소리와 함께 아카스지 군의 조준이 빗나가지 않고 순식간에 바로 앞에 있던 적의 그림자 한 명을 쓰러뜨린다. 이어 대원들이 일제사격으로 나머지 좌우 세 명의 적에게 총탄을 퍼부었다. 순식간에 적 두 명을 쓰러뜨리고 용감하게 공격 전진을 개시한다. 그렇지만 딱하게도 주변 지리를 잘 몰라 산채가 어느 쪽인지, 어느 쪽을 공격해야 할지 잘 모른다. 우선 산꼭대기 점령을 첫 번째 목표로 삼았다.

미리 예상은 했지만, 갑자기 주변 산꼭대기에 구름같이 전개하는 적들의 모습이 보인다. 이 기회를 놓칠 수 없다. 당황하는 적의 저 우스운 꼬라지를 보라. 우리는 전투화를 단단히 메고, 왼손에 총을 쥐고, 모자를 푹 눌러쓰고, 상의를 단단히 조이고 달린다. 적들은 왼손에 젓가락을 쥐고, 탄약대를 두르고 달린다. 거리는 50, 100, 150, 200. 각 분

얼어붙은 압록강 위를 돌격하는 용암포경찰서 경관들(『國境警備』, 52쪽)

대는 각자 목표를 정하고 일제히 맹렬한 공격을 시작하였다. 갑자기 적
세 명, 다섯 명이 푹하고 쓰러진다. 허공을 움켜쥐고 쓰러졌다가 일어
선다. 하지만 일어섰다가 다시 쓰러진다. 정의의 탄환이 적도를 향하여
빗발처럼 쏟아진다. 잠깐 사이에 총성은 산골짜기를 울리고 노호산의
신비를 깨면서 아수라장을 연출한다. 도주한 것으로 보이던 적은 수 십
분 후 요충지를 이용하여 우리 탄환을 벗어났다. 지금은 엄폐물 그늘로
완전히 들어갔다.

　우리는 '적은 어찌해서 달리는 것이지?'라며 의문을 품었다. 하지만
알 수 없는 노릇이다. 적은 자신들이 미리 파 놓은 참호에 의지하기 위
하여 빗발치는 탄환 사이를 달린다. 벌써 여러 겹으로 우리를 포위하였
다. 지금 우리 위치는 사발 바닥처럼 움푹 들어간 지점이다. 게다가 주
변의 산꼭대기는 가까워도 3~40미터다. 적은 삼삼오오 무리를 지어 멀
리 4~50미터 떨어진 지점에 잘 쌓여진 참호 안을 점령하였다. 바로 이
때였다. 각자에게 '사격 대기', '적이 몸을 완전히 드러내어 명중할 수
있다는 확신이 들지 않으면 사격하지 마라', '탄환의 반 이상은 남겨 두
어라'는 명령이 떨어졌다.

악조건의 지형에도 다행히 눈 속의 우리는 흰옷을 입고 있었다. 적들은 부근을 훤히 알고 있다. 산채 축조를 위해 잘라내어 여기저기 흩어진 큰 나무 그루터기를 엄폐물로 삼으면 충분하다. 좋다! 지구전 준비도 나쁠 것이 없다. 어려움을 벗어나 적을 격멸하려면 죽기살기로 결전을 치루어야만 한다.

심지어 쌍안경에 보이는 적의 웃는 얼굴에 소름이 돋는다. "팡팡" 적은 쉴새 없이 사격한다. 우리를 유인하여 탄약이 다 떨어지기를 기다리는 작전이다. 우리는 한 발, 두 발 정확하게 적의 기세를 제압할 정도로만 사격하고 절대 함부로 사격하지 않는다. 이러한 작전이야말로 이번 토비전(討匪戰)에서 최후의 승리를 거둘 수 있는 중요한 원인이었다.

나는 곰곰이 생각해 보았다. 쌍안경으로 적의 숫자와 그 위치가 분명히 확인된다. 소극적인 적은 공격에 나서지 않고, 현재 점령한 지점을 고수할 뿐이라고 판단했다. 이것이 가장 곤란한 점이기도 하다. 쌓인 눈과 불리한 지형 때문에 한 걸음도 나아갈 수 없다. 우리 사격도 효과가 없다.

몇 분간 중앙을 돌파하는 타몬[多門][51]전술을 취할 것인가, 아니면 한쪽으로 혈로를 개척할 것인가 심사숙고했다. 중앙 돌파를 한다면 3~40미터는 전진해야 효과를 볼 수 있다. 압도적으로 불리하다. 최후의 공격에서 누가 살아 남을 것인지 자신할 수 없는 무모한 전술이다. 소극

---

51 일본 육군 장군 타몬 지로[多門次郞](1878.9.10~1934.2.15)를 가리키는 것으로 보인다. 1924년 육군 소장, 1929년 8월 육군 중장으로 임명된 타몬은 보병 제2사단장으로 만주에 주둔하였다. 만주사변이 발발하자 여러 작전에 참여하였다. '타몬전술'이란 "어디까지나 (적의…역자) 5분의 1, 6분의 1의 병사로 적을 굴복시키는 것이다. 그것은 무리라고 할 수 있다. 결국 적이 우리 병사의 수를 모르게 하여 항상 포위진형을 취하는 듯한 흉내를 내는 한편 적의 도주로 봉쇄한다. 그리고 여기서부터 적이 북쪽으로 오면 일거에 섬멸한다"(『滿鮮』, 288~289쪽)고 한다. 따라서 본문의 '타몬전술'이란 적은 숫자의 아군을 많아 보이게 하여 적을 기만하는 전술하는 의미하는 것으로 보인다.

적인 전법을 취한 적은 우리 훈련분대 오른쪽 고지, 우리의 퇴로가 될 만한 요지에 겨우 네 다섯 명의 인원을 배치하였을 뿐이다. 이 고지에 우세한 부대를 배치할 수 있었더라면 좋았을 것이다. 우리는 자신도 모르는 사이에 전멸이라는 비운에 빠져버린 것 같다. 하늘의 보살핌이 필요하다! 반드시 오른쪽 고지를 점령한다는 작전이다.

이케다[池田] 분대장 이하 11명은 이전 위치에서 전진 부대에 대한 엄호 공격을 하다가 적당한 기회를 보아 적의 중앙을 돌파하기로 하였다. 나 자신은 훈련분대장 이하 아홉 명과 함께 한 쪽에 퇴로를 열기로 하였다. 대원들은 필사적인 분투 끝에 쌓인 눈을 뚫고 계속 튀어 나간다.

전진하는 부대에 적탄이 집중되는 것을 보자 이케다 부대의 경기관총은 그 위력을 더한다. 참호에서 나온 적의 머리를 기관총 점사로 저격한다. 흰옷을 활용하여 전진하는 부대는 한 사람 한 사람씩 원숭이처럼 튀어나간다. 인간 탱크나 다름없다. 적탄은 갑작스러운 눈보라처럼 우리 주변을 스치듯 지나간다. 불길한 소리를 내는 탄환은 바람을 일으키면서 날라온다.

1촌, 2촌, 5촌, 한 척의 거리이다. 우리는 적탄에 정신이 팔려있을 틈이 없다. 우리 작전의 목적이 고지 점령이라는 사실을 알아차린 적은 피리를 불어 신호를 하고 맹렬하게 일제 사격을 시작한다. "전진, 전진", "단숨에 고지를 점령하라", 이것은 우리와 저들의 생명선이다. 운명의 분기점이다. 아아, 이미 싸움은 이겼다. 한 사람의 희생도 없이 목표했던 고지를 이미 수중에 넣을 수 있었다. 기쁨에 벅찬 눈물이 흐른다. 이곳에서 이케다 분대에 엄호 사격을 한다. 이케다 분대는 여전히 전진할 수 없는 장소에 있다.

우리 분대는 전방과 왼쪽에만 적이 있다. 오른쪽은 안전지대라고 할 수 있는 절벽이다. 적탄의 우려는 없다. 우리의 엄호 덕분에 이케다 분대를 향한 적의 공격은 점점 잦아들었다. 이 고개선을 넘어야 한다는 일념으로 적을 밀어 부쳤더라면 우리는 벌써 적의 본거지에 다다를 수 있었을 것이다. 적탄이 더욱 집중되어도 우리는 이미 유리한 지형을 점령하고 공격 태세를 갖추었으므로 상관없다.

안심하니 조금씩 긴장이 풀린다. 이러쿵저러쿵 말할 수 없다. 하지만 갑자기 밀려오는 추위와 배고픔은 견딜 수 없을 정도다. 이번에는 조선 방면으로 연락하자. 남겨진 동료들에게도 이번 전투에 참가할 영광을 나누어주자. 이런 기분으로 연필을 꺼내 쥐던 때였다. 주변에 있는 나무에 등을 기대고 종이에 연필 끝을 가져다 대는 바로 그 순간이었다. 적탄 한 발이 날아와 연필을 부러뜨려 산산이 흩어놓았다. 적도들도 꼭 여기서 응원을 저지하려는 생각은 아니었을 것이다. 재수 없다. 보고 중지다. 될대로 되라는 심정으로 담배 하나가 피어오른다. 보라색 연기는 유탄에 흩어져 허공으로 사라진다.

가련한 우리 대원들 가운데 음식을 꺼낸 자가 있다. 그 모습을 곰곰이 지켜보자니 나의 눈에는 뜨거운 눈물이 뺨을 타고 흐른다. 전투 식량[軍糧精…원문] 두 조각에 입맛을 다신다. 맹렬한 공격에서 첫 번째 자웅을 겨루기 위하여 적진 공략이라는 결전에 나선다.

그 동안에 우리는 다시 감탄해야만 하는가. 적이 우리 행동을 발견하였다. 나는 이미 제일선에서 권총탄의 반 이상을 소모하고 있다. 남은 것은 40~50발이다. 오른손에는 최후의 공격전을 위하여 남겨둔 20연발을 굳게 움켜쥐고 있다. 쌍안경에서 눈을 떼지 않고 멀고 가까운 곳, 사방의 모든 적 행동을 관찰한다. 훌륭한 복장과 장비를 갖춘 적 지휘관 세 명이 여유롭게 참호 뒤편을 순회한다. 그들은 항상 무엇인가 지시를 하면서 서 있다.

우리 위치에서 300미터 남짓 떨어진 지점일 것이다. 그 간교한 태도에 대원 두 세명에게 사격을 명령하였다. 오히려 그들은 당황하는 기색도 없이 침착하게 행동하다 기회를 보아 사라져 버린다. 사실 실전에서 300미터 거리의 적을 명중하기는 어렵다. 몇 분 지나자 다시 나타난 적 지휘관이 전군을 질타한다. 지휘관으로 더할 나위 없는 태도! 이처럼 의외로 강한 지휘관이 적에게 있으리라고 생각지도 못했다. 더욱이 적은 우리의 탄환에 쓰러지는 자가 발생할 때마다 쓰러진 자의 총을 수거하여 그를 따르던 자에게 건넨다. 그리고 지휘관이 직접 시체를 후방으로 끌고 가는 것이 아닌가. 비록 적이라 하더라도 올바른 길로 인도한다면 바로 일군(一軍)을 인솔할만한 무인(武人)이라는 생각이 들었다. 죽이기 아깝다는 생각이 든다.

아직 싸움이 한창이다. 한 부대가 진지를 잃으니 적의 공격은 점점 격렬해진다. 혹시 반격에 나선 것이 아닌가 하는 의심이 든다. 돌격에 돌격을 거듭하던 훈련분대는 최후의 승리를 한 몸에 짊어진 듯 사자처럼 용맹한 공격에 나선다. 그것은 청년 귀신의 출현이라고 할 것이다. 우리도 몇 명을 거느리고 훈련분대 왼쪽으로 전진하였다. 이케다분대는 전방의 적을 공격하면서 훈련분대를 엄호한다.

이 때 이케다분대 우타니[宇谷] 군이 선두에 서서 급경사를 올라간다. 정상의 10미터 평지에 적의 참호 서 너 곳이 있다. 적이 그곳에서 총구를 내놓고 기다리고 있다. "정면으로 전진은 위험하니 왼쪽으로 우회하라"고 소리를 질렀다. 하지만 목소리도 들리지 않는다. 근처에 있던 시노하라[篠原] 군이 우리를 대신하여 큰 소리로 외쳤다. 위기일발의 순간에 왼쪽으로 방향을 전환하라는 소리를 알아차리고 진전한다. 1,418고지에 보이는 적은 약 30명이다. 나선형으로 흩어져 있다. 거리는 겨우 5, 6미터이다.

우리의 처음 위치는 적이 의지하던 자연암이었다. 길이 세 칸, 폭 5,6

척, 높이는 다섯 척에 미치지 못한다. 우리는 자연암을 강력한 방탄벽 삼아 점거하고 있다. 이 때 적은 벌써 두 번째 퇴각 나팔을 분다. 적진이 점차 어지러워진다. 이 바위 그늘에 잠자코 있으면 몸은 안전할 것이라는 생각이다. 하지만 적의 본거지를 단번에 박멸하겠다는 공격 정신을 억누를 수 없다.

왼쪽의 이케다 분대장 이하는 점차 전방의 적을 공격하여 벌써 산꼭대기 일보 앞까지 고전하면서 공격 중이다. 지금이야말로 최후의 육탄전이다. 전원 보조를 맞춘다. "이케다 분대는 전방의 산꼭대기를 점령하라", 우리는 목표인 요충지 1,418고지로 돌격한다. 훈련분대장은 이미 분대원 두 세 명을 이끌고 돌격을 시작하였다. 적이 급하게 쏘아대는 총소리가 천지를 뒤흔든다. 훈련분대장과 대원들은 전혀 멈추지 않는다. 남은 대원들이 전진하자 우리도 바위를 넘는다. 전방의 보잘 것 없는 나무들이 겨우 몸만 가려줄 뿐이다.

죽고 사는 것은 하늘의 운에 맡긴다. 이미 살아 돌아가기를 기대하지 않는 21개의 영혼들이 똘똘 뭉쳤다. 너와 나는 같은 운명을 길을 걷는다. 적탄에 명중될 지도 모르는 위험한 사선에서 태연자약하게 버티고 서 있다. 불행인지 다행인지 모르겠지만, 우리는 그 격전의 와중에도 생명을 보존할 수 있었다. 아직도 그 때 기분을 잊을 수 없다. 그 이후로 일상생활의 불평불만은 흩어지는 안개처럼 사라지고, 마음속 깊은 곳에서는 무엇인가 귀중한 존재가 느껴졌다. 이 기분 그대로 일생의 양식으로 삼아 살아가기를 희망한다. 어떠한 공격에도 견고한 적진은 확실히 우리보다 몇 배나 되는 세력이었다. 어느 세월에 함락될 수 있을까 생각조차 할 수 없었다. 탄약은 각자 40~50발을 비축하고 있다. 하지만 사격전(射擊戰)은 우리가 불리하다.

돌격이다. 유일한 방법은 육탄전뿐이다. 이야말로 3,000년 된 일본의 혼이다. 자웅을 겨루기 위한 최후의 돌격이 남았다. "앞으로" 우리는 완전히 지쳐서 쓰러질 듯 하다. 허리까지 빠지는 쌓인 눈 속에 일단 쓰러지면 다시 일어나기 힘들다. 적탄에 눈이 튀어 오르면서 사방으로 떨어진다. 쓰러질 때까지 일보 앞으로. 죽더라도 일보 앞으로. 바라건대 적진 안으로 들어가 적의 시체를 베게 삼아 눕고 싶다. 그 때까지는 당하고 싶지 않다는 기분뿐이었다.

약진, 약진이다. 눈을 헤치면서 약진이다. 눈앞의 적은 동요한다. 또 울리는 퇴각의 나팔. 적이 달아난다. "앞으로" 조국에 육신을 바친 영혼으로 똘똘 뭉쳐 돌격하는 용사들의 모습이 숭고하기까지 하다. 지금이야말로 오로지 적을 섬멸하겠다는 일념으로 완전히 한 덩어리가 된 21개의 영혼은 맹렬히 전진한다.

"앗, 당했다." 비통한 울부짖음. 좌우를 둘러보니 오른쪽에 있던 누군가의 모습이 벌써 보이지 않는다. 당한 사람은 타케사코[竹迫][52]군이다. 타케사코군이다. 적의 마지막 일제 사격은 처참하면서도 비장하다. "니시무라[西村] 군 가라" 그 말에 그는 나는 듯이 절벽을 내려간다. "대장 혼자서는 안됩니다"는 비장한 울부짖음. "하나야마[鼻山]군 가라", "예"라는 한 마디와 함께 절벽 밑으로 내려간다. 한꺼번에 전투력 셋을 상실하여 괴로웠다. 타케사코군도 이미 틀렸는가. 슬픔과 분노가 뒤엉켜서 타케사코 군의 복수를 위한 돌격이다.

이 무렵 주변의 눈은 더욱 깊어져 한 발자국도 나아갈 수도 없는데 달

---

52 타케사코 미노루: 카고시마현 출신이다. 1937년 평북 자성경찰서 가마소[釜沼]출장소 순사)로 근무하던 중 노호산 전투에서 전사하였다. 1939년 3월 22일 만주사변 제3차 논공행상에서 '만주의 치안유지 공적'으로 백색동엽장(白色桐葉章)과 금을 받았다. 그 해 4월 야스쿠니신사에 합사되었다(『매일신보』 1939년 3월 23일, 「滿洲事變論功 朝鮮警察官行賞 廿二日警務局에서 發表」; 『매일신보』 1935년 4월 18일, 「朝鮮警察官九氏 靖國神社에 合祀」; 『朝鮮警察職員錄(1937)』).

제5장 살아 남은 자들

중강경찰서 장성(長城)주재소 착초구(錯草溝) 앞의 감시소(『國境警備』, 141쪽)

릴 수 있겠는가! 초조할수록 발은 움직이지 않는다. 적의 모습은 점차 줄어들어 어딘지 모르는 곳에서 총성만 울린다. 멀리 왼쪽의 이케다 분대는 지금 퇴각하는 적을 쫓아서 전진 계속 전진이다. 때마침 불어닥친 황량한 한바탕 찬바람은 나뭇가지 끝을 흔들어 이상한 듯한 소리를 내면서 쌓인 눈을 감아올려 눈보라를 일으킨다. 노호산 일대를 휘감은 전장의 먼지는 말로 표현하기 어렵다.

"도올…겨억…" 아! 소대장이 당했다. 이사카와[諫川]군의 목소리에 이어 사카모토군의 목소리다. 호령하던 중간 목소리를 중간 정도만 내다가 당한 것이다. "소대장님이 맞았다"는 사카모토군 목소리다. "소대장은 맞지 않았다. 여기다", "분대장입니다. 어떻게 합니까?", "후방으로 옮겨라" 뒤에서 맹렬한 사격이 거듭된다. 비틀거리며 일어선 이사카와 군은 사카모토 군에 안긴다. "돌격이다", "후방으로 물러나라", "유감스럽지만, 명령이라 후퇴합니다", "우리가 할 것이니 걱정마라"고 한다. 나머지 대원들도 적 30미터 바로 앞까지 돌격한다.

"당했다" 이케다분대 쪽에서 들리는 비통한 목소리. 문득 보니 그 서너 명의 대원들이 앞을 다투어 전진한다. "나도 맞았다"고 또 울부짖는다. "누가 맞았나?" 그렇지만 죽을둥살둥 적을 쫓던 대원들에게는 들리지 않는다. "부상자를 뒤로 물려라" 누군가 한 사람을 끌고 간다. 아! 또 맞았구나.

그래도 혼신의 용기를 발휘하여 계속 전진한다. 이 때 적의 네 번째 나팔소리가 들린다. 적의 모습도 이제 거의 보이지 않는다. 적은 우리의 맹공을 견디다 못해 주력은 이미 도주하였고, 후위(後衛)로 남은 적이 주력의 퇴로 확보를 위하여 추격하는 우리에게 맹렬히 사격한다.

실로 전후 다섯 시간이나 되는 교전 가운데 우리는 심혈을 다하였다. 이 이상의 추격은 불가능하다. 눈앞이 캄캄하나 어쩔 수 없다. 유감스럽지만 추격을 단념하였다. "전원 부상자를 수습하여 집합하라" 시노하라군이 경적을 불어 집합을 명령한다. 아! 이 원한은 오래갈 것이다. 노호산 아래 대원들의 비참한 모습이여.

사람은 위선 덩어리이다. 허식(虛飾), 미봉(彌縫). 이러한 것들은 항상 이용할 수 있는 수단이다. 과거에 대한 미화는 인간의 공통된 습성이다. 만일 이를 통하여 오늘의 사건을 본다면 이날 토비전은 이에 해당한다. 그렇지만 적어도 오늘 공격에서 대원들의 일치와 공격력은 이전의 어떤 토비전에서도 없었을 것이라고 확신한다. 허식과 미봉은 사상누각이다.

사실보다 훌륭한 증거는 없다. 당시 적으로부터 얻은 것이 전혀 없었다. 다른 관점에서 본다면 적의 술책에 빠져 참패했다고도 할 수 있다. 하지만 우리의 정신에는 부끄러운 점이 없다.

다시 시간이 흘러 우리는 29일 제2차 토비를 결행한다. 원한이 쌓인 노호산에 소굴을 튼 왕비(王匪) 일파 일부를 섬멸할 수 있었다. 지금은 고인이 된 타케사코군 영령의 인도와 가호 덕분이다. 지금 갑자기 반년 만에 그 모습을 드러낸 왕봉각은 만주군에게 겹겹이 포위당한 채 거의 죽을 지경에 처해 있다고 한다. 지금 만주군 토벌대가 저들의 소굴이었던 노호산을 숙소로 대신사용한다. 눈 쌓인 북쪽 산기슭 시체 수 십구의 선혈은 아직도 2월 3일과 2월 9일 격전, 그리고 우리의 비장한 분투를 그대로 간직하고 있는 듯 하다.

노호산 꼭대기에 힘차게 휘날리는 일만국기(日滿國旗).

타케사코군이여 편히 잠들라.

토벌대 편성표

소대장	분대	분대장 및 반장	대원
이치세[市瀨] 경부보 전령 김광옥 순사	제1분대	분대장 이케다 부장	키도카와[木戶川], 오오자키, 오쿠나가[奧永], 우타니 순사
		반장 아카스지 순사	니시카와, 시라사가기[白榊], 에구치[江口], 쿠로키[黑木] 순사
	제2분대	분대장 이사가와 부장	마츠이, 하나야마, 소석, 니시무라 순사
		반장 시노하라 순사	타케사코, 간노오[願能], 사카모토 순사, 경비보조대 3명

고(故) 타케사코 순사부장을 추모하며

자성경찰서장 나카가키 이사오[中垣勇雄][53]

지금은 기억이 분명하지 않다. 그렇지만 1937년 2월 3일 그날은 기분이 영 뒤숭숭하였다. 그날 오후 4시가 지나 급한 정보 하나가 들어왔다는 보고를 받고 조사를 명령하였다. 가마소[釜沼所]주재소로부터 석탄구(石炭溝) 오지에 총성이 났다는 정보였다. 이전부터 대기시키던 본서 및 강변 각소 예비대 22명을 인솔하고 즉시 압록강을 건넜다. 구보로 석탄구 산골짜기에 도착하니 해가 벌써 저물었다. 병풍을 둘러 세운 듯한 계곡이 가도 가도 끝없이 이어진다. 싸우고 싶은 마음이야 굴뚝 같아도 단

---

[53] 나카가키 이사오: 1897년 후쿠오카현 출신이다. 1925년 평북 희천경찰서 순사, 1930년 평북경찰부 고등경찰과 경부보, 1932년 경무과 경부보, 1937년 자성경찰서장, 1941년부터 1942년까지 희천경찰서장1944년 함남경찰부 경시 등으로 근무하였다. 1935년 7월 일제가 '만주사변에 불후의 공적을 세운' 군속·경관 1만 3,754명에 대한 대대적인 포상을 실시할 때 욱(旭)8을 받았다. 1939년 3월 22일 만주사변 제3차 논공행상에서 '만주의 치안유지 공적'으로 백색동엽장(白色桐葉章)과 금을 받았다. 1941년까지 선천읍 남산정(南山町)에 거주하였다(『매일신보』 1935년 7월 27일, 「軍屬警官의 行賞-朝鮮關係二千七百名」; 『매일신보』 1942년 8월 22일, 「警民一體의 산 美譚-京義線水害와 宣川署員의 機敏한 活動」; 『朝鮮警察職員錄(1930·1932·1937)』; 京城日報社 編, 『朝鮮人名錄』, 京城日報社, 1940).

의주경찰서 오체암(烏啼岩)출장소의 강변 감시소
(『國境警備』, 171쪽)

단한 얼음과 솟구치는 물에 가로막혀 어디로 가야 할지 몰랐다.

북쪽의 사방은 적막하다. 깊은 산속에서 울부짖는 괴조(怪鳥)에 가슴만 놀랄 뿐이다. 약 두 시간 일정으로 겨우 노호산 기슭에 접어들었다. 그 무렵 첨병 한 명이 어두운 밤에 퇴각 중이던 토벌대 그림자를 확인하고 급히 응원을 요청하였다. 그 때까지 나는 귀환한 밀정으로부터 이케다 부장이 부상당했다는 사실만 알고 있었다. 나는 원동(遠東)주재소부터 동행한 안(安) 순사에게 몇 번이나 총상 위치를 질문하였다. 안순사는 손가락으로 자기의 신체 부위를 가리키며 탄환이 지나간 흔적을 상기시켰다. 그는 절대 치명상이 아닐 것이라고 장담하였으므로 나도 그럴 것이라 자신하였다.

그 때 "서장님 타케사코군이 당했습니다"고 부르짖던 이가 아마도 노자키[野崎] 순사였다고 기억한다. 그 찰나 누가 머리를 치는 듯한 두려움에 몸이 얼어붙어 꼼짝할 수 없었다. 곧이어 사체가 안치된 곳을 방문하였다. 방문과 동시에 썰매 위에서 이사가와와 아카스지가 달려와 나에게 쓰러질 듯이 안겼다. 저녁이지만 이사가와군은 얼굴 전체에, 아카스지군은 허리에 선명한 선혈이 스며들어 있는 것이 보였다. 곧이어

자성군의 압록강변(亜細亜大観 07 024 "春日遲々 (慈城郡)"
- 亜細亜大観/07 - Wikimedia Commons)

토벌대원들 각자가 사상자의 장비를 휴대한 채 비틀거리면서 계곡 사
이를 내려온다. 이치세 부장의 얼굴이 창백하다.

그는 머리를 푹 숙이고 낮은 목소리로 "면목 없습니다"고 말할 뿐이
었다. 나는 즉시 썰매 위에 놓인 타코사케군 유해로 달려갔다. 마음속
으로 감사와 명복을 빌었다. 모여 있던 토벌대와 응원대 대원 44명이
이 희생을 보고 갑자기 흐느껴 울기 시작하였다. 계곡 사이로 울음소리
가 계속 울려 퍼졌다. 그 원통하고 비참한 모습은 도저히 필설로 형언
할 수 없었다. 귀신도 이러한 진심에 감읍했을 것이다.

오후 10시를 지나 부상자 수습이 끝나고 유해는 마침내 군의 근무지
인 가마소주재소에 안치되었다. 그날 아침까지만 하더라도 군은 의욕
이 충만한 듯 건강하였다. 그런데 이런 모습으로 오랫동안 생활하던 독
신자 기숙사로 돌아오게 되었다. 우리도 신이 아닌 이상 도저히 상상도

제5장 살아 남은 자들

할 수 없었다. 출동할 때 단정한 복장의 군과 얼굴을 마주한 것은 무엇인가 예감이 있었기 때문일 것이다.

군은 일찍이 청춘이던 28세에 입대하였다. 병사가 되어 만주사변에 출정한 동갑내기들과 달리 군은 무슨 까닭인지 병사 선발에 빠지게 되어 하다못해 국경경찰관이라도 지원한 것이다. 유해 도착과 대략 같은 시각에 전달된 고향 소식에 따르면 타케사코 군은 약혼을 마치고 예식용 의복까지 준비하였다고 한다. 날이 풀려 눈이 녹으면 장가를 들고 싶다고 수석(首席)에게 하던 그의 말도 이제 일장춘몽이 되어버렸다. 이런 사례를 열거하자면 끝이 없다.

국경이라 하여도 타케사코군과 같이 빛나는 업적을 남긴 용사는 많지 않을 것이다. 윗분들도 군의 전사에 대하여 이제까지 전례 없는 우대와 조의를 전해왔다. 윗분들과 각 지방 관민들의 배려에 우리는 눈물만 흘렸다. 군을 알고 지낸 시간은 겨우 석 달에 불과하다. 아둔한 나도 진작부터 그의 타오르는 듯한 멸사봉공의 정신을 알고 있었다. 한 사람 한 사람 군이 심혈을 기울여 작성하던 수양록[自修簿…원문]을 열람하였다. 군의 유해와 함께 이것도 집으로 보냈다.

내가 타케사코군의 최후에 대해서 쓰지 않는 것은 같이 싸운 여러 동료들이 그의 장렬한 최후를 발표하는 것이 낫다고 생각하기 때문이다. 나는 지금까지 동료들의 글을 기다려 타케사코군의 최후에 관한 글을 쓰지 않았다. 오늘 밤 경성 조선신문의 코자카[小坂]씨가 군의 분전 상황을 전국으로 방송하였다. 유족에게도 이 사실을 타전하였다. 고향 카고시마에서도 일가친척들이 모여 방송에서 나오는 말 한마디 한마디, 구절 하나하나를 경청하고 있을 것이다.

군과 격전을 치루었던 왕봉각비도 지금은 만군의 정예 대부대에 겹겹으로 포위당해 단말마(斷末魔)의 비명을 지르고 있다. 그 궤멸의 말로가

머지않았다. 타케사코군, 지금은 눈물만 뿌리며 그대가 편히 쉬기를 바라마지 않는다. (나카가키)

　국경경비를 위해 함께 몸을 바친 이들은 때로 동료들의 희생을 부모형제의 죽음보다 더욱 부끄러워하고 자책한다. 이는 것은 견딜 수 없는 사실이며 유감스러운 일이다. 그들은 셀 수도 없이 "지금이야말로 복수하여 보여주고 싶다"고 맹세하였을 것이다. 아마 당시 사건을 알고 있는 주민이라면 이러한 각오는 모두 같은 심정이었을 것이다.

　1937년 2월 8일 오후 10시 5분. 아직 고인에 대한 추도의 눈물이 채 마르지도 않은 때였다. 본서로부터 긴급한 연락을 접하였다. "주재소원들은 즉시 출동 준비를 하고 대기 자세를 취하라"는 명령이었다. 주재소원들은 신속하게 넷으로 나뉘어 준비를 완료하였다. 일동은 드디어고 타케사코 부장의 추도 토벌이 이루어질 것이라 생각하고 뛸 듯이 기뻐했다. 잔류한 사람 하나 없이 모두 지원하였다. 다시 명령으로 잔류인원을 세 명으로 정했다. 이어 나카가키 서장은 자성경찰서원 가운데 선발자를 인솔하여 법동(法洞)주재소에 도착하였다. 즉시 하류의 가마소를 향한다.

　우리 법동주재소원들은 상류지역 노동(蘆洞)·연풍(延豊)·상구배(上仇俳) 주재소원들과 함께 가마소로 집합하라는 명령이었다. 상류의 주재소원들 도착을 기다리기를 수 십분. 이 사이에 초조한 우리는 매 순간 1초, 1초가 뒤처지는 듯하여 견딜 수 없었다. 곧이어 경비자동차가 주재소 앞에 도착하였다. 우리는 잔류한 주재소원들에게 각오를 알렸다. 일동은 혈기왕성하게 가마소주재소를 향하였다. 도착하자마자 서장님께서는 사무실에서 이치세 경부와 함께 토벌계획을 협의 중이었다. 상황에 따라 우리는 다음날 오전 5시까지 가마소주재소에서 대기하게 되었다. 서장님은 대원들에게 잠이라도 조금 자 두라고 하였다. 오른손에 총을 쥐고, 왼손을 베게 삼아 자려고 하니 흥분이 되어 한숨도 잘 수 없었다.

눈 깜짝할 사이에 비적들과 황야를 여기저기 뛰어다니는 듯 하였다. 지금이라도 적을 발견하고 돌격하려는 듯 튀어 일어났다. 이리하여 마침내 아침 6시 원동출장소에서 건너편 집안현 제4구 석탄구로 향하였다. 이 때 나카가키 서장은 석탄구 입구에서 적의 상황을 설명하였다. "적은 지난 2월 3일 우리 경찰대와 교전한 비적 두목 왕봉각 일파의 잔당 약 20명이다. 이들은 어젯밤부터 석탄구 오지로 진출하여 다시 원동 경찰관주재소 습격을 계획 중이다. 이에 토벌대는 적의 기선을 제압하고, 고 타케사코 부장을 위로하기 위한 전투, 그리고 강계도립병원에서 신음 중인 이케다, 이사가와, 아키스지군의 복수전을 결행하려고 한다"고 하였다. 이러한 비장한 격문에 우리 모두는 적을 주멸(誅滅)시키겠다는 투지에 불타올랐을 것이다.

즉시 전진 명령이다. 신속 행군이 시작되었다. 영하 30도의 혹독한 추위가 살을 에인다. 어두운 밤에 길 대부분은 얼어붙어 곳곳에 물이 솟아 나오는 작은 시내다. 이 때문에 대원들은 몇 번이나 얼어붙은 눈 위에 넘어졌을 것이다. 행군의 어려움은 어디 비할 바가 아니다. 마음이 아무리 급해도 새처럼 날아 갈 수 없다. 적이 주위의 절벽 위에 언제 나타날 지 모르기에 측면 경계도 게을리 하지 않았다. 오전 9시경 마침내 석탄구 오지(강변에서 1리 반)에서 적 보초와 마주쳤다. 서둘러서 도주하는 적을 추격하였다. 그렇지만 마치 야수처럼 재빠르게 도주하는 것에는 감탄을 금할 수 없었다.

이리하여 오전 10시 반 마침내 노호산 중턱에 이르렀다. 이름만 들어도 험준함 그 자체일 것 같은 노호산이다. 게다가 눈이 두 세 척이나 쌓였다. 길은 겨우 발 하나를 디딜 수 있을 정도의 넓이다. 오르기가 쉽지 않다. 게다가 적을 앞에 둔 전진이다. "가라, 가라" 스스로 채찍질을 한다. '이 정도는 아무 것도 아니다'고 생각하였다. 타케사코 부장의 영령이 이 노호산 꼭대기에 찬란히 빛나 잠들어 있다는 사실을 떠올렸다.

이 때 총지휘관 나카가키 서장은 2월 3일의 토벌대 이치세 경부보를 가장 선두로 삼았다. 나카가키 서장은 산 정상을 점령하기 위하여 제1소대에서 두개 분대를 오른쪽으로 우회시켰다. 이 지점부터가 2월 3일 대고전(大苦戰)을 감행한 장소라고 한다. 지친 몸을 회복하기 시작하였다. 둘러보니 오른쪽으로 올랐던 카지와라[梶原], 코가[古賀] 분대는 발자국도 없다. 그들은 눈이 세척이나 쌓인 곳에 있었다. 아마 그들은 오르는 것만으로 죽음을 각오를 했을 것이다.

이어 본대 제2소대가 고개 능선에 나타날 것이라고 생각하던 때였다. 선두에 있는 제1소대 방향에서 벌써 총성이 났다. "자, 간다"라면서 제2소대 후미의 일동은 바짝 엎드렸다. 적의 상황을 살펴보아도 지형 때문에 전방은 보이지 않는다. "피융, 피융" 적탄이 머리 위를 스쳐 날라간다. 명령만 기다릴 뿐이다. 오른쪽 고개에서 우익으로 우회하라는 토벌대장의 명령이다. 제3분대장인 나는 즉시 대원들과 함께 이동을 시작하였다. 하지만 잡목과 쌓인 눈 때문에 전진은 쉽지 않았다.

제1소대 경기관총이 등에의 날개짓 소리처럼 울기 시작한다. 선두 부대보다 뒤처졌다고 생각하고 죽기 살기로 능선을 목표로 돌격한다. 이곳에서 산채를 향해 맹렬한 사격을 퍼붓는다. 산채로부터 도주한 적들이 후방의 깍아지른 듯한 절벽으로부터 뛰어내렸다. 이 때 결심을 굳힌 서장이 돌격 명령을 외치자 일동은 하늘을 찌를 듯한 기세로 산채를 향해 뛰어들었다. 그렇지만 적들은 이미 흔적도 없었다. 적의 시체 세 구를 찾아내고 산채 파괴에 착수하였다. 순식간에 적의 산채는 완전 아수라장이 되었다. 여기에서 다시 적의 역습에 대비하여 각각 산채 주위로 산개하였다. 사진반은 이 사이에 촬영을 완료하였다.

이를 모두 마치고 인원 점검을 하였다. 한 사람의 부상자도 없다. 일동은 한 목소리로 이번 전승을 축하한다. 2월 9일 새벽 0시였다. 우리는 멀리 동쪽 하늘을 향하여 만세 삼창을 불렀다. 이어 고 다케사코 부장의 영령에 이 싸움을 알리고 그의 영면을 위해 기도하였다. (시노다 아케미츠[柴田明光][54])

---

54 시노다 아케미츠: 에히메현 출신이다. 1930년 평북 신의주경찰서 순사, 1932년 자성경찰서 순사, 1937년 자성경찰서 법동주재소 순사(1937) 등으로 근무하였다(『朝鮮警察職員錄(1930·1932·1937)』).

유고(遺稿) : 국경경비를 논함

자성경찰서 가마소출장소 타케사코 미노루

1933년 3월 9일, 전 세계의 질시와 반박을 뒤로하고 우리 제국의 거국적 옹호의 의하여 만주국이 성립되었다. 이후 만주국은 국시(國是) 왕도낙토의 열매를 거두기 위하여 노력하였다. 그리하여 국내에서 발호하여 횡포를 부리는 마비적 소탕에 국력을 계속 쏟아 부었다. 특히 최근 우리 관동군과 만주국군이 오지 방면에서 대대적인 비적 토벌과 집가법 등을 실시하였다. 그 결과 저들 마비적은 물자가 매우 부족하게 되어 대부대를 유지하지 못하고 사분오열하였다. 그리고 이른바 소부대의 서적(鼠賊)이 되었다. 현재 마비적의 반수 이상은 이전처럼 국가적·정치적 동향을 가진 존재가 아니라 그저 먹고 살아가기 위한 천업적(賤業的) 집단이 되었다. 이러한 마비적 정세는 우리가 담당한 선만 국경경비에 어떤 영향을 줄 것인가.

1. 적의 상황을 살피기에 불편

마비적단이 대부대를 이루었던 2, 3년 전이라면 그 소재와 행동 등을

신의주경찰서의 경관들의 훈련(『國境警備』, 188쪽)

모두 정확하게 알 수 있었다. 하지만 현재 그들은 소부대를 이루고 있어 행동과 소재 등을 정확하게 살필 수 없다.

2. 민첩한 마비적단의 행동

마비적단은 소부대가 됨에 따라 민첩하면서도 불시에 조선 방면을 급습, 짧은 시간에 약탈, 방화, 살인 등을 감행한다. 그리고 소란스러워질 무렵 즉시 조선 방면으로 후퇴하는 등 이른바 '기습'을 한다.

3. 철저한 토벌의 불가능

저들은 소부대를 이루어 평시에는 농민을 가장하고 있다가 앞서 말한 기습을 감행한 직후에는 압록강을 건너 후퇴한다. 조선 관원들이 다른 시기를 기다리지 않고 국경을 건너 토벌한다. 그렇지만 현지 사정에 밝은 저들의 소부대는 순식간에 모습을 감추어 버린다. 따라서 철저한 토벌이 불가능하다.

1936년 3월 10일 습격을 받은 동흥경찰서 전면 좌측의 경찰관 숙소. 판자, 기둥, 벽 등에 검은 점과 같은 부분이 탄환이 관통한 부분이다(『國境警備』, 10쪽)

4. 강변 근처로 진출

관동군이 오지에서 대소탕과 집가법 등을 실시하는 가운데 최근 압록강 건너편에는 흉작이 들었다. 이에 오지에서 견디지 못한 저들 마비적들은 대부분 강변 가까운 곳으로 이동하였다. 조선에서는 작년 결빙기 동흥사건 이외에도 여러 차례에 걸친 저들의 습격으로 상당한 피해를 입었다. 우리 경비원들의 격분도 극에 달하여 저들 마비적단 섬멸을 위해 몇 차례나 압록강을 건너 토벌을 감행하였다. 그렇지만 지형 이외에 여러 가지 사정 때문에 일망타진(一網打盡)하여 섬멸치 못하였다. 이는 비적단으로 하여금 결사적으로 침입을 감행한다면[일본 경관을 공격하는 일이…역자] 반드시 불가능한 일도 아니라는 생각을 가지게 하였다.

대부대로 구성된 마비적이 사분오열하여 소부대가 되었다고 하더라도 각 부대 사이의 연락이 전혀 없는 것은 아니다. 공비(共匪)로 규합된 저들은 밀정을 사용하여 연락을 계속 유지하기 위해 노력한다. 그리하여 다가오는 결빙기에는 언제라도 저들이 조선 방면을 습격할 수도 있다는 예측 불가능한 상황이 전개되기에 이르렀다. 만주국이 성립하고 치안도 대략 안정되었다. 반면 현재 국경경비는 무엇보다 이를 소홀히 할 수 없는 시기에 직면했다고 할 수 있다.

우리 경비원들은 처음부터 밤낮으로 경비를 위하여 열심히, 문자 그대로 불면불휴(不眠不休)로 몸과 마음을 다하여 전력을 기울이고 있다. 예를 들자면 건너편 정세에 대비하여 지형과 인가의 조밀 등도 고려한다. 경비원도 집결주의(集結主義) 내지 분산주의(分散主義)를 채택하거나, 유동반(遊動班)을 조직한다. 자경단원의 각성을 촉구하고 간이소방반원에 대한 지도훈련에도 힘쓴다. 다름 아닌 이러한 것들이 모두 경비를 위한 업무다. 지금 우리가 경비 방법에 대하여 이러쿵저러쿵 할 말은 없다. 굳이 몇 마디 하자면 우리 맹방인 만주국의 완전한 치안 상태를 조성(助成)하고, 장래 지방을 개발하면서 압록강변 경비를 위한 경비도로를 개통하여야 한다. 작게는 경비원 증가와 무선전화기 배치 등이 필요하다. 하지만 이는 경비에 완벽을 기하기 위한 작은 문제에 불과하다. 더욱 중요한 것은 다름 아니라 "경비원들이 더욱 긴장하고 자각하여 복무에 임한다"는 것이 아닐까.

우리는 일본 신민의 남아로서 탄환이 비처럼 쏟아지는 전장에 선 것을 더할 나위 없는 영광으로 생각한다. 더욱이 국경경비 제일선의 근무역시 전장과 전혀 다른 곳은 아닐 것이다. 경비원 임무를 가진 우리는 경비를 위한 중요한 시기에 직면하였다고 생각한다. 그리고 이처럼 영광스러운 임무를 맡고 있다고 생각하니 지금부터라도 더욱 경비에 노력하여 본도의 전통을 빛내고 싶다.

(조선신문사 국경위문원 고자카의 자성발 기사) 한 척 남짓 쌓인 눈을

헤치고 자성으로 향한다. 도중 유명한 와카바야시[若林] 대위[55]의 조난지 고천(古川)을 비롯하여 지난 1934년 가을의 습격 사건에 대한 기억이 아직도 새로운 토성주재소 외곽 제일선의 각 출장소를 감격 속에 위문하였다. 지난 3일 발생한 비장한 사건 본거지에 도착한 것은 오후 7시였다. 우선 28세를 일기로 국경에서 산화한 타케사코 순사부장의 위패를 모신 무도장(武道場)으로 달려가 영령의 안식을 기원하였다. 막상 위패 앞에는 놓인 고인이 애용하던 손목시계를 보니 눈물을 지을 수 밖에 없었다. 장례 준비로 녹초가 된 전우들이 분주한 모양새를 똑바로 쳐다볼 수가 없었다. 시시각각 강계도립병원에서 중상자 두 명의 상태에 대한 보고가 들어온다. 쥐죽은 듯한 밤샘에는 한기가 심하다. 비장함도 끝없이 차오른다.

기(記)

조선신문사는 국경경비를 위해 산화한 코가 순사부장, 타케사코 미노루씨 영령에 대하여 마음에서 우러나오는 기도를 올리고 군들의 명복

---

55 1928년 5월 25일 오후 1시 20분경 중강진 하류 지점인 중국 임강현 소리자구(小梨子溝)에서 중국 관원 복장을 한 마적 30여 명이 압록강윤선공사 기선 하야가제마루[早風丸]를 습격하여 승객들의 돈과 물건을 빼앗았다. 아울러 마적들은 승객으로 탑승했던 중강진수비대 소속 와카바야시[若林] 중위를 납치하였다. 이 사건이 발생하자 중강진수비대와 강계·초산·신의주·용산(龍山) 등의 일본 군경이 출동하여 마적 추격과 토벌을 구실로 평남의 민간의 선박과 자동차를 징발하는 등 압록강 일대에는 긴장이 고조되었다. 이 사건을 계기로 일본군은 만포진에 비행장을 신설하고 1개 기병여단의 증설을 추진하는 등 병력을 증강시키는 구실로 삼았다. 마적을 추격하는 과정에서도 일본군은 중국 군인을 사살하여 집안현지사의 항의를 받는 등 외교적 마찰을 불러일으켰다. 와카바야시 중위는 6월 1일 임강현 산중에서 시체로 발견되었다(『동아일보』 1928년 5월 27일, 「國境一帶에 馬賊跳梁」; 『동아일보』 1928년 5월 28일, 「汽船, 自動車 徵發, 馬賊團襲來와 討伐隊出動, 小梨子溝에서 接戰中」; 『동아일보』 1928년 6월 2일, 「馬賊襲來를 기회로 騎兵一旅團增兵 국경 대안에 설치하게 된다. 國境에 飛行場도 新設」「朝鮮內師團總出動. 근본적으로 마적을 토벌, 日中國交上도 影響」; 『동아일보』 1928년 6월 3일, 「若林中尉=慘死屍發見, 총살된 시체가 발견되어, 軍隊行動一層猛烈」).

중강경찰서 토성주재소의 전경(『國境警備』, 28쪽)

을 빌었습니다. 이번 본사 코사카 외보부장(外報部長) 중심의 국경위문
반 일행 세 명은 회사의 명령으로 국경 제일선을 사수하는 경비원들에
게 전 국민의 열성과 감사의 말을 보내었습니다. 총후(銃後) 국민들도
경비원들의 강건하고 활력 넘치는 모습을 지켜보고, 이를 신문지 혹은
마이크를 통해 전달하고자 이곳에 왔습니다.

　그렇지만 환하게 웃는 얼굴을 볼 수 없습니다. 인생은 너무나도 변화
무쌍한 것이라고 생각합니다. 그렇지만 지금 삶과 죽음을 달리한 차가
운 사체 앞에 서서 명복을 비는 것은 감개무량하기 그지없습니다. 이야
기를 들어보니 군은 앞날이 창창한 28살의 젊은이였습니다. 최근에는
일생일대의 가장 큰 경사인 혼례를 치루었다고 들었습니다. 군은 적탄
에 맞아 숨을 헐떡이는 그 찰나에도 다른 사람에게 "나의 이러한 일들
을 한 마디도 하지마라…아, 유감스럽구나…탄환은 있는가, 총은 있는
가…"라고 연호하면서 조용히 죽음을 기다렸다고 합니다. 타케사코군
의 상사 나카가키 서장은 우는 목소리로 이러한 사실을 전하였습니다.

평소 너무나도 건강하던 그의 모습에 우리도 뜨거운 눈물을 금할 수 없었습니다. 군이 마지막으로 울부짖던 것이 다시 몇 번을 태어나도 국적(國賊)을 멸망시키고야 말겠다고 염원했던 쿠스노기 마사시게[楠正成][56]의 심정과 무엇이 다르겠습니까.

이야말로 야마토정신[大和魂]임에 다름 아니며 무사도의 극치입니다. 타케사코군은 지금에 와서 국가 융성의 초석이 되었습니다. 그 영령은 반드시 구천의 신이 되어 어려운 시기 일본을 지킬 것입니다. 미력하기 그지없는 우리도 군의 아름다운 정신을 배워 국가와 천황에게 충성을 다함으로써 군의 고귀한 희생정신을 결코 헛되이 하지 않을 것입니다. 우리는 이처럼 국가를 위해 죽음으로 헌신한 타케사코군의 모습을 국민에게 전할 것입니다. 나는 우리가 조선신문사 이름으로, 그리고 국민의 목소리 없는 목소리를 대변하여 마음으로 군의 명복을 빌면서 제물을 올렸습니다. 다음 세상에서 만날 때에는 좋은 선물을 가지고 만날 것을 약속드립니다.

---

56 일본 전국시대 무장.

수기

자성특별경비대 이사카와 시게루[諫川繁][57]
이케다 요시오[池田好雄][58]
아카스지 아사오[明閑射左男][59]

---

57 이사카와 시게루: 효고[兵庫]현 출신이다. 1937년 자성경찰서 상구배(上仇俳)주
재소 순사로 근무하였다. 1936년 12월 위원경찰서 신천출장소 순사로 재직 중
본문에 기재된 활동으로 조선혁명군 토벌 중 용감하게 돌격하여 11명을 사살한
공적을 인정받아 1937년 1월 19일 야부키 마사토시·후지자와 분지로[藤澤文治
郎]·오병욱·김찬희 등과 함께 '경찰관공로기장'을 받았다. 1939년 3월 22일에는
다시 만주사변 제3차 논공행상에서 '만주의 치안유지 공적'으로 백색동엽장(白色
桐葉章)과 금을 받았다. 1940년 대만에서 주립대중고등여학교(州立臺中高等女學
校) 교유(敎諭)로 근무하였다(『매일신보』 1937년 1월 20일, 「警察官의 龜鑑表彰
十一名에 功勞章 - 인명구조와 비적토벌 공로로 十九日 南總督이 授與」;『매일신
보』 1939년 3월 23일, 「滿洲事變論功 朝鮮警察官行賞 廿二日警務局에서 發表」;
『職員錄(1941)』).

58 이케다 요시오: 쿠마모토현 출신이다. 1930년 자성경찰서 연풍(延豊)경찰관주재
소, 1932년부터1937년까지 삼흥(三興)주재소·상구배주재소, 1943년 자성경찰
서 등의 순사부장으로 근무하였다. 1937년 2월 3월 자성군 맞은편에서 왕봉각
부대와 전투 중에 중상을 입었다. 이 공로로 그 해 3월 경찰공로기장을 받았다
(『매일신보』 1937년 2월 5일, 「慈城對岸의 激戰 警備隊員四名死傷」;『매일신보』
1937년 3월 23일, 「慈城署員五氏에 警察官功勞章-神武天皇祭日에 授與키로 海山
賊擊滅挺身隊」;『朝鮮警察職員錄』(1930·1932·1937·1943);『職員錄(1941)』).

59 아카스지 아사오: 히로시마현 출신이다. 1932년 자성경찰서 출운(出雲)출장
소, 1937년 삼흥(三興)주재소 순사로 근무하였다. 1937년 2월 3월 자성군 맞은

이번에 우리는 황공하게도 시종무관께서 일정까지 변경해가면서 병원을 방문하시어 천황 폐하의 감사 선물로 과자를 하사해주시는 더할 나위 없는 영광을 입었습니다. 아울러 들려주신 위문의 말씀에도 감사드립니다. 그 외 경무국장 각하, 평안북도지사 각하, 경찰부장님, 각 과장님, 그 외 존경하는 분들의 위문을 받았습니다. 우리는 경관으로서 당연한 일을 하였을 뿐인데 이런 분에 넘치는 위로를 받으니 몸 둘 바를 몰라 감격의 눈물이 차오릅니다. 우리 일본 남아들은 적과 충돌하면 모두 분연히 일어섭니다. 더욱이 우리가 처했던 상황은 옥쇄(玉碎)할 각오로 싸워 어떡하든 몸을 던져 적과 부딪혀야만 하는 위기라고 생각했습니다.

당시 상황을 떠올리자니 만감이 교차합니다. 그 때가 어제와 같이 생생하게 눈앞에 어른거려 어디서부터 말씀을 드려야 할지 모르겠습니다. 다만 저는 21명 전원이 이치세 대장의 지휘하에 사기왕성하게, 그리고 처음부터 끝까지 흐트러짐 없이 이치세 대장의 통제된 행동에 따랐을 뿐이라는 말씀을 드리고 싶습니다. 전투가 시작되면 우선 적의 기선을 제압합니다. 첫 번째 탄환으로 5,6미터 앞 지점의 적 보초를 제거합니다. 한 치의 빗나감도 없이 유효 사격을 적에게 퍼부었습니다. 두 분대는 대장을 중심으로 원활한 연락을 취하면서 적에게 돌격하였습니다. 퇴각할 때는 최선의 방법을 선택하여 처음부터 끝까지 적들을 압박할 수 있었다는 사실을 말씀드리고 싶습니다.

당시 우리는 전투 지형, 병력 등 모든 것이 불리하였음에도 다행히 승리할 수 있었습니다. 다만 유감스럽게도 다케사코 군을 잃어버렸습니

편에서 왕봉각부대와 전투 중에 중상을 입었다. 이 공로로 그 해 3월 경찰공로기장을 받았다(『매일신보』 1937년 2월 5일, 「慈城對岸의 激戰 警備隊員四名死傷」; 『매일신보』 1937년 3월 23일, 「慈城署員五氏에 警察官功勞章-神武天皇祭日에 授與키로 海山賊擊滅挺身隊」; 『朝鮮警察職員錄』(1932·1937·1943); 『職員錄(1941)』).101

나팔을 부는 마적(『滿鮮』, 207쪽)

다. 더군다나 그는 저의 분대원이었습니다. 다케사코 군마저 적에게 당할 정도였는데 왜 제가 대신 죽지 않았을까요. "타케사코 순사가 당했습니다"라며 뒤에서 울부짖는 소리를 들었습니다. 그 때 저는 마음 속으로 "앗차"라고 울부짖으면서 이를 악물었습니다. 문득 뒤돌아보니 이미 타케사코 군의 모습은 고개에서 보이지 않습니다. 즉시 달려가려 했지만 적이 집중 사격을 하는 중이었습니다. '이길 것인가 옥쇄할 것인가'라는 최후의 갈림길에 직면한 탓에 움직이려 해도 움직일 수 없었습니다. 도저히 방법이 없었습니다. 어쩔 수 없이 전투에 돌입하였습니다.

그 후 계곡 입구까지 물러나고 나서 겨우 타케사코 군의 모습을 보았습니다. 하지만 그 때 이미 타케사코 군은 이 세상 사람이 아니었습니다. 대원 전부가 집합하여 타케사코군에게 받들어 총을 하였습니다. 대원 전부는 그 때 그 자리에서 서로 팔을 움켜쥐고 어깨를 껴안은 채 아무 말 없이 울었습니다.

타케사코군!! 정말 잘 싸웠구나. 군의 역전 분투 덕분에 전투에서 승리했습니다. 적탄이 비오듯 쏟아지는 고개 위에서 적을 향하여 돌격하던 군의 그 뒷모습. 아아! 이제 그 용감한 모습도 볼 수 없게 되었습니다. 타케사코군. 2월 9일에 나카가키 서장님 이하 남은 동료들이 군의 원수들을 쓸어버렸습니다. 이제부터 저도 군의 영혼을 따라 보람 있는 일을 하겠습니다. 아무쪼록 군의 영령은 자성 하늘에 머무르며 우리를 지켜봐 주십시요. 반드시, 반드시 그리 하겠습니다. (이사카와)

그 전투 당시 저는 제1분대장으로 이치세 토벌대장의 지휘에 따라 적의 산채 바로 앞 약 7미터 지점까지 접근하였다고 생각됩니다. 처절한 격전 끝에 마침내 적이 구축한 참호 일부를 점령할 수 있었습니다. 적도 계속 완강히 저항하였습니다. 적은 지형지물을 이용하여 세 방향에서 우리 토벌대를 향하여 집중 사격하였습니다. 엄폐물이라고는 전혀 없던 우리 부대는 한 때 전멸의 비운을 맞이하는 것이 아닌가라고 염려되었습니다. 그렇지만 제2분대와의 철저한 연락, 대원들의 과감하고 용맹한 공격, 침착하고 정확한 사격으로 적도 손실이 잇달았습니다. 마침내 당황한 적은 나팔을 불고 퇴각하기 시작하였습니다.

저는 적의 집중 사격으로 오른쪽 어깨로부터 왼쪽 대퇴부 중앙(왼쪽 발 부근)까지 맹관 총상을 당하였습니다. 퇴각 명령과 함께 저는 동료들의 따뜻한 보호를 받으면서 원동출장소로 물러나 후송되어 자동차로 도립강계병원에 입원하였습니다. 지금은 오로지 치료에만 전념한 덕택에 이후 경과도 매우 순조롭습니다.

상사와 동료 여러분들, 그리고 그 외 곳곳에서 부상을 입은 우리에게 전해주신 마음에서 우러나오는 위로에 대해서는 보고를 대신하여 당시 상황과 감상에 대한 상세한 기록이 필요하다고 생각합니다. 하지만 공교롭게 이번 달 24일 왼쪽 대퇴부에 박힌 탄환 적출 수술을 받게 되었습니다. 이에 신체가 자유롭지 못하여 보잘것 없는 저의 정성도 이루지 못하였습니다. 상세한 내용은 여러분들께 부탁드립니다. 병상에서나마 이 점 깊이 사죄드립니다. 아울러 이번에 제2분대에 소속되어 전투중 깊은 원한을 품고 노호산의 이슬로 사라진 고 타케사코 순사부장의 영령에게도 진심으로 애도의 뜻을 표합니다. (이케다)

1937년 1월 29일 오후 7시, 살을 에는 듯한 바람 속에 보초를 서는 중이었습니다. 사무실의 전화는 갑자기 무슨 사고라도 알리는 듯 울려댔습니다. 무슨 일이 발생한 것 같다는 예감이었습니다. 경계 근무자는 다음과 같이 말하였습니다.

원동출장소의 보고에 따르면 바로 맞은편에서 약 10정 정도의 오지인 해산(海山)에서 13명으로 구성된 적의 일대(一隊)가 출현하여 민가에 숙영 준비 중이므로 해당 출장소원들은 서둘러서 동일 밤 9시까지 원동출장소로 집합하라는 것이었습니다. 이러한 내용이 출장소원들에게 전달되자 응원부대원들은 이케다 부장 이하다섯 명과 보조 대원 두 명, 도합 일곱 명이 밤 8시 잔류 대원과 가족들의 환송을 받으며 출발, 원동출장소로 향하였습니다.

저는 유감스럽게도 부대에 남는 잔류원이었습니다. 도저히 출동할 방법이 없었습니다. 그 후 강 건너 양민전자(良民甸子)에 주둔 중인 만주국 치안부대에게 사건을 알리고 출동을 재촉하였습니다. 이 때 저는 만주국 연장(連將)인 총(叢) 중위가 인솔하는 부대 15명의 출동 사실을 서장님께 보고하였습니다. 그리고 저도 이 부대에 참여하겠다고 보고하였습니다. 저 혼자만 출동을 허락받았습니다. 그리고 이치세 부장 이하 20명 가운데 참여하여 경비보조대원 두 명과 함께 압록강을 건너 치안대와 합류하였습니다. 추피구(楸皮溝)를 우회하여 서둘러 석탄구 오지로 갔습니다. 다시 적의 퇴로 차단을 위하여 밤 9시에 출발, 추피구 오지로 향하였습니다.

도중 점차 험준해지는 험난한 길을 헤치며 나아가 밤 11시 30분 표고

900미터 산꼭대기에 도착하였습니다. 그 곳에서 약 5분간 휴식을 취하고, 치안대를 둘로 나누었습니다. 만주군 연장이 지휘하는 부대는 나와 함께 소석탄구구(小石炭溝口)부터 석탄구구까지, 다른 부대 30명은 대석탄구 오지부터 석탄구구까지 다시 계속 전진하였습니다.

출발하고 10분 정도 지나 우리 부대는 비적 산채를 발견하였습니다. 산채를 수색하였더니 옥수수 약 한 석과 석유 두 세홉, 그리고 등화(燈火) 준비를 위한 취사도구 등이 있었습니다. 아마도 원활한 행동을 위한 작은 산채로 십 수명은 족히 머물 수 있는 장소였습니다. 우선 산채를 소각한데 이어 즉시 서둘러 석탄구구를 향하여 행군하였습니다. 새벽 1시 마침내 목적지인 석탄구구에 도착하였습니다. 하지만 적은 자기 편에 신호를 하여 30분 가량 전에 잠복 가옥에서 나와 주변 계곡 사이로 도주하여 버렸습니다.

하지만 우리가 사방에서 포위 진형을 취하고 있어 도주한 자 없이 계곡 사이에 계속 잠복하여 있는 듯 하다는 보고였습니다. 우리와 만주군[滿軍] 부대는 오지까지 철저하게 수색하였습니다. 그렇지만 아무런 단서도 얻지 못하고 물러나는 수 밖에 없었습니다. 너무나도 유감스러워 견딜 수 없었습니다. 이에 약 5시간 정도 휴식을 취하고 나서 대장 이하 20명은 다음 날 아침 9시 석탄구 오지를 향하여 다시 출발하였습니다. 눈에 띄는 계곡 사이를 구석구석까지 샅샅이 수색하면서 노호산 입구까지 도착하였습니다.

식량을 휴대하지 않아 공복에다 전날 수면도 제대로 취하지 못하였습니다. 이에 다음을 기약하고 오지 수색을 중단하기로 하였습니다. 이치세 대장 이하 20명은 일단 퇴각하여 오후 5시 원동출장소로 돌아왔습니다. 모든 서원들은 해산 부대의 대담함과 그들이 도주한 사실에 대하여 매우 유감스러워 하였습니다. 이에 오늘이야말로 저들이 다시는 일

어설 수 없게 타격을 입힐 것이라고 굳게 기약하고 해산하였습니다. 비적들이 우리의 포위망을 벗어나 도주한 사실은 저들의 강한 악운(惡運) 탓입니다. 이를 정말로 유감스럽게 여기며 다음 정보를 학수고대하던 때였습니다.

삼흥주재소(三興駐在所)에 대기 중이던 경비대장 이치세 경부보 이하 15명은 어김없이 해산의 부대가 노호산에 잠복하여 있는 것 같다는 정보를 접하였습니다. 기쁨에 겨운 우리는 이번이야말로 저들이 포위망을 벗어날 수 없도록 충분한 준비를 하였습니다. 그리고 대장 이하 21명으로 구성된 토벌대를 편성하였습니다. 2월 3일 오후 2시 토벌대는 원동주재소 소재지에 집합하여 여러 가지 사전 회의를 완료하였다. 부대는 노호산 산록을 목표로 서둘러 행군하여 오후 3시 국경을 넘어 먼 거리를 단숨에 돌파하였습니다. 저는 첨병으로 제1분대 이케다분대 제2반장으로 반원 네 명을 인솔하였습니다. 대원들은 길잡이 한 명을 포함하여 도합 여섯 명이었습니다. 우리 부대는 본대 전방 50미터 내지 100미터를 끊임없이 수색하면서 전진하였습니다.

그렇지만 노호산 그 어디에도 적의 모습은 그림자도 없었습니다. 전날 밤 쌓인 눈에 발자국을 남기고 산꼭대기를 향한 흔적이 있었습니다. 이를 쫓아 힘들게 일직선으로 산꼭대기까지 올랐습니다. 오후 4시 20분이 되어서 10분 정도 지나 산꼭대기에 도달하였습니다. 우선 산꼭대기에서 휴식을 취하고 다시 수색을 위해 가능한 한 서둘러 전방을 살펴보았다. 그랬더니 우전방 약 100미터 고지의 나무들 사이로 그림자 하나를 확인할 수 있었습니다. 처음부터 수상하였으므로 우선 반원을 매복시켜 상황을 정찰하였습니다. 그랬더니 총을 소지한 다른 두 명이 나타났습니다. '틀림없는 적도다. 해산의 부대가 이동하는 것'이라 생각되어 본대에 연락하였습니다.

그렇지만 분지의 바닥과도 같은 주변 지형은 우리에게 매우 불리하였습니다. 곰곰이 저들의 상황을 주시하고 있었더니 앞서 말한 두 명에 다시 두 명이 나타났습니다. 이 때 첨병이 있던 왼쪽 고지 60미터 정도의 지점에서 만주어 대화 소리가 갑자기 들려왔습니다. 우리 반원들은 더욱 긴장하고 그들을 주의 깊게 지켜보았더니 산병호(散兵壕) 안에서 두 명이 총을 쥔 채 망을 보고 있었습니다. 참호에서 머리만 내놓고 앞뒤로 망을 보는 그들은 경계 중 잡담을 하고 있었습니다.

전투 분위기가 무르익었습니다. 즉시 그 두 명을 사살하기 위하여 조준하였습니다. 적이 머리만 내놓고 있는 것으로는 사살하기에 충분치 않아 자신이 없는데다 지형도 매우 불리하였습니다. 만일 우리가 손실을 입기라도 한다면 좌우 고지로부터 적의 사격을 받아 매우 고전하리라 예상하였기에 우리는 사격 개시를 주저하였습니다. 하지만 방법이 없었습니다. 적은 아직 우리의 접근을 알아차리지 못하였습니다. 다행히 적에게 발각되지 않고 적 참호 통로를 통과한다면 15미터 정도는 전진할 수 있다고 보았습니다. 이에 첨병이 최선두에 서서 반원 네 명을 인솔하고 포복으로 눈구덩이를 약 15미터를 전진하였습다.

이렇게 하니 망을 보는 적의 상반신이 훤히 드러나 조준이 가능하였습니다. 총알 하나로 적 한 명을 사살할 수 있다는 자신감에 방아쇠를 당겼습니다. 보기 좋게 명중하여 적 한 명이 쓰러졌습니다. 이 한 발로 적과 우리 모두의 교전이 시작되었습니다. 총성과 동시에 초소 뒤편 산채로부터 적 5~60명이 한꺼번에 나타났습니다. 이들은 미리 구축된 산병호로 뛰어들어 맹렬한 사격을 개시하였습니다. 우리는 제1분대 경기관총과 분대장 이하 여덟 명만 사격이 가능하고, 나머지 제2분대는 전원이 사격 불가능한 지형이었습니다. 그 사이에 점점 적의 숫자는 증가하여 우리의 몇 배나 되었습니다. 참으로 진퇴양난이었습니다.

이렇게 되자 우리도 전멸을 각오하였습니다. '조국을 위해 노호산의 이슬이 되어 죽어서도 결코 죽지 않겠다'는 비장한 결의로 적과 맞섰습니다. 적의 집중 사격을 받은 우리 반은 숨 쉴 틈도 없이 주변의 눈을 헤치고 작은 나뭇가지를 꺾었습니다. 이는 실로 처절한 광경이었습니다. 저는 전투 시작 10분 만에 벌써 적 두 명을 쓰러뜨렸습니다. 다른 한 명에게도 걸을 수 없을 정도 부상을 입혔습니다. 그 직후 다시 여섯 번째 발사를 하려는 찰나 저는 적의 탄환 한 발에 어깨 관통 총상을 입었습니다. 하지만 부상도 대단치 않은 듯 하였습니다. 반원들 사기에도 영향을 줄까 우려하여 대원들에게는 알리지 않고 그 자리에서 계속 응전하였습니다.

이 즈음 제2분대도 약 1시간이 걸려 눈이 세 척이나 쌓인 계곡 사이를 뚫고 오른쪽 고지를 점령하였습니다. 그들은 위험도 마다않고 적에게 40미터 정도까지 접근하여 적들의 뒤에서 맹렬한 사격을 가하였습니다. 마침내 견디지 못한 적이 후퇴하기 시작하니 상황은 점점 우리에게 유리해졌습니다. 이케다 분대는 훈련분대의 엄호 사격을 받으면서 왼쪽 고지의 고개 점령을 위한 전진을 시작하였습니다. 이미 우리 부대를 포위한 적은 세 방향에서 맹렬히 사격하였습니다.

20미터 정도 전진하는데 수 십분이 걸렸습니다. 장소에 따라서는 세 척 이상 눈이 쌓여 있었습니다. 제1분대와 제2분대는 서로 엄호 사격을 계속하면서 용감하게 공격하였습니다. 그 결과 그렇게 완강하게 저항하던 적도 마침내 개전 후 실로 3시간 반 만인 오후 8시가 되자 어둠이 몰려오는 산채 일부에 방화하고 퇴각하기 시작하였습니다. 이 무렵 제1분대장, 이케다 부장, 제2분대장 이사카와 부장, 훈련부장, 그리고 이외 중상자가 더 있는 것 같았습니다. 이들을 수습하기 위해 전투원을 반으로 줄였습니다. 더 이상 적을 추격하는 것은 불리하다 판단하고, 이치세 대장 명령에 따라 부상자를 수습하고 후퇴를 결정하였습니다.

지금 돌이켜 보니 이 전투에서 타케사코 순사부장을 잃은 것은 유감스럽기 그지 없었습니다. 우리 모두는 타케사코군이 처음부터 끝까지 용감하게 분투하여 일본 남자 아니, 국경경찰관으로서 본분을 완수한 사실을 지켜보았습니다. 우리가 사망자 한 명, 부상자 세 명인 것과 비교한다면 적은 사망자 수가 수 십명이며, 부상자만도 수 십명이 나왔습니다. 우리의 몇 배나 되는 적은 유리한 지형을 이용하였습니다. 이렇게 불리하였음에도 우리는 적에게 이러한 손해를 입힐 수 있었습니다. 국경경관으로서 책임을 충분히 완수하였다는 생각에 기쁘기 그지 없었습니다.

그 후 2월 9일경에도 토벌대는 나카가키[中垣] 서장 지휘하에 세 번이나 토벌을 실시하였습니다. 그리하여 산채에 머물던 비적 잔당 15명에게 괴멸적 타격을 주고, 다수의 사상자와 잡동사니 등을 압수하였습니다. 이로써 저들에게 재기할 수 없을 정도로 치명상을 입혔습니다. 지하에서 이를 지켜보는 고 타코사케 순사부장의 영령도 편히 잠들 수 있으리라 생각합니다.

해발 1,418미터의 산꼭대기에 구축된 노호산의 산채에는 100여 평의 연병장이 있었습니다. 산병호와 같은 것도 암석에 구멍을 뚫거나 직경 두 척 이상의 큰 나무를 사용하여 반영구적으로 건조되어 마치 수년 혹은 수 십년 전에 설치된 것 같았습니다. 자성경찰서의 비적 토벌은 평안북도 전사(戰史)에서 화려한 한 페이지를 장식하였을 것입니다. 이번 토벌로 저들은 자성군에서는 재기할 수 없게 되었습니다. 이 덕분에 주변 만주국 국민은 물론 이주 조선인 혹은 조선 주민들도 안심하고 생업에 힘쓰고 있습니다. 우리 모두가 실제로 직책이라는 사명의 결과를 보았습니다. 이에 더욱 분투하여 이후에도 이러한 의미 있는 사명에 매진하고자 합니다. (아카스지)

자성경찰서장(慈城警察署葬) 상황

자성경찰서 코가 테츠지[古賀哲次][60]

1. 고 타케사코 순사부장의 장례식은 2월 7일 오후 자성경찰서 구내
   에서 경찰서장으로 엄숙하게 거행되었다. 평안북도지사 대리 카
   타야마[片山] 만포경찰서장, 평안북도 경찰부장 대리 구와바라
   [桑原] 강계경찰서장이 출석하였다. 자성군내 각 관공서장, 인접
   지역의 각 경찰서장, 자성군경찰서 직원과 그 가족, 그리고 학교
   학생 등 600명이 참석하였다.

   장례식은 불교식으로 진행되었으며, 영구(靈柩)는 경찰서 구내에 마
   련된 제단에 안치되었다. 평안북도 지사, 평안북도 경찰부장, 평안북도
   경찰부 각 과장 일동, 장례위원장, 자성경찰서원 일동, 그 외 유지들이
   보내온 화환과 제물, 그리고 300여 종류에 달하는 형형색색 조기(弔旗)
   가 숲처럼 늘어서서 장례식의 장엄함은 극에 달하였다. 마치 이승과 저
   승을 이어주듯 향 연기는 장례식장 구석구석으로 퍼지고 있었다.

---

60 코가 테츠지:사가[佐賀]현 출신이다. 1932년 평북 정주경찰서 남면(南面)주
   재소, 1937년 자성경찰서 등에서 순사부장으로 근무하였다(『朝鮮警察職員錄
   (1932·1937)』).

제5장 살아 남은 자들

타케사코 순사의 장례식을 알리는 신문기사. 기사제목은 "국경의 꽃으로 산화한 타케사코 부장의 장례식, 7일 관민 600여명 참석하여 집행, 본사에서도 참석 조사"이다(조선신문:1937.2.8)

장례위원장 나카가키 자성경찰서장의 조사(弔辭)에 이어 카타야마 만포경찰서장이 평북지사, 구와바라 강계경찰서장이 평북경찰부장의 조사를 대신 낭독했다. 자성군수, 인접 지역 각 경찰서장, 그 외 군내 각 관공서장, 지방 유지들의 조사 낭독이 끝나고 각 방면으로부터 100여 통에 달하는 조전(弔電)이 공개되었다. 마지막으로 유족 대리 나카가키 서장과 장례식에 모인 일동의 분향이 있고 나서 오후 3시 장례식이 종료되었다. 타케사코 부장의 영령은 조기 300여 개와 동료 100여 명의 엄숙한 호위를 받았다. 타케사코 부장의 관은 장례식 참석자들의 통곡과 함께 자성경찰서를 나섰다.

2. 타케사코 순사부장은 1880년 1월 10일 카고시마현 가와베[川邊]군 치란쵸[知覽町]에서 태어났다. 어릴 때 아버지를 여의고 자

애로운 어머니 손에서 자랐다. 성인이 되어서는 너그럽고 원만한 성품으로 굳세고 침착하였다. 효심도 두터워 항상 주변의 모범이 되었다. 1931년 1월 쿠마모토 기병 제6연대로 입대, 같은 해 12월 1일 상등병으로 승진하고 하사적임증서(下士適任證書), 선행증서(善行證書)를 받았다. 1932년 11월 귀휴 제대하였다가 1933년 6월 뜻을 세우고 조선총독부 순사로 임명받았다. 10월 3일 소정의 교육을 수료하고 자성경찰서로 배속되어 12월에 국경제일선 경비의 요지인 가마소출장소 근무를 명받았다.

평소 그는 근무에 힘썼다. 특히 항상 압록강 건너편 적의 상황 등을 중요한 정보를 신속하게 정리하여 경비계획에 많은 공헌을 하여 왔다. 순직 당시에도 경관 본연의 정신을 발휘하였다. 몇 배나 되는 적의 무리와 충돌하자 용감하고 과감하게 싸웠다. 이는 후진 경관의 귀감이 될 만 하였다. 상사들은 타케사코 군을 우대하여 그에 대한 최고의 칭찬으로 순사부장에 임명하였다. 그에게는 고향의 노모(현재 66세)와 친형 부부, 그리고 조카 셋이 있다. 누이 넷은 모두 출가하였다.

3. 조전

조선총독 미나미지로[南次郎]…타케사코 순사 순직이라는 비보를 접하고 애도의 뜻을 표합니다.

경무국장 미하시[三橋]…비적과 교전한 타케사코 순사가 명예로운 순직을 맞이한 것에 대하여 진실로 애통해 마지않습니다. 이에 삼가 애도의 뜻을 표합니다.

평안북도지사 미자[美座]…순사부장 타케사코 미노루군의 순직을 애도합니다.

경찰부장 나카노…순사부장 타케사코 군은 비적과 교전하여 경찰관의 본분을 완수하고 장렬히 순직한 것에 실로 애통해 마지않습니다. 삼가 애도의 뜻을 표합니다.

4. 조사

오늘 조선총독부 평안북도 순사부장 고 타케사코 미노루 군의 경찰서장을 담당하게 되었습니다. 이에 삼가 군의 영령 앞에 고합니다. 군은 1910년 카고시마현 가와베군에서 태어나 군대 생활을 마쳤습니다. 1933년 조선경찰관 봉직이라는 임무를 받고 국경경비를 위하여 몸을 바쳐 충실히 근무하였습니다. 특히 침착하고 용감하여 토벌에 나서서는 단 한 치의 소홀함도 없었습니다. 이에 경찰서 안팎의 신망을 한 몸에 받는 앞날이 창창한 모범적인 청년 경관이었습니다.

하지만 1937년 2월 3일 이전부터 압록강변을 횡행광폭(橫行狂暴)하며 만족을 모르는 비적 두목 해산의 한 부대가 은밀하게 강변으로 진출하여 우리 원동경찰관출장소 습격을 획책 중이라는 사실을 탐지하였습니다. 즉시 특별경비대장 이치세 경부보에게 토벌대를 편성하라는 명령이 내려왔습니다. 특별히 선발된 타케사코군은 가마소출장소로부터 달려와 제2분대원이 되었습니다. 오후 3시 대원 21명과 함께 출발하여 눈이 무릎까지 빠지는 집안현 제4구 석탄구 계곡을 향하여 2여리를 전진하였습니다. 노호산 꼭대기 근처에 도달한 제2분대가 적의 보초 두 명을 발견하자 선두에 섰던 타케사코군의 동료 두 명이 그 자리에서 적들을 사살하였습니다.

그렇지만 그 지역에는 뜻밖에도 해산 이외에도 비적인 정예인 왕봉각의 부하 약 60명이 있었습니다. 총성을 듣자 당황한 적들은 미리 구축한 산채와 참호에 의지하여 계속 완강하게 저항하였습니다. 유리한 지형과 수적 우세에 의지한 적들이 양쪽으로 전개하여 포위 대형을 취했던 탓에 우리 부대는 상당히 고전하였습니다. 우뢰와 같이 쏟아지는 양측의 총성은 끊임없이 이어진 해발 5,000척의 노호산 봉우리에 울려 퍼졌습니다.

이처럼 위험한 지역에서도 우리 부대는 아무 일도 아니라는 듯 침착하였습니다. 사기도 하늘을 찔러 정확한 사격으로 총알 한 발당 비적 한 명을 사살하였습니다. 이 와중에도 아카스지 순사는 수적 열세에도 불구하고 자신의 부상 사실을 알리지 않고 다수의 적들에게 저항하였습니다. 하지만 지형이 불리한 분지 바닥에서 그대로 계속 고투하다가는 전멸하는 수 밖에 없었습니다. 이에 이치세 대장은 활로를 찾기 위해서는 적의 오른쪽 산꼭대기 구석을 점령하는 이외에는 방법이 없다고 결단하고, 선두에 서서 직접 제2분대에 전진 명령을 내렸습니다.

타케사코군도 동료들와 함께 계속 전진하였습니다. 이 때 적은 세 방향에서 제2분대를 향하여 집중 사격하였습니다. 타케사코군은 목과 복부 동시에 흉탄을 맞았습니다. 아무리 용감한 용사라지만, 허공에 주먹을 쥐고 쓰러져 수 십척 절벽 아래로 추락하였습니다. 방법이 없었습니다. 이를 목격한 대장은 하나야마[鼻山], 니시무라 두 순사에게 간호를 명령하였습니다. 두 사람이 달려갔습니다만, 타케사코군은 이미 치명상을 입었습니다. 그 와중에도 타케사코군은 국경경찰관의 생명이라 할 수 있는 총기를 소중히 여기는 일념으로 자신의 총기를 찾았습니다. 하지만 곧 눈 속에서 절명하였습니다.

해가 서산으로 뉘엿뉘엿 넘어가던 오후 5시 10분이었습니다. 타케사코군의 장렬한 전사를 알고 분기탱천한 대원들은 적을 섬멸하기 위해 전원 순직의 결의로 맹렬하게 전진하려 하였습니다. 훈련부장이 부상을 입은데다 이케다 부장마저 중상을 입었습니다. 그렇지만 우리 부대는 조금도 굴하지 않고 천신만고 끝에 목적지를 탈취하고 맹렬한 사격을 퍼부었습니다. 우리가 쏟아내는 정의의 탄환에 견디지 못한 적들은 철옹성을 자랑하던 산채에 스스로 불을 놓고 야음을 틈타 총퇴각하기 시작하였습니다. 우리 부대는 실로 3시간 반 동안이나 눈이 무릎까지 빠지면서 악전고투한 끝에 어렵사리 노호산 계곡 깊숙한 곳에 위치한 적의 사상자 수용 장소를 찾아내었습니다. 우리는 머리를 숙여 전사자를 조문하여 사기를 진작하고 부상자를 위로하면서 오후 9시 출발지로 물러났습니다.

타케사코군은 아직 앞날이 창창한 28세를 일기로 국경경비를 위해 산화하였습니다. 정말 가슴 아프기 그지없습니다. 하지만 사람으로 태어나 국경경비라는 중임을 담당하여 당당하게 대적(大敵)을 압도하고, 만주 산야에 충성스러운 붉은 피를 흘렸습니다. 이야말로 일본 남아의 본분이 아니고 무엇이겠습니까. 군의 순직 소식을 듣자마자 상사들은 우선 최고의 은상(恩賞)으로 그의 죽음을 기렸습니다. 지역 유지들도 그의 유훈(遺勳)을 기리어 함께 장례를 치릅니다. 이는 가문의 영예일 뿐 아니라 실로 우리 자성경찰서 최대 자랑일 것입니다. 지금 제단을 쌓고 향을 피워 군의 명복을 빕니다.

고인의 영령은 하늘로부터 오셔서 흠향하시기 바랍니다.

1937년 2월 7일

(조사) 1937년 2월 7일 조선총독부 평안북도 순사부장은 고 타케사코 미노루군의 영령에 삼가 제물을 바칩니다. 군은 현재 본도 경찰이라는 직책을 받들어 국경제일선에 근무하면서 국경경비라는 중책을 맡아 밤낮으로 성실하게 근무하였습니다. 이러한 가운데 민중의 보호를 위해서도 전념하는 한편으로 몸과 마음을 바쳐 흉악한 비적의 소탕과 경계를 위해 최선을 다하였습니다. 군은 타고난 성품이 온후하고 독실하여 진심을 다해 상사들을 섬겼습니다. 영웅의 군센 기상과 왕성한 책

임감으로 매우 힘든 시기에도 쉴새 없이 격무를 담당하였습니다. 그리고 변경을 민중들이 편안하게 살 수 있는 좋은 곳으로 만들었습니다.

그렇지만 이웃 국가[만주국…역자]의 치안은 지금도 안정되지 않아 국경의 앞날은 한 치 앞도 예측하기 어려웠습니다. 그런데 때마침 1937년 2월 3일 숫적으로 우세한 비적이 건너편 집안현 석호구(石湖溝)에 출현하였습니다. 군은 동료들과 함께 국경을 건너 실로 세 시간 반씩이나 비적 섬멸을 위해 용감하고도 과감하게 분전하였습니다. 그리하여 비적에게 막대한 손상을 입히고 그들을 격퇴시켰습니다. 그러나 불행히도 적탄을 맞고 쓰러져 순직하기에 이르렀습니다. 애통하기 짝이 없습니다만, 그의 공적이 미치는 곳마다 변경 주민들은 편안한 생활을 유지하게 되었습니다. 이는 국경경찰의 귀감으로 오랫동안 빛날 것이며, 그 훌륭한 이름도 오래오래 전해질 것입니다.

아아! 누가 죽음을 바라겠습니까. 그렇지만 삶이란 태어나면서부터 정해진 운명이라 합니다. 국난(國難)을 위해 한 몸을 바치고 임무 완수를 위해 쓰러진 것이야말로 남아의 본분이 아니고 그 무엇이겠습니까.

바라건대 영웅은 영원히 머물러 이 땅을 가호(加護)하고 후진을 도우소서. 우리도 군의 유열(遺烈)을 이어 분투노력할 것을 맹세하며, 국경경비라는 중임의 완수할 것을 약속합니다. 이에 경찰관이라는 본분을 다하고, 그 직책을 위하여 목숨을 바친 군의 비장한 심사에 대하여 삼가 경조와 애도의 뜻을 표합니다. 하늘에 계신 영령이시여 바라건대 오셔서 흠향하시옵서서.

1937년 2월 7일
평안북도지사 정5위 훈4등 미자 쓰가[美座流石]

(조사) 조선총독부 평안북도 순사부장 고 타케사코 미노루 군의 영령

에 삼가 바칩니다. 군은 1937년 10월 3일 본도 순사로 임명된 이래 자성경찰서에 근무하는 한편으로 오로지 국경경비라는 중책의 임무를 맡아 밤낮없이 충실하게 근무에 힘썼습니다. 그러던 중 때마침 이번 달 3일 건너편 집안현 석호구(石湖溝) 오지에 수적으로 우세한 비적이 있음을 탐지하였습니다. 이에 타케사코군은 흉악하기 그지없는 적도를 섬멸하기 위하여 21명의 동료들과 함께 용감하게 적지로 가서 실로 세 시간 반에 걸쳐 적과 용감과감하게 분전하였습니다. 그리하여 마침내 수적으로 우세한 적을 훌륭히 제압하고 막대한 손상을 입혀 그들을 격퇴시키기에 이르렀습니다. 하지만 불행히도 흉탄에 맞아 두 번 다시 일어서지 못하고 순직하기에 이르렀습니다. 아! 애통하구나.

군은 타고난 성품이 온후하고 독실하여 직무에 힘쓰며 항상 목숨을 깃털과 같이 가벼이 여겼습니다. 아울러 죽음으로 임무를 완수하고 국경경비라는 중책을 다하기 위하여 위험에 앞장서서 쉴 틈도 없이 전력을 기울였습니다. 타케사코군은 겨우 세 해 남짓 경찰에서 시간을 보냈습니다. 그럼에도 불구하고 그가 국경경비 청사(靑史)에 남긴 공적은 실로 거대합니다. 이는 장래에도 빛날 것입니다.

그는 무엇을 위하여 순직하였습니까. 생각하건대 만주사변 발발 이래 시국의 혼란은 아직 수습되지 않았습니다. 특히 최근에 이르러서는 조선과 만주 국경지역의 치안은 오히려 분규가 더욱 증가하고 있었음을 보여줍니다. 압록강 건너 흉악한 적단의 횡포는 날로 더해져 그 독아(毒牙)가 닿는 곳마다 그 심각함은 최고조에 달합니다. 이에 본도 경찰이라는 직책을 맡은 모든 분들은 시국이 점차 긴박해지고 있음을 자각하고, 선배의 유열(遺烈)에 감분흥기(感奮興起)하여 오로지 죽음으로 이 위험한 시국 극복을 위해 매진하기를 바라마지 않습니다.

비통하기 짝이 없습니다. 군의 순직이라는 비보가 전해지자 동료 모두가 그의 죽음을 애도하며 남겨진 공적을 칭송합니다. 상사들도 최대의 은상을 베풀어 그 공을 현창(顯彰)합니다. 경찰서장이라는 예로 정성을 다해 그 영령에 조문을 표하니 죽어서도 영광스럽기 그지없을 것입니다. 본인은 특히 군의 공적을 존경해 마지않습니다. 더욱이 오늘 장례에 임하게 되니 더욱 감개가 무량합니다. 바라옵건데 영령도 하늘에서 오셔서 이와 같이 흠향하시옵서서.

1937년 2월 7일

평안북도 경찰부장 정6위 나가노 카츠지[中野勝次]

(조사) 삼가 조선총독부 평안북도 순사부장 고 타케사코미노루 군의 영령에 고합니다.

군은 침착 과감하여 어떠한 어려움에도 굴하지 않는 용사였습니다. 1937년 2월 3일 건너편에는 갑자기 눈보라가 몰아쳤습니다. 저는 우리 특별경비대에 출동 명령을 내리고 마음속에서 우러나오는 끝없는 신뢰를 보내었습니다. 대원으로 편입된 21명 전원은 용감하게 집안현 석탄구로 건너갔습니다. 이들은 보무도 당당하게 전투도 치루지 않고 눈앞의 적을 압도하고 내쫓기 위하여 오랫동안 추격하였습니다. 휘몰아치는 백설을 맞아가면서 이들은 해발 5,000척의 노호산으로 돌격하였습니다. 첨병장 아키스지 순사가 전방에 적의 그림자 넷을 발견하자 요란한 총성이 조용하고 깊은 산을 뒤흔들었습니다. 검은 그림자 두 개가 눈 속에 쓰러졌습니다. 그 때가 오후 4시 30분이었습니다.

뒤를 돌아보니 대원들 전원은 웃으면서 이미 전투 준비를 마쳤습니다. 이 때 듣기로는 노호산 서쪽에 비적 두목 왕봉각의 산채가 있다고 하였습니다. 아니나 다를까 사방의 적은 산꼭대기로 전개하여 우리에게 맹렬히 저항하였습니다. 이전부터 많은 수의 적이 나타나기를 기도

하던 우리 대원들은 용맹과감하게 일제히 적을 공격하여 순식간에 여러 명의 적을 쓰러뜨렸습니다. 총성이 천지를 은은하게 울립니다. 몇 겹이나 둘러싸인 천혜의 험난함의 의지한 적과 달리 우리는 몸 절반이 빠질 정도로 눈이 쌓인 분지에 있었습니다. 게다가 적의 수는 시시각각 증가하여 우리의 네 배나 되었습니다. 마침내 우리는 포위되어 진퇴양난이라는 궁지에 빠지려는 순간이었습니다. 이대로 대형을 유지하다가는 헛되이 죽음을 기다리는 수 밖에 없었습니다.

이에 심사숙고하기를 수 십분. 타케사코군이 속한 훈련분대가 고지 한쪽을 공략하기 시작하자 적은 십자포화로 빗발치듯 탄환을 쏟아냈습니다. 이미 살아 돌아갈 기대를 저버린 대원들은 전력을 다해 용감하게 전투를 치루었습니다. 적의 시체를 넘어서는 처참한 진지 공격이 한 시간 남짓 계속된 끝에 마침내 남령(南嶺)을 점령하였다. 이 때 멀리 북쪽을 바라보니 이케다 분대가 고전 중이므로 계속 전진하였습니다. 이미 비장한 결사의 돌격을 감행하여 사방에는 처참한 기운이 가득 찼습니다. 적의 마지막 진지 5미터 앞에서 최후의 결전이 벌어졌습니다. 대원들은 이미 세 시간 반의 격전으로 지쳐 녹초가 되었습니다. 다시 전진을 명령하였습니다.

핏발이 선 눈으로 적을 계속 노려보던 타케사코군이 언덕 위로 전진하기 위하여 몸을 일으키는 순간이었습니다. 바로 그 때 적의 흉탄에 맞은 군은 순식간에 계곡 사이로 굴러 떨어졌습니다. 즉시 달려가 치료를 하고자 하였습니다. 부상을 입은 훈련분대장도 "당했다"는 한 마디와 함께 눈 속으로 푹 쓰러졌습니다. 이 때는 저는 적진을 향한 돌격 일보 직전으로 전원에 대한 지휘를 어찌할 것인가 망설였습니다. 부근에 있던 동료 니시무라, 하나야마 두 순사에게 타케사코군의 치료를 부탁하고 전진하였습니다. "타케사코군 죽으면 안된다. 이사카와군 살아있어 달라. 제2분대 전진이다."

아무리 타케사코군을 불러도 대답 대신 적탄만 쏟아졌습니다. "타케사코군을 안전지대로 운반해 달라", 제2분대장은 제1분대장에게 "왼쪽의 적을 조심하라"고 소리칠 뿐이었습니다. 해가 점차 산에 그림자를 드리우자 추위는 더욱 몸속으로 파고듭니다. "타케사코군은 어찌 되었는가. 치료를 하던 두 사람도 혹시 흉탄에 쓰러진 것은 아닌가." 정의가 우리편이니 적탄을 두려워할 필요가 전혀 없다고 생각했습니다. 거듭되는 네 차례에 걸친 격전 끝에 적의 퇴각 나팔 소리가 울리니 적의 기세는 점차 수그러지는 것 같았습니다. 이 때 단숨에 적의 본거지를 들이치려고 하였습니다만, 아직 수 십명의 적 결사대가 후미에서 저항하였습니다.

점차 사방이 어두워져 추격하여도 효과는 없었습니다. 분루(憤淚)을 삼키고 전원 집합 명령을 내렸습니다. 모여든 대원들의 모습을 보니 동료들끼리 등과 어깨로 부축하면서 쓰러질 듯이 서 있었습니다. "모두 있는가. 부상자는 없는가?", "타케사코군이 아직 오지 않았습니다." 불현듯 불길한 예감이 몰려와 수색을 위해 현장으로 향했습니다.

"아! 이미 모든 것이 끝났구나", 아무리 부르고 소리를 질러보아도 타케사코군은 창백한 얼굴에 어금니를 꽉 깨문 채 대답이 없습니다. "아! 슬프구나. 너와 나 모두 죽어서 함께 호국의 빛이 되자"고 맹세하고서도 친구인 군을 잃어버렸습니다. 이는 우리 모두의 불찰입니다. 무엇으로 이를 보상하겠습니까. 다만 군이여 허락해 달라. 마음속으로 돌아오는 날에는 다시 일어서서 군의 남겨진 공적을 계승하겠다고 부르짖을 뿐이었습니다. 아, 세상을 떠나 다시는 돌아오지 않는 타케사코군. 모두 군의 몸을 부여잡고 속으로 눈물을 삼킵니다. 눈물에 목메인 대원들은 정렬하여 멀리 동쪽 하늘을 향하여 인사를 올립니다. 군의 유해에 대한 받들어 총은 대원들이 일치된 맹세입니다.

아! 타케사코군. 이제 하늘로 돌아갔으니 고향의 노모는 어찌할 것인가. 만감이 교차하는 듯 가슴이 벅차올라 아무 말도 할 수 없습니다. 다만 뜨거운 눈물로 군의 명복을 빌 뿐입니다. 바라건대 하늘에 계신 영령은 오랫동안 이 땅에 호국의 신으로 머물러 주소서. 이에 성심을 받들어 조사를 합니다.

1937년 2월 7일

고 타케사코군과의 며칠 밤

자성경찰서 부소출장소 츠카모토 우시노스케[塚本丑之助]⁶¹

타케사코 미노루. 대개 군을 알 만한 사람이라면 명랑쾌활하면서도 성실하고, 모두와 친근했던 그를 떠올릴 것입니다. 사실 그는 명랑하면서도 강한 책임감을 지닌 우수한 청년 경관 중의 하나였습니다. 타케사코 군을 알고 있던 사람이라면 모두 입을 모아 그가 진심으로 같이 몸을 부대끼면서 일하기에 좋은 동료였다고 말합니다.

사후 그의 신변 정리를 하여보니 군이 담당한 사무, 조사 사항, 보고 등 무엇 하나 정돈되지 않은 것이 없었습니다. 마치 이러한 날이 있을 줄 알고 있었다는 듯 정리가 반듯하였습니다. 그렇지만 이를 지켜보는 우리는 그가 공사를 불문하고 이처럼 주변을 정돈한 모습에 눈물짓지 않을 수 없었습니다. 군을 아는 상사들이 그의 명예로운 전사에 대하여

---

61 츠카모토 우시노스케:후쿠시마현 출신이다. 1925년 평북 중강진경찰서 남상(南上)경찰관출장소, 1930년부터 1932년까지 마시(馬嘶)경찰관출장소, 1937년 자성경찰서 가마소출장소 등에서 순사로 근무하였다. 1943년 철산경찰서 순사부장 등으로 근무하였다(『朝鮮警察職員錄(1925·1930·1932·1937·1943)』).

타케사코 등의 경관들에게 '공로장' 수여를 알리는 신문기사 (경성일보:1937.3.27). 경찰들을 "국경경비의 꽃"으로 표현하였다.

최고의 은전을 내렸던 것도 다름 아닌 이러한 이유 때문이었습니다. 군도 저승에서 상사들의 돈독한 뜻에 감격하여 목이 메일 것입니다.

작년 어느 날의 일입니다. 때마침 저와 군은 야간 경계 근무의 후반 당번이었습니다. 군은 잠자리에 들자마자 뉴스라도 들으려는 듯이 이리저리 라디오 다이얼을 돌려 전파를 맞추었습니다. 아마도 저녁의 전국 시낭송 방송 프로그램이었던 것 같습니다. 선발자들의 시 낭송은 낭랑하고 장절비절(壯絶悲絶)하면서도 더할 나위 없이 유쾌하여 황홀하기만 하였습니다. 쿠스노기 마사시게[楠木正成, 흔히 '大楠公'으로 불림] 부자의 충성, 타카야마 히코쿠로[高山彦九郎] 비분에는 눈물을 삼킬 수밖에 없었습니다. 이는 국경경찰관의 심금을 울리어 저도 모르게 감격에 젖어 들었습니다. 이해하기 쉬운 막말유신사(幕末維新史) 인물들의 활약에 대한 설명에는 시간 가는 줄 몰랐습니다.

하지만 사츠마[薩州] 출신인 군과 토호쿠[東北] 출신인 저는 이러한 사실들이 전혀 마음에 와 닿지 않으므로 가만히 듣고만 있었습니다. 저도 지지 않고 아이즈[會津]번 번주 마츠타이라 카타모리[松平容保]의 역사적 사실을 이야기했습니다. 마츠다이라의 쿄토슈고[京都守護] 취임을 전후한 정세, 아울러 일개 무사가 아니라 존왕의 뜻도 깊었던 사실, 제가 알고 있던 마츠다이라는 천황·조정과 막부 사이를 중재하였습니다. 이러한 이유 때문에 천황의 그에 대한 신뢰가 특별하였으며, 수많은 영예를 하사받았다고 이야기하였습니다. 저는 다만 당시 '이기면 관군, 패하면 적군'이라는 말과 같이 그가 불가피하게 관군에게 대적한 사실만은 너무나도 안타깝고 원망스러운 사건이라고 끝을 맺었습니다.

제가 말하는 동안 묵묵히 듣고 있던 군은 "저도 마츠타이라 카타마리가 유신사에 오점을 남겼다고 생각하고 있었습니다. 하지만 처음으로 번(藩), 천황 일족[公], 그리고 신하들과 한 덩어리가 되어 공무합체(公武合體)를 위하여 신명을 다하여 충성한 이야기를 알았습니다. 아울러 난슈(南洲)[62]의 심사와 견주어 생각하니 정말로 감개무량하였습니다. 우선 당시와 같은 상황이었다면 적과 아군으로 나뉘어 전투를 벌였을지 모릅니다. 그렇지만 지금은 옛날의 적과 함께 같은 밥을 먹다가 국경 겨울의 진에서 산화할 날이 올 수도 있습니다"라고 하였습니다.

아! 신이 아닌 이상 누가 이러한 말이 현실이 될 것이라고 상상이나 하였겠습니까. 여기까지 생각이 미칠 정도로 생각이 깊었던 군이 그립습니다. 하지만 그는 지금 노호산 위에 그 이름을 남기고 전사해버렸습니다. 세상사는 한 순간의 일로 덧없기 그지없습니다. 그렇지만 지금 신이 된 그의 몸은 유신사에서 활약하던 충신열사에 뒤처지지 않습니다. 부디 훌륭한 호국의 신이 되어 우리 후진을 인도하여 주기 바랍니다.

---

62 사츠마[薩摩]번 출신 사이고 타카모리[西鄕隆盛]의 호.

제5장 살아 남은 자들

1933년경 평안북도 강계군 만포진(서울대학교 중앙도서관 고문헌 디지털 콘텐츠)

갑자기 우리에게 고 타케사코 순사부장의 유골을 유족에게 인계하기 위하여 서둘러 출발하라는 명령이 떨어졌습니다. 갑작스러운 명령이었습니다만, 저는 이것이 당연하다고 생각하여 서둘러 경찰서를 출발하였습니다. 경찰서에서 김군, 고군과 함께 평양으로 가서 다시 평양경찰부에서 출장할 예정이었습니다. 여러 가지 논의 끝에 빈틈없이 임무를 완수하라는 지시를 받았습니다. 조용히 "다녀오겠습니다" 대답하고 출발하였습니다. 이 때가 기원절인 10일 오전 9시 40분이었습니다.

유골을 운구하기 위하여 안치소로 갔을 때의 일화입니다. 저도 모르게 마음속으로 "당신이 4년 동안 희노애락의 시간을 보낸 자성과 영원히 헤어져 군의 부모님이 기다리고 있는 고향으로 보내드리기 위하여 이제 자성경찰서를 출발하였습니다. 하지만 군의 영혼은 오랫동안 이 땅에 머물러 후진과 지역 주민을 위한 영원한 수호신이 되어주십시오.

송구하나마 평범한 사람이니 양해 부탁합니다"고 기도하였습니다. 이리하여 서장님과 경찰서원들의 환송을 받으며 출발하였습니다.

이른 아침 영하 30도의 추위에도 불구하고 연도에는 일찍부터 고인이 남긴 공적을 추모하기 위하여 군내의 관민, 공사(公私) 단체, 그리고 경찰서원들의 가족을 비롯한 국민학교(현재 초등학교…역자) 직원과 학생들, 그리고 그들의 부형까지 모여들어 마지막까지 환송하였습니다. 아마 타케사코 군도 만족하였을 것입니다.

도중 만포서원들의 환송을 받고 오후 3시경 강계경찰서에 도착하였습니다. 강계서장님과 서원들을 비롯한 강계수비대장, 군청 직원, 재향군인회원, 그 외 다수 지역 관민들의 영접을 받았습니다. 이들은 몸소 진심을 담아 독경과 분향을 드렸습니다. 저녁에는 전천(前川)에 도착, 전천서장님을 비롯하여 직원들과 그 가족들, 그리고 지방 유지들의 영접을 받았습니다. 모든 분들의 마음에서 우러나오는 분향을 받고 타케사코군도 매우 만족하였을 것입니다.

더욱이 서장 이하 쿠보[久保] 경부보, 그리고 그 외의 분들이 자성경찰서 출신 서원들과 함께 늦은 시간까지 빈소를 지켜주셨습니다. 이분들은 특별 경계 중이었다고 생각하니 더욱 송구하였습니다. 다음날 12일에는 전천경찰서원들의 환송 가운데 오후 1시 열차로 출발 남쪽을 향한 여정에 올랐습니다. 물론 연도에서도 분향을 받았습니다.

강계로 가는 도중에는 카노 경무과장께서는 일부러 열차까지 마중을 나오셔서 분향하셨습니다. 희천역(熙川驛) 구내에는 독경장(讀經場)이 설치되었습니다. 희천경찰서장님, 경찰서원 가족들을 비롯한 지역 유지 다수의 영접을 받았습니다. 여러 명의 부인들도 있었는데 아마 희천의 불교부인회였던 것으로 생각됩니다. 영변경찰서원들의 분향 예배를 마지막으로 이제 겨우 평북이 끝났다는 생각이 들었습니다. 아마 타

강계 읍내(亜細亜大観 07 026 "天然の要衝(江界邑)" – 亜細亜大観/07 –Wikimedia Commons)

케사코군도 이해해 주리라고 생각하였습니다. 하늘도 슬픈 이별의 눈물로 점점 흐려져 눈이라도 올 듯합니다.

아침 9시경 마침내 평양역에 도착하였습니다. 역에는 먼저 도착한 평안북도 경찰부 고등과장 타니구치[谷口] 경부보가 마중을 나오셨습니다. 유골을 들고 조용히 도착하여 미리 준비된 후지야[富士屋]여관에 유골을 안치하였습니다. 그날 밤에는 역전파출소 경관들, 헌병대 분들이 바쁜 시간에 틈을 내어 분향하셨습니다. 여관 주인인 타카츠키[高月]씨에게도 영령을 위한 독경을 정중히 부탁드렸습니다. 그러나 종파가 다르다며 한사코 사양하셨습니다.

처음 얼굴을 마주 보는 분들이었습니다만, 성의 있는 호의(好意) 속에 하룻밤을 보내었습니다. 동석하신 고등과 이동반(移動班)의 아라키[荒木] 부장 이외 두 분께서 오늘 밤은 자신들이 빈소를 지킬 것이니 잠시라도 쉬라고 말씀하셨습니다. 타니쿠치 경부보는 이러한 말씀에 사양의 말씀을 드리면서도 몸 둘 바를 몰라 임무가 끝날 때까지는 한 치도 소홀함이 있을 수 없는 여정이라고 감사의 말씀을 드렸습니다. 다음 날 이른 아침부터 우리는 타니쿠치 경부보와 함께 유골을 따랐습니다.

오전 10시 경성에 도착했습니다. 역 구내에는 독경장이 설치되고 총 감(總監) 각하를 비롯한 경성 거주 다수의 관공리(官公吏) 유지들, 경무국장, 경찰관강습소 직원 학생들이 기다려주셨습니다. 부재중인 경무국장 각하 대신 국장 각하의 영부인이 헌화하셨습니다. 이전 평북에 거주하던 후루카와(古川) 도서국장을 비롯한 분들이 영부인과 함께 방문하셨습니다. 그러지 않아도 넓은 경성역 구내는 성대한 장례식으로 입추의 여지가 없었습니다. 지금이야말로 타케사코군이여 편안히 잠들라!

저는 군을 보내기 위하여 들르던 도처에서 보여주신 성의 있는 광경을 볼 때마다 '이 얼마나 성대한 장례식인가. 이는 군의 장렬한 순직에 대한 최고의 환송사일 것이다. 내가 돌아가는 날에 이러한 광경을 전한다면 군의 동료들은 얼마나 감격할 것인가'라는 생각이 들었습니다. 시시각각 몰려드는 열의에 찬 참배객들의 환송 속에 다시 승차하여 유골을 기다리고 있을 대구를 향해 남행하였습니다. 용산역에서는 용산경찰서장 이하 서원들의 환송을 받았습니다. 저녁 무렵이 다 되어서야 대구역에 도착했습니다. 경상북도 경찰부에서는 부장 대리로 경무과장님, 부원들, 대구경찰서원들, 그리고 고인의 형인 타케사코 츠네요시[竹迫常吉] 씨와 형제 친척, 역원들의 영접을 받았습니다.

타케사코군이여. 지금에서야 군이 학수고대하던 형제자매와 상봉한 것이다. 지금 울고 싶다면 울어라. 나도 함께 울겠다. 동행한 타니쿠치 경부보도 한 손으로 고인의 사진을 쥐고 다른 한 손으로 눈을 감싸 쥐었습니다. 이리하여 형의 집이 있는 대구역 관사에 유골을 안치하였습니다. 군은 이전부터 편안한 마음으로 쉬던 곳으로 돌아오게 되었습니다. 우리는 다시 흐느껴 우는 이외에 한 마디 할 수 없었습니다.

이윽고 유가족들은 우리에게 먼 길의 노고를 치하함과 동시에 병중이므로 현지에 갈 수 없어 막대한 폐를 끼쳤다면서 경찰서장 거행에 대한 감사를 표하였습니다. 그리고 "마지막으로 전사할 때 차마 보기 민망한 행동은 없었습니까"라는 등의 말씀이 있었습니다. 저는 이에 대하여 지도 혹은 가져간 사진을 보여드리면서 당시의 상황을 설명해 드렸습니다(다음은 타케사코의 전사 당시 상황에 대한 설명이다…역자)

영하 30도의 산간에 차단물도 전혀 없는 적 앞에서 사납기 그지없는 왕봉각비를 상대로 한 전투였습니다. 몇 시간의 격전 끝에 이치세 대장은 국면 전환을 도모하고자 제2분대장 이사카와에게 적진 일부에 대한 점령을 명령하였습니다. 제2분대 소속으로 용감하게 전진하고자 일어서던 바로 그 찰나였습니다. 다시 전투가 시작되려는데 타케사코군은 무운(武運)도 없이 두 발의 흉탄을 맞고서 분함의 목소리와 함께 계곡 사이로 추락하였습니다. 대장은 신속하게 치료를 하려고 하였습니다. 하지만 적의 공격은 여전히 멈추지 않고, 눈은 허리까지 빠졌습니다. 잠시 후 대원 한 명을 파견하였음에도 아직 충분하지 않아 보였습니다. 다시 한 명을 보내어 잠시 군을 수습하여 물러날 수 있었습니다.

치명상에도 불구하고 타케사코군은 '자신을 보살피고 있다가는 전원이 전멸하는 수밖에 없을 것이니 신속하게 공격선으로 가서 적을 격멸하여 달라'며 치료를 거부하였습니다. 열렬한 공격에도 불구하고 오로지 '총기를 떨어뜨리고 왔으니 그것을 찾아달라'면서 여전히 정신을 잃지 않았습니다. 잠시 후 두 명이 '총기가 있다'고 알려주자 미소를 띄우며 감사의 뜻을 전하였습니다. 그리고 나서야 비로소 주머니 속 구급약을 먹게 해 달라고 부탁하였습니다. '물이 있었으면 좋겠다'고 하였습

타케사코 등 전사한 경관 9명의 야스쿠니신사 합사를 알리는 신문기사(경성일보:1939.4.11)

니다. 적이 코 앞인데다 극한(極寒)의 영하에서는 그 물조차 구할 방법이 없었습니다. 우리는 눈물을 삼키면서 "하산한 후에 주겠다"고 대답하니 "무리한 부탁이었습니다"고 대답하였습니다. 이 무렵부터 저녁까지 군의 곁에서 붙어 다녔습니다. 그렇게 격렬하게 저항하던 비적도 점차 패퇴의 기색을 보이고 퇴각 나팔과 함께 후퇴하기 시작하였습니다.

군은 이러한 상황을 알고 긴장을 늦추었습니다. "어느 부위가 제일 고통스러운가"라고 물었더니 "아무래도 허리 근처에 열이 나고 살을 에이는 듯 하다"고 호소하므로 허리 부분을 응급 처치하였습니다. "무엇인가 부탁할 말은 없는가, 하고 싶은 말은 없는가"라고 부르짖었습니다. "총기도 있다"면서 "다른 남긴 말은 없고, 다만 점점 몸이 추워지는 것 같다"는 대답뿐이었습니다. 그리고 전우 일동을 격려를 받으면서 서둘러 안전지대로 피난하기 위하여 산을 내려오던 도중 끝내 "분하다"는 말 한마디와 함께 영면하였습니다. 그 때가 오후 5시 10분경이었던 것으로 기억합니다.

타케사코군의 의형(義兄)께서는 "너무나도 감사하며 감동을 받았다는 말 이외에 말씀드릴 것이 없습니다"고 하였습니다. 그리고 다시 "전투원을 나누어서 즉시 치료하였다니 너무나도 송구스럽습니다"라고 하였습니다. 아울러 "혹시 비겁한 동작은 없었습니까"라고 물어보시고, "아마 평소 본인의 희망도 남자로서 이렇게 가는 아니었을까라고 믿고 있었습니다. 저와 가족 일동도 기쁘기 그지 없습니다"라며 "귀임하신 이후에는 서장님을 비롯한 경찰서 일동에게도 아무쪼록 전언을 부탁한다"고 인사 말씀을 하셨습니다. 남은 것은 눈물뿐이었습니다.

이튿날 아침 부산 부두에서는 잔교(棧橋) 구내에 독경장을 설치하였습니다. 여기에는 경상남도 지사 각하를 비롯한 경찰부원과 그외 유지들, 수 십명의 승려들이 참석하였습니다. 유족분들도 이처럼 성대한 예식에 놀랄 정도였습니다. 시간이 지남에 따라 유골은 연락선에 안치되었습니다. 저는 "타케사코군, 나는 여기서 이것으로 이만 헤어지겠네. 바닷길을 편안히 지나 고향에 돌아가길 바라네"라며 연락선이 수평선 위 하나의 점으로 사라질 때까지 환송하였습니다.

3월 10일에는 황송하게도 천황과 황후 두 폐하께서는 특별히 제자료(祭粢料)[63]를 하사하였습니다. 이는 초망(草莽)의 신하로 더할 나위 없는 영광을 입은 것이었습니다. 사람은 누구나 죽는 법입니다. 하지만 타케사코군은 일본 남아가 정말로 죽어야 할 곳을 찾았다고 할 수 있을 것입니다.

---

63 원래는 신 앞에 바치는 공물을 의미하나, 명치유신 이후에는 일본 천황가에서 사자(死者)의 집에 보낸 금전을 의미하게 되었다.

제6장
하늘과 땅의 전투

정찰기 상공에서 바로본 신의주 시가의 모습
(『國境警備』)

2월 18일 고력묘자(高力墓子) 528고지 사건

초산경찰서 연담주재소 미우라 카츠미[三浦勝己][64]

만주국이 왕도낙토 건설을 표방하고 건국된 지 5년, 우리의 맹방(盟邦) 만주국은 그 이상의 실현 향해 보무도 당당하게 전진하고 있다. 그렇지만 만주국의 발전을 달가워하지 않는 소위 반만항일 불령배의 횡행은 여전하며, 그 창궐은 극에 달하고 있다. 이 때문에 국경 천지(天地)에는 어둠이 깃들어 있다. 더욱이 작년 중의 사례를 비추어보건대 창성경찰서 관하 대길리사건 이하 각지에서 빈번하게 발생한 사건은 수 많은 동료들의 생명을 앗아갔다. 아! 너무나도 원통하다. 제일선 경비라는 무거운 책임을 두 어깨에 짊어진 자라면 그 누구라도 이러한 사건들에 분노할 수 밖에 없을 것이다.

이처럼 불행한 사태 속에서도 우리는 수많은 자극을 받고 두번 다시

---

[64] 미우라 카츠미:쿠마모토현 출신이다. 1937년 평북 초산경찰서 연담(蓮潭)주재소 순사, 1941년 평북 경찰부 보안과 경부보, 1942년부터 1943년까지 경남 김해 경찰서 순사 · 경부보 등으로 근무하였다(『朝鮮警察職員錄(1937)』;『조선총독부 직원록(1941)』;『慶尙南道職員錄(1942 · 1943)』).

얻기 어려운 교훈도 얻었다. 그렇다 하더라도 처음부터 수습이 불가능할 정도로 슬픈 사태는 도저히 보상할 방법도 없다. 이처럼 국경제일선 경비대는 스스로를 강화하고 긴장에 긴장을 거듭함으로써 노력을 기울이는 동안 봄이 지나고 여름도 가고 가을로 접어들었다. 그리고 다시 흰 눈으로 덮인 삭막한 겨울이 되었다. 소위 '겨울의 진'이 전개된 것이었다.

유유히 흐르는 한 줄기 압록강은 도저히 함락할 수 없는 철옹성에 비견할만 하다. 겨울이 되자 압록강은 단단히 얼어붙은 얼음으로 봉쇄되었다. 공격은 쉬운 반면 수비는 어려운 가장 긴박한 사태에 직면하였다. 그렇지만 우리에게는 난공불락의 방어시설이 있다. 아울러 여기 오로지 죽음으로 국가에 보답하겠다는 신념도 있다. 이와 같은데 어찌 저 쥐새끼 같은 도적 무리들에게 쉽사리 틈을 엿보게 할 수 있겠는가.

틈만 나면 적이 기회를 엿보는 시기가 되었다. 결빙기에 접어들자마자 우리 초산특별경비대 제2분대는 지난해 섣달 20일 집안현 제3구 냉수천자에서 선만합류비(鮮滿合流匪)가 조선 방면 습격이라는 불령 행동을 기획 중이라는 소식을 들었다. 이에 틈을 주지 않고 교묘하게 그들의 기선을 제압하여 뜻하지 않은 승리를 거두었다. 제2분대의 성공으로 우리는 안타깝게 수수방관하면서 실력을 제대로 발휘할 기회도 없었다. 그런데 드디어 때가 왔다.

2월 27일 주간 근무를 마치고 오랜만에 휴식이 주어졌다. 잠시라도 푹 쉴 생각에 어두운 램프 아래 조용히 책을 읽고 있던 밤 8시, 갑자기 출동 명령이 내려졌다. 즉시 가벼운 복장으로 신단(神壇) 앞에 묵념을 올리고 원정 길에 나섰다. 때는 밤 9시, 모여든 용사는 대략 51명. 생사가 걸린 명령이었다. 아아 죽기 살기로 싸워야 하는 시기가 왔다.

이보다 앞서 연담주재소로 출장을 간 호리 경부보는 특별경비대 제

2분대장 타카 부장 이하 네 명과 함께 압록강을 건너 집안현 혼강구의 적 상황을 내사하던 중에 오후 5시경 거동이 수상한 만주인 하나를 검문하였다. 그의 자백으로 반만항일비 왕봉각의 부하 이연장(李連長) 이하 약 40명이 고력묘자 528고지 동쪽으로부터 약 4킬로미터 떨어진 계곡 사이 폐가에 잠복하여 조선 방면으로 습격을 협의 중이라는 사실을 확인하였다. 당시 저들은 아마도 일만(日滿) 토벌대의 예봉(銳鋒)을 피하고 있으며, 최근에는 식량마저 궁핍한 상황에 몰려 있다는 것이었다. 저들의 이러한 동정을 살피건대 더 이상 사태를 미룰 수는 없었기에 토벌이라는 장거(長擧)를 도모하게 되었다. 싸움을 유리하게 전개하기 위해서는 적의 헛점을 찌르는 것도 필요하다.

이리하여 우리 토벌대는 카와카미, 호리 두 경부보를 대장으로 삼은 두 개의 부대로 조직되었다. 때마침 혼강구로 들어가는 길은 흐릿한 달에 의지하여 조용하였다. 소리도 없는 것이 마치 마귀 소굴에라도 들어가는 듯 하였다. 혼강구로부터 얼음 위를 지난 약 1리 지점이었다. 집안현 대홍호자(大紅胡子)로부터 계곡 사이를 따라 대고마령을 향하였다. 밤중의 산길은 험난하였고, 특히 대고마령 봉우리는 더욱 험준하였다. 대고마령 봉우리를 넘어서 몇 시간이나 지났을 것이다. 영하 20도가 넘는 듯한 추위에도 불구하고 온통 땀투성이에 목이 말라 길옆의 눈을 쥐고 입에 넣었다. 숨을 헐떡거리며 한 발자국씩 오르면서 보는 하늘은 지옥이었다. 반면 내리막길을 내려갈 때는 포장길에 비견할 만큼 가뿐하였다.

일사천리로 눈 위를 달려 내려갈 때에는 수많은 적도 문제없는 듯 하였다. 다시 대고마령을 넘어서 산중턱 길을 더듬어서 내려가던 중이었다. 선발대보다 앞서가던 개가 마구 짖어댔다. 전원은 동시에 흩어져 그 자리에서 엎드려 자세를 취했다. 눈을 치켜뜨고 쳐다보면 보일 정도로 그다지 머지않은 계곡 옆의 산중턱 민가에서 적의 그림자를 발견하였다. 높은 톤으로 이야기하는 목소리가 들려온다…"(적이…역자) 있을까". 이렇게 생각하니 피가 거꾸로 흐른다. 작년 가을부터 취가법이 철저하게 시행되면서 주변 민가는 이미 폐허로 변하여 아무 것도 없을 텐데 도대체 누가 있는 것일까. 즉시 조사를 시작하였다. 타다 남은 집을 수리해서 들어간 것일까. 어찌 되었든 그것이 양민의 주거라는 것이 사실로 확인되었다.

이리하여 중간에 어떨 때는 눕거나 어떨 때는 멈추거나, 혹은 휴식을 취하기도 하면서 예의 주목하던 목적지인 고력묘자 528고지에 동쪽의 계곡 근처에 이르렀다. 그리고 앞서 언급한 이연장 이하 약 40명을 일거에 도륙하기 위하여 각각 배치를 완료한 것은 2월 28일 새벽 3시였다.

게다가 적은 집단을 이루고 있다. 호리 부대는 적과 정면 대치하였다. 카와카미 부대는 적의 오른쪽 계곡을 우회하여 적을 섬멸할 전법을 사용하려 하였다. 하지만 적은 우리의 진격을 재빨리 알아차리고 우리를 보자마자 도주 대형을 갖춘 것처럼 보였다. 적도 높은 곳에 감시자를 배치하고 우리 부대의 접근에 미리 대비하고 있는 듯 하였다. 전투 분위기는 일찍부터 무르익었다. 우리가 먼저 전투를 개시하자 적도 즉시 응사하였다. 이에 우리도 약 20분 동안 계속 사격하였다.

우리는 카와카미 부대가 있던 계곡에 포진하였다. 주변에는 이용할 만한 지형지물이 전혀 없었다. 매우 불리하여 눈 속에 엎드리자 몸은 한 척 남짓 되는 눈 속에 파묻혔다. 전투할 때 동작을 취하기에는 매우 불편하였다. 적의 탄환은 재수 없는 쇳소리를 내면서 머리 위를 스쳐 지나간다. 자세를 가다듬을 틈조차 주지 않는다. 재수 없는 한 때가 지나자 적은 뼈아픈 피해를 입고 퇴각하였다. 그들의 진지가 있던 전면 고지로 진격하였다. 벌써 주변은 아무런 일도 없었다는 듯이 적막하였다. 다만 고개에 쌓인 눈 위에는 그들의 패주 상황을 말하는 듯 어지러운 핏자국과 발자국들이 있었다.

그렇게 완강히 저항하였던 마침내 적도 사체 세 구를 그대로 두고 도주하였다. 가만히 하늘을 바라보니 달은 어느 틈엔가 서산 끝자락에 걸려 있었다. 시간은 벌써 새벽 4시. 이로써 전투는 일단락을 고했다. 이윽고 피로가 몰려왔다. 그래도 무사히 돌아갈 수 있다고 생각하니 너무 기뻤다.

2월 28일 대고마령 사건

초산경비대 제2분대 최일환(崔日煥)

2월 28일 대천구(大川溝) 방면에 잠복한 적이 귀순자 납치를 위해 연담소재지(蓮潭所在地) 습격을 계획 중이라는 정보를 접하였다. 즉시 야마다[山田] 서장에게 보고하였다. 우리 경비대 제2분대에 토벌 명령이 떨어졌다. 동일 오전 10시 연담읍 소재지를 출발하였다. 다수의 환송반이 외치는 만세 소리와 "꼭 부탁한다"는 한 마디가 가슴 깊이 울려온다. 이번이야말로 반드시 적의 우두머리를 잡고, 작년 3월 25일 옹암주재소 건너편에서 적탄에 쓰러진 김영길군[65]의 영전에 바칠 선만치안유지(鮮滿治安維持)라는 중요한 임무 결행을 위한 토벌의 선발대로 나섰다. 하늘은 구름 한 점 없이 맑아 멀리까지 보인다. 행군하기에 좋은 날씨였다. 하지만 무릎까지 쌓인 눈은 전진을 방해한다.

이미 실시된 취가법(聚家法)의 결과 곳곳에는 타다 남은 가옥만 남아

---

65 김영길은 1937년 4월 야스쿠니신사에 배향되었다(『매일신보』 1937년 4월 2일, 「殉職警察官-三氏合祀 靖國神社에」).

있다. 세 사람이 우리를 맞이한다. 이들은 아직 타다 남은 가옥을 지키면서 망연자실해 있다가 우리를 보자 크게 놀라 뒷산으로 도주하였다. 때마침 가재(家財)를 운반하던 만주인들과 마주치자 그들은 "수고하십니다"라며 인사를 건넨다. 산악을 우회하여 오후 5시에 목적지인 대천구에 간신히 도착하였다. 부근 일대를 수색하였지만, 아무런 소득 없이 돌아오던 도중이었다.

그런데 다시 계통 불명의 마적 약 50명이 집안현 제3구 대고마령 남구에 있는 빈 집 두 채에 잠복하여 있다는 것이었다. 확실한 정보였다. 즉시 이 사실을 호리 경부보에게 보고하였다. 발의 동상에도 불국하고 이 소식을 듣고 용기백배한 호리 경부보는 원래 목적지인 노고랍자(老古拉子)로 가지않고토벌을 결정하고 전진하는 중이었다.

배고픔을 견디다 못한 대원들은 물을 마시고 손에 눈을 쥐면서 혁대를 고쳐 멘다. 다시 행군을 계속한다. 그렇지만 우리 눈앞에는 흐린 하늘로 보아 필시 눈이 올 듯한 높은 산들이 가로놓여 있었다. 이것이 가장 큰 문제였다. 결사의 각오로 나무그루터기를 쥐고 바위에 발을 멈추었다. 간신히 남구 영안부(嶺鞍部)에 도착하였다. 은밀하게 적 상황을 살펴보니 앞서 말한 정보와 같이 아래쪽 약 500미터 되는 지점에 중국식 빈 집 두 채에 적이 잠복 중인 것으로 확인되었다. 지금 적은 바로 눈앞에 있다.

눈보라가 날리고 삭풍(朔風)은 바늘로 뺨을 찌르는 것 같다. 이러한 가운데 야음을 틈타 적을 포위 공격하기 위하여 해가 지기를 기다렸다. 그런데 같은 방향의 고지에 적의 감시자로 보이는 두 명이 나타났다. 이들이 우리를 먼저 발견한다면 계획은 물거품이 되고 되려 역습을 받을 수 있었다. 하는 수 없이 즉시 행동을 개시하였다. 이 지역은 햇볕이 잘 들지 않는데다 지금까지 지나온 어느 곳보다 험준한 지형이다. 눈은 가슴까지 빠지고 여기저기 흩어진 돌까지 있어 내려가기 쉽지 않은 장소였다.

하지만 좌우로 흩어진 타가 부장과 호리 경부보의 대원 16명 단숨에 산을 내려가 적의 약 50미터 앞까지 접근하였다. 경기관총 사수 야마다가 집 밖의 적을 발견하고 발포하면서 전투가 시작되었다. 두 부대는 서로 긴밀한 연락을 취하면서 맹렬하게 사격하였다. 당황한 적들도 여기저기 흩어져 돌담에 의지하여 완강히 저항하기 시작하였다.

이 때 나는 첩자 김창화(金昌和)와 함께 "손을 들고 항복하면 살려주겠다"고 계속 외쳤다. 완강한 적도 심리적으로 타격을 받은 듯 총성이 잦아들었다. 적이 후방으로 퇴각할 기색을 보이자 호리 경부보는 "돌격"이라고 목소리를 높였다. 이와 동시에 함성을 올리면서 돌격하여 적의 본거지를 점령하였다. 이미 싸울 의지를 잃은 적은 삼삼오오 흩어져 있었다. 고력묘자 방면으로 도주한 발자국이다. 이처럼 좋은 기회를 놓치다니 유감스럽기 그지없었다. 즉시 부근 일대를 수색하였더니 가옥에 버려진 사체 두 구와 총기 다섯 정을 발견하였다. 유감스럽지만 어두운 밤이었으므로 호리 경부보의 지휘에 따라 물러나기로 하였다. 29일 오전 1시 30분경 연담으로 돌아왔다.

3월 3일 피조구(皮條溝) 사건

위원신천출장소 후지자와 분지로[藤澤文次郎][66]

카노 쇼우지[河野初次]

오병욱(吳炳旭)[67]

현재의 강안선(江岸線)에는 위원경찰서 본서를 중심으로 상류에 출장소 세 곳, 하류에 네 곳이 있다. 그 사이에는 감시소 몇 군데가 설치되어 경찰관과 의용경방대(義勇警防隊), 그리고 자경단이 경비에 만전을

---

66 후지자와 분지로:1943년 숭정(崇正)주재소 등에서 순사로 근무하였다(『朝鮮警察職員錄(1943)』). 1936년 12월 위원경찰서 신천출장소 순사로 재직 중 조선혁명군 토벌 과정에서 용감하게 돌격하여 11명을 사살한 공적을 인정받아 1937년 1월 19일 야부키 마사토시·오병욱·김찬희 등과 함께 '경찰관공로기장'을 받았다(『매일신보』 1937년 1월 20일, 「警察官의 龜鑑表彰 十一名에 功勞章-인명구조와 비적토벌 공로로 十九日 南總督이 授與」).

67 오병욱:충북 출신이다. 1932년 신의주경찰서, 1937년 위원경찰서 송진(松榛)출장소 순사 등으로 근무하였다. 1936년 12월 위원경찰서 신천출장소 순사로 재직 중 조선혁명군 토벌 과정에서 용감하게 돌격하여 11명을 사살한 공적을 인정받아 1937년 1월 19일 야부키 마사토시·후지자와 분지로·김찬희 등과 함께 '경찰관공로기장'을 받았다(『朝鮮警察職員錄(1937)』;『매일신보』 1937년 1월 20일, ☒警察官의 龜鑑表彰 十一名에 功勞章-인명구조와 비적토벌 공로로 十九日 南總督이 授與」).

유수림자 건너편 만포경찰서 마사(馬斯)출장소 전경(『國境警備』, 78쪽)

기하고 있다. 압록강 건너편과 하류의 남파(南坡)·이산(梨山)·신천(新川)·연풍(蓮豊) 등은 지형 및 통신기관 등에 문제가 있었다. 따라서 이곳에서는 신천주재소의 주도 아래 일치 협력하여 정보통일을 위한 적 상황 내사와 정보 수집에 노력한다.

신천주재소 건너편은 집안현 제2구 유수림자촌(楡樹林子村)과 집안현 제3구의 일부이다. 여기로부터 약 2리 반의 거리가 압록강 바로 건너편 유수림자촌 임강구이다. 그 북쪽 부유가(富有街)는 촌락의 행정기관, 경찰서 그리고 그 외 행정과 통신기관의 중심지이다. 부유가와 임강구에는 보갑단사무소와 신천소, 그리고 압록강 상공에 경비 전화가 가설되어 밤낮으로 우리와 밀접한 연락을 주고받고 있다. 다음은 압록강 건너편 적 상황 내사에 대한 기록이다.

현재 신천주재소원은 요시다(吉田) 수석 이하 스무 명(특별경비대 열명을 포함)이다. 이 가운데 적 상황에 대한 내사를 전담한 이는 순사 오와 김이다. 오지에 파견되어 활동 중인 밀정을 원조하기 위하여 매일 여섯 명 이상의 내사반이 강을 건너 임강구로 간다. 특히 결빙기에는 이틀에 한 번씩 경기관총과 수류탄을 휴대한 열명 안팎의 인원이 강

창성경찰서 관내 압록강변 검문(『國境警備』, 125쪽)

변 2리 내지 3리 이내 지역에서 불시에 무력 시위를 한다. 이러한 행위는 건너편 주민들에게는 조선 경찰관을 절대적으로 신뢰하게 하는 한편 비적의 내습, 그 외 정보통신 연락 충족, 그리고 두 지역 관내 주민과 출장소 사이에 그 이상의 관계 유지를 목적으로 한다. 이로써 밀정들이 보다 안전하고 자유롭게 활동할 수 있는 안전지대를 구성하였다.

상황에 따라 수석은 서장의 명령에 따라 담당 조선인 직원 두 명 가운데 한 명은 선비, 한 명은 만비, 아니면 강변 지역과 오지 등 일정한 지역을 정하여 담당하게 하한다. 그리고 그 수지구역(受持區域) 안의 정보 수집, 주민의 동향 및 밀정의 사용 감독을 담당하게 한다. 그리고 구역 등을 일정하게 구분하지 않고, 특히 비적 습격 정보를 입수하면 협력하여 적의 상황 내사에 정밀을 기한다. 그리하여 적의 기선을 제압함으로써 토벌의 호기를 놓치지 않기 위하여 노력한다.

지금 생각해 보면 만주사변 당시 조선 군경이 압록강 건너편으로 적극적인 진출을 감행하였다. 그 덕분에 적도들도 잠행적(潛行的) 행동을 취하였으므로 밀정도 비교적 오지까지 가서 내사를 하고 있었다. 그렇지만 1934년 이래 저들은 조선 방면에서 우리의 대처가 소극적인 틈을 타서 점차 활발하게 행동하게 되었다. 이 때문에 지역의 거의 모든 지주들은 안동(安東) 방면과 조선으로 피난하였다. 이리하여 군자금, 의무금 등의 징수가 곤란해진 적도들은 조선인 지주들에게 협박문 송부하였다. 우리도 건너편 각 구장들과 더욱 긴밀한 연락을 취하는 한편 일반 주민들에게는 다액의 금품을 제공하였다. 행정기관과도 협조하여 주민들의 생활 보전을 위해 더욱 박차를 가하였다.

한편 적들을 강변으로 유인하기 위하여 통비자(通匪者)들에 대한 공작을 전개하였다. 그 결과 작년 10월 13일 바로 건너편 하류 춘풍곡(春風谷) 입구 강변 도로까지 만비를 유인하여 적의 퇴로를 끊을 수 있었다. 그렇지만 연락이 미비하였던 집안현 제3구 냉수천자 방면의 통비자와는 교전하여 한 명의 적에게 부상을 입히는데 그쳤다. 그 후 초조함을 견디다 못한 우리는 더욱 밀정을 독려하던 중이었다. 12월 27일에는 상노약(上老若) 감시소(신천으로부터 약 20정 상류) 건너편 제2구 유수림자 동강(東崗)까지 적을 보기 좋게 유인하였다. 그렇지만 떠내려온 얼음 때문에 아까운 기회를 놓치고 말았다.

당시에는 집가법 실시로 집안현 오지의 인가는 모두 소각되어 주민들은 집단부락으로 피난하는 수 밖에 없었다. 우리는 이를 기회삼아 제3구 황차, 석청구(石靑溝)에 거주하는 통비자의 가족 몇 명을 출장소에 수용하였다. 그리고 적을 유인하기 위하여 통비자의 가족들을 제3구 이차구(裡岔溝), 피조구, 삼의전자(三義甸子) 방면으로 보내었다. 그 결과 마침내 수석 이하 주재소원들의 필사적인 노력이 결실을 맺었다. 이것이 12월 9일 '황차사건'이라는 성공이었다. 천우신조(天佑神助)임에 다름 아니었다.

황차사건 당시 비적 잔당은 본대와의 연락이 끊겼음에도 불구하고 복수전 준비를 위하여 집요하게 그들의 동지를 모으면서 암약하였다. 12

월 28일 초산경찰서 특별경비대원들은 그들을 기습하였다. 이어 30일에도 다시 신천주재소원들이 그들을 습격하였다. 그 결과 마침내 조선혁명군 제2대대 강승덕(姜承德) 부대의 잔당들은 전멸하기에 이르렀다.

3월 2일 제3구 횡로(橫路)에서 암약 중이던 밀정은 조선혁명군 제2대 부사 강익순(姜益順) 일파가 갑자기 횡로에서 석청구를 경유하여 남하, 제3구 피조구(신천주재소로부터 약 8리)로 이동, 조선으로 침입을 획책 중이라고 보고하였다. 이에 다음날 3일 새벽 5시 본서의 카노 경부보 이하 10명이 우리를 돕기 위하여 왔다. 신천주재소 요시다 부장 이하 12명은 이들과 합류하여 토벌대가 편성되었다. 토벌대는 서둘러서 목적지를 향해 가서 그날 오전 11시 피조구까지 1리 지점인 횡초에 도착하였다.

카노 경부보반 11명은 동남쪽으로부터, 요시다반은 서북쪽으로부터 적을 포위 공격하기로 결정하였다. 부대는 둘로 나뉘어 잠행하였다. 하지만 적은 이미 환인현 방면으로 도주한 후였다. 대신 현장 근처에 잠복하던 선비 최화선(崔化善)을 체포하였다. 실패로 끝날 뻔했던 이번 사건은 포로 한 명의 진술로 이번 연합대토벌의 단서를 얻게 되어 토벌의 앞길에 서광이 비치게 되었다. (후지자와)

최화선은 일행도 없고 총기도 소지하지 않았다. 우리는 약간 실망스러운 감이 없었던 것도 아니었으나, 취조 결과는 놀라운 것이었다. 이는 우리가 어떠한 희생을 치루더라도 알아내려 하던 정보였다. 게다가 도저히 알 수 없었던 선비 혁명군 사령(司令) 문(김)활석(文活石), 김두칠(金斗七)[68],

---

[68] 김두칠(1893.8.7.~1946.5.26.): 경북 청도 출신으로 이명은 김운정(金雲亭)·김문필(金文必)·김도칠(金道七)·김현제(金賢濟)·김창수(金昌洙)·김철제(金哲濟) 등이다. 1920년 9월 중국에서 신흥무관학교 학생 모집과 관련 체포되어 기소중지를 받았다. 1924년 의성단원(義成團員), 1925년 대한통의부(大韓統義府) 환서총관소(桓西總管所) 총관(總管), 1926년 정의부(正義府) 환인총관(桓仁總管), 1933년 국

위원경찰서 남파(南波)출장소의 응수(鷹首)감시소(『國境警備』, 155쪽)

홍근산(洪槿山)[69], 이일봉(李一鳳), 이병삼(李炳三), 김용억(金用億) 이하 김윤걸(金允杰), 김상호(金尙鎬), 정봉화(鄭鳳化) 이하의 근거지는 물론 그들의 인원, 장비, 활동 상황, 경계 방법, 식량 조달 방법에 이르기까지 그 밖의 모든 전모를 파악하기에 이르렀다. 이러한 사실을 파악하기까지는 고충이 이만저만이 아니었다. 그러나 이러한 사실을 알게 되었을 때 마침내 지금까지 노고가 한 순간에 사려지는 듯 하였다.

부기(附記)

당시 강 건너편의 도로는 불완전하기 짝이 없었다. 당시 따뜻한 날씨

민부 중앙집행위원, 1934년 국민부 공안부 위원장, 1936년 조선혁명군 총사령부 사법처장 등을 역임하였다. 1937년 김구와 함께 활동하기 위해 南京으로 이동하였다고도 한다. 그러나 1938년 7월 자수하였다(『조선일보』 1938년 7월 2일, 「金斗七自首! 新義州憲兵隊서 取調」).

69 홍근산: 조선혁명군 박대호(朴大浩)의 부하이다. 1931년 7월경 관전현 동부 산악지대에서 활동하였다고 한다(丹東市民族宗教事務委員會民族志編纂委員會 編, 『丹東朝鮮族志』, 遼寧民族出版社, 2000, 40쪽).

제6장 하늘과 땅의 전투

때문에 눈이 녹는 중이었다. 따라서 지반이 단단하지 않아 걸을 때에도 진흙에 빠져 곤란하기 짝이 없었다. 더욱이 석청구 대소횡로자구(大小橫路溝子)는 취가법 실시로 주택이 전부 파괴되어 그 처량한 잔해가 여기저기 흩어져 굴러다닌다. 그렇지만 치안 여부에 따라서는 중대한 결과가 발생할 수도 있다는 느낌이 강하게 들었다. 더욱이 취가법이 실시되지 않은 지역이라도 잠시 생활을 이어가고 있는 것에 불과하다고 한다. 현재 주민들은 외차구로 땔감을 운반하여 이를 판매한 돈으로 겨우 식량과 그 밖의 물건을 구입하고 있는 상황이다. (카노)

다시 토벌 상황을 말하자면 다음과 같다. 임강구 앞의 촌락을 통과할 때에도 집안의 개들이 알아채지 못하게 하려고 발자국 움직임을 가볍게 하였다. 횡로령이 가까워지자 뜻밖에도 계통 불명의 만비 약 오십 명이 내습할 것이라는 정보다. 출동부대는 즉시 그 자리에서 흩어져 교전 준비를 하는 한편, 다시 밀정을 파견하였다. 적군으로만 알았던 그들은 뜻밖에도 만주군 토벌대로 확인되는 등 에피소드의 연속이었다. 목적지와 4~5리 되는 도중에는 인가도 없었다. 피조구에 도착하여 적이 잠복한 지점을 바라보았다. 주변의 산과 쌓인 눈 때문에 선발대 11명으로는 포위 대형을 취하기 곤란하였다. 지휘에 따라 각 요소(要所)마다 네 명 내지 두 명으로 구성된 분대 네 개를 배치하였다.

우리가 앞장서서 북쪽으로 향하였다. 눈이 세 척이나 쌓여 한 발 내딛으면 빠져서 전후좌우로 움직임이 자유롭지 못하다. 고생도 이만저만이 아니다. 잠복 가옥 약 80미터 지점에 도달하였다. 적도가 잠복한 흔적도 없다. 수색하였더니 약 두 시간 전에 신개령 방면으로 달아나 지금은 식료품조달위원 제3중대 소속 최선화만이 잔류할 뿐이다. 카노 대장은 즉시 추격에 나서려 하였다. 하지만 연락 방법도 없고, 추격하더라도 아군에게 식료품을 조달할 방법도 없기에 외차구로 물러났다. 벌써 밤 8시였다.

새벽 3시부터 18시간 동안 12리를 강행군이다. 외차구 음식점에 도착하자마자 모두 식사할 생각도 하지 못하고 모두 바닥에 퍼져 멍하니 천정만 바라보고 있었다. 카노 대장은 '기운 나는 약'(즉 고량주)을 마시고 즉시 출발 준비를 명령하였다. 한동안 한 발자국도 움직일 수 없는 듯한 상태다. 마지막으로 "2박 3일 동안 먹지도 못하고…진창뿐이다"라는 비적 토벌 노래는 지금은 입에서 나오지도 않는다.

3월 14일 남강연(南江沿) 사건

초산경비대 제2분대 이타노 토모노리[板野友則][70]

1937년 3월 13일 건너편을 내사하던 주재소원 네 명이 혼강구에서 조선인 복장의 남성을 하나 연행하였다. 대원들은 예상보다 일찍 돌아온 우리를 미심쩍어 하였다. 이 사건과 관련된 젊은이의 모자를 빼앗고 얼굴 가리개와 두루마기를 벗기고 보니 남장한 여자 대원 [원문 확인 불가…역자]이 아닌가?

묘령의 만주인 복장 여인이었다. 건너편의 적들이 부대를 물리는 동안 사람들의 이목을 피하기 위하여 변장한 것이었다. 즉시 만주어가 능통한 황순사가 신문을 담당하였다. 대원들에게는 휴식을 명령했다. 이 여성은 만비 장(張)단장의 부하 모의 처였다. 그녀의 말에 따르면 장단장 이하 30여명이 고력묘자에 잠복하여 무엇인가 획책 중이라 한다. 지형이나 다른 상황으로 보아 그들을 습격한다면 반드시 성공할 것이었

---

70 이타노 토모오리:오카야마[岡山]현 출신이다. 1937년 평북 초산경찰서 순사부장으로 근무하였다(『朝鮮警察職員錄(1937)』).

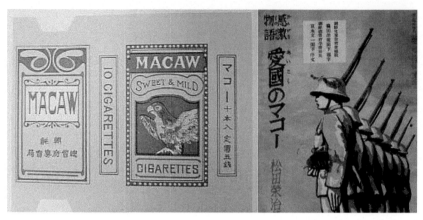

마코 담배 표지

다. 대원 전원에게 충분히 휴식을 취하여 두라고 하였다.

대원들은 즉시 "준비"라고 하면서 머릿속으로 앞으로의 상황을 미리 예상하고 임시 수면에 들어갔다. 식사를 위해 오후 6시 기상하였다. 본 서원과 서장님이 보인다. 이들의 방문 사실을 전혀 몰랐다. 격려를 받으면서 식사를 마쳤다. 썰매를 준비하는 동안 눈이 내렸다. 혈제(血祭)[71]를 장식하듯 눈보라가 몰아친다. 경비대 제2분대 타카 부장 이하 14명과 본서에 출장 중인호리 경부보 이하 일곱 명, 도합 21명이다. 지금 이들은 야마다 서장의 지휘 아래 정렬했다.

눈발이 점점 강해지고 바람까지 불어오던 밤 9시 30분. 때마침 내리던 눈 속을 헤치면서 출발하였다. 밤낮없이 수 십회를 왕복했던 혼강도 썰매가 다니던 길도 눈 속으로 사라졌다. 양쪽의 산등성이들도 눈 속에 숨었다. 감각에 의지하여 겨우 전진한다. 몸에 쌓인 눈이 녹아 옷 속으로 스며들어 피부를 자극한다. 심장이 얼어버릴 것 같다. 어김없이 손목시계의 시간은 지나간다. 목적지는 아직 한참이나 남았다.

---

71 군대가 출동에 즈음하여 스파이·적 등을 죽여서 사기를 북돋우는 일. 변하여 우선 첫 상대를 처리하여 기세를 올린다는 의미이다.

썰매 위에서 꼼짝않고 눈사람처럼 얼어붙어 앉아 가는데 가도가도 계속 산이다. 5리 거리를 달려 14일 새벽 2시 마침내 고력묘자에 도착했다. 고력묘자에 도착하니 눈이 그쳤다. 폐가 한 채 앞에 썰매를 멈추고 대오를 전진시킨다. 어떤 때는 쌓인 눈이 무릎까지 빠진다. 곳곳에 얼어붙은 개울의 표면이 녹아 길을 막는다. 이렇게 해서 과연 계속 갈 수 있을까라는 생각이 들었다. 목적지에 겨우 도착하였다.

이 지점부터 우리 이시이[石井] 분대는 다른 비적의 내습을 피하고, 적의 퇴를 차단하기 위하여 우회하라는 명령을 받고 우선 출발하였다. 한밤중인데 산은 계속 이어진다. 시계는 벌써 새벽 4시를 가리킨다. 시기를 놓치면 않되기 때문에 경사를 오른다. 계속 미끄러진다. 초조해하면 할수록 더 초조해질 뿐이다. 경사로 위에는 부드러운 눈이 5~6촌 덮혀 있어 총을 메고 급경사를 오르는 일도 쉽지 않다. 점차 허기가 몰려온다. 대략 일곱 번 정도의 시도 끝에 모두 비탈길을 올라왔을 때에는 배에 힘도 들어가지 않는다. 한 걸음 한 걸음 내딛지만, 발이 떨어지지 않는다. 허리까지 눈 속에 파묻힌 채 눈으로 목을 축여가면서 모리나가[森永] 스크류런치을 먹는다.

소년용 식료로 조금 기운을 내어 다시 올라간다. 사람들이 다닌 흔적은 전혀 없다. 산은 높고 눈은 깊다. 바위와 바위 사이를 건너고 그 밑을 지나기를 한 시간여 만에 겨우 산정상이 보였다. 이리하여 결전을 눈앞에 두고 산꼭대기의 움푹 파인 곳에 들어갔다. 마지막 담배를 피우기 위해 꺼낸 성냥은 눅눅하다. 담배도 부서져 있다.

남아 있던 마코[マコー][72] 담배 한 개피에 불을 붙인다. '겉옷은 눈에

---

72 1921년 10월 조선총독부는 전매국을 설치하고 염가부터 고급까지 다양한 종류의 담배를 출시하였다. 1921년 12월 발매된 마코는 전매국을 대표하는 히트 상품으로 종전(終戰)까지 대량 생산되었다. 처음 판매 당시가격은 10개피에 5전이었다.

축축해지고 눈투성이가 되어 피우는 이 담배도 지금은 적의 가운데' 다시 스크류런치를 꺼내 먹으면서 걸었다. 어느 틈엔가 산에는 안개가 몰려왔다. 그렇지 않아도 가뜩이나 알 수 없는 산길인데 의심스러운 방향감각을 따라 지레짐작으로 전진하고 있다. 길안내가 있어도 안내자가 정해진 것은 아니다. 올라서면 내리막, 내려가면 다시 오르막이다. 눈이 가슴까지 빠지는 고개가 아니면 폭이 한 척 남짓이나 되는 병풍 같은 바위 위를 따라 도룡뇽처럼 계속 이어진 바위 옆을 바짝 붙어서 통과한다. 밑을 보니 깎아지른 듯한 계곡 바닥이다. 옆 사람에게 입에서 입으로 경고를 하면서 나아간다. 그 뒤로 눈이 무너져 내린다. "어이 떨어지기라도 하면 큰일난다."

나무를 지나칠 때마다 쌓인 눈이 머리 위로 흩어져 떨어진다. 기회를 놓치면 지금까지 고생은 모두 물거품이 된다. 추위도 배고픔도 잊고 서둘러서 험한 길을 가는데 날이 조금씩 밝아온다. 드디어 목적지에 도달하였다. 준비를 마치자마자 곧 총성이 울린다. 모두 일제히 긴장하였다. 얼마 되지 않아 우리가 잠시 대기하던 쪽으로 적이 도망쳐 온다. 우리는 기회는 이때라는 듯 일제 사격을 했다. 놀라서 도망가는 놈도 있고, 우리를 향하여 발포하는 놈도 있다. 본대는 산을 내려간 지점에 비오듯 총탄을 퍼부었다. 지리에 밝은 저들은 노루처럼 재빠르게 한 쪽고개를 넘어 도주했다. 아직 날이 밝지 않은 아침 7시였다.

대원들이 집결하여 적의 사체 검사를 마쳤다. 사체 아홉 구, 체포 11명이었다. 전투가 끝나고 모닥불 주위에 모여서 전서구를 날렸더니 용사들은 폭소를 터뜨린다. 지금까지의 고생도 추위도 배고픔도 이제부터는 모두 감격스럽다. 이 이상 즐거움을 가져다 주는 것도 없다.

"어디까지 계속 진창일까. 2박 3일 동안 먹지도 않고, 배고픔과 몰려오는 졸음 속의 추위였던가, 배고픔과 몰려오는 밤의 추위였던가"

3월 19일~26일 경비(警備) 비행기의 활약

비행사 후지타 타케아키[藤田武明][73]

3월 19일

(3월 1일) 최선의 수비는 공격이다. 작년 10월부터 적극 공작을 진행하여 마침내 토벌의 결단을 내렸다. 경비기(警備機)는 집안현 통구로 출장을 명받았다. 현재 집안현성(輯安縣城)으로 출장 중인 타나카 특무기관장, 만주국과의 연락과 월경경찰대 통제, 지휘를 담당한 오오와다[大和田] 고등과장, 정찰자 가사와라[笠原] 경부, 그리고 후지타[藤田] 비행사의 조종(경비기는 규칙상 승무원이 두 명이다. 하지만 다름 아닌 비상시이므로 비행장의 양해를 얻어 세 명이 탑승하였다) 오후 3시 30분 신의주비행장을 출발, 오후 5시 집안현 동강 임시비행장에 착륙하였다.

날이 밝자 20일 초산 연담의 경비용비행장 제설작업 완료를 기다렸

---

73 후지타 타케아키:에히메현 출신이다. 1933년 경성체신국 비행사, 1937년부터 1941년까지 평북경찰부 경무과 순사 · 경무 · 경부보 등으로 근무하였다(『매일신보』 1933년 11월 16일 「京城木浦間 航空路新設 遞信局에서 飛行郵便取扱 慎飛行士從事決定」; 『朝鮮警察職員錄(1937 · 1943)』).

평북경찰제2호기 샘슨식 2A2형 (『國境警備』, 228쪽)

다. 이 곳을 근거 비행장으로 삼아 월경토벌대와 협력하려 하였다. 하지만 저녁이 되자 "인부 100여 명을 동원해서 강력한 제설작업을 실시 중이다. 하지만 2,3촌이나 쌓인 눈이 얼어붙어 작업이 생각처럼 진척되지 않는다. 이틀, 사흘 안에는 완료될 가망이 없다"는 보고를 접했다. 이에 하는 수 없이 경비기는 안동현 동강 임시비행장에 대기하기로 하였다.

3월 20일

초산 연담비행장으로부터 여러 장비를 운송하였다. 지상 근무원을 소집 비행 준비를 완료하였다. 그리고 정보 수집, 즉 조선방면 부대의 편성, 부대의 통로, 공격을 위한 대기 지점과 일시, 신개령(新開嶺), 쌍수동(雙水洞) 두 곳을 동시에 공격한다거나, 혹은 한 군데씩 공격한다면 어디를 먼저 공격할 것인가, 그리고 만주군 부대의 편성 및 행동 등에 대한 상세한 지시를 요청하였다. 비행기와 토벌부대 본대와의 연락은 운해천(雲海川)주재소에 통신통(通信筒)을 투하하기로 하고, 그 준비를 부탁하였다.

이에 대하여

1. 초산의 호리부대 47명은 첩자 일곱 명과 함께 23일 환인현 제3구 오리전자(五里甸子)에 도착, 만주국 경찰대와 합동하여 즉시 행동을 개시하고, 24일 새벽 토벌을 결행할 예정.
2. 위원의 카노부대 49명은 대양차(大洋岔)에서 만주국 경찰대와 합류, 횡로 아니면 피조대자(皮條戴子)에 이르러 23일 행동을 개시, 24일 새벽 토벌을 결행할 예정.
   2일 행동을 개시하고, 24일 새벽 토벌을 결행할 예정

이라는 통보를 접한다.

3월 21일

오후가 되자 날씨에 변화 조짐이 있다. 여러 차례 돌풍의 불어오는데 격납고에는 시설이 없다. 이대로 방치하면 비행기가 전복할 우려가 있어 묶어둔다.

3월 22일

토벌대 본부로부터 정보에 따르면 "내일 모레 24일 아침 일찍 신개령 990고지를 중심으로 포위 대형을 이루어 비적 토벌을 단행하기로 하였다. 따라서 아침 일찍 비행기가 출동하여 신개령 상공을 비행하면서 위협함과 동시에 통신 연락을 담당하게 한다. 포위대 동남쪽은 신개령자 서동선령(西東旋嶺) 방면, 위원 및 집안현 경찰대 140명, 서북쪽은 초산대와 환인경찰대 치안대를 합한 230명이다"라고 한다.

비적 토벌을 단행할 날이 가까워짐과 동시에 준비에 소홀함이 없도록

1930년대 신의주비행장. 왼쪽 건물이 격납고이다(『國境警備』, 240쪽)

더욱 긴장한다. 하지만 이곳은 수일 전부터 기온이 올라가 얼음이 많이 녹았다는 사실이 문제였다. 오후가 되자 비행장은 진흙탕이 되어 이착륙이 곤란하다고 판단되었다.

3월 23일

다음 날 아침은 전투에 참가하기 위하여 일찍 출발해야만 했다. 이에 동강비행장 근처에 숙박하기로 하고, 일단 비행장으로 간다. 도중인 오후 4시 토벌대 본부는 토벌 상황이 변경되어 서둘러 비행해야 하니 내일 아침 일찍부터 비행 명령이 있을 것이라 한다. 그 내용은 다음과 같다.

⑴ 위원부대는 횡로에 있다.
⑵ 테라자키[寺崎] 부대는 오늘 아침 대양차에서 횡로에 도착한다.
⑶ 초산부대는 오리전자에 있다.
⑷ 환인현 경찰과 치안대는 오늘 아침 사첨자(沙尖子)에서 오리전자로 향하고 있다.

제6장 하늘과 땅의 전투

오늘 각 부대는 비단 연락자[使者]가 밀정과 회견하는 것을 기회로 삼아 밀정의 사자를 체포하였다. 밀정 연락자를 안내로 삼아 포위대와 호응, 일정을 변경 일거에 근거지로 돌격하기로 하였다. 이에 대한 위협과 연락을 위하여 "경비기는 오후 4시 동강을 출발, 중심지를 비행하여 주었으면 한다. 아울러 각 부대에는 통신통을 투하함으로써 포위 진격 상황에 대한 연락을 하였으면 한다. 오오와타 고등과장 및 야마다 서장은 '각 부대는 최선의 노력을 다하여 성공이 있기를 간절히 바란다' 는 내용을 통신하여 달라고 한다. 다시 내일 아침 일찍부터 990고지를 중심으로 비행을 하고, 같은 행동을 취해주었으면 한다. 만일 이쪽에서 비행을 요구하면 즉시 전화한다"는 명령을 받았다.

하지만 지면이 녹아 진흙탕이 된 비행장은 이륙이 곤란하다고 판단하였다. 그리고 비상(飛翔) 시간 관계상 불가피하게 비행을 중지한다. 해당 비행장은 토질 때문에 며칠 동안 이륙이 어려울 수도 있다면서 급히 새로운 요청을 하였다. 이에 내일 아침 연락과 정찰비행을 하고, 내일 모레 25일 오전 중[지면이 얼어 붙은 동안]에 출발하여 신개령으로 왔으면 한다는 통지였다.

비행장 시설이 완전하지 못함을 절실하게 느낀다. 이러한 점은 매우 유감스럽다.

3월 24일

어젯밤에 내린 눈이 6촌이나 쌓였다. 눈이 많이 내려 아직 비행은 불가능하다. 고생만 고생대로 하고 성과는 하나도 없다. 오늘은 토벌 시작부터 비행장이 폐쇄다. 오후 1시가 되어서야 내리던 눈이 멈추었다. 내일 아침 눈을 녹여 비행 준비를 하기 위해 인부 약 40명이 동원되어 비행장 중앙부 두 곳에 생긴 구덩이를 수리하였다. 쌓인 눈을 단단하게 밟아 활주로를 만들었다. 아침 9시가 되자 어느 정도 비행장 정비가 완료되었다.

이날 오후 5시가 되자 토벌대 본부로부터 월경한 토벌부대의 소식을 전혀 알 수 없으니 정찰하여 보고하라는 명령이 왔다. 그렇지만 이러한 상황에서 이륙은 불가하였다. 동강비행장, 만포경찰서 사이에 직통 전화가 없는 탓에 연락이 불편하여 출동 기회를 놓쳤다.

3월 25일

오늘 아침 7시 각지의 날씨 정보를 수집하였는데 모든 하늘이 쾌청하다고 한다. 아침 9시 25분 후지타 비행사가 조종하는 쌍발경비기에 정찰자 가사와라 경부가 탑승하였다. 경비기는 서북쪽에서 불어오는 바람을 안고 동강비행장을 가볍게 이륙하여 한 차례 선회한 후 기수를 돌려 압록강을 따라 내려갔다. 고도 600.

9시 50분 외차구 토벌대 본부 상공을 한 번 돌고 서서히 고도를 높였다. 대양차, 횡로, 화수전자를 거쳐 10시 10분 정각 신개령 990고지 상공에 이르렀다. 어제 통과한 저기압 후면으로 상공은 풍속 20미터, 기온은 영하 18도이다. 서북쪽에서 불어오는 강풍은 990고지와 연결된 1,004고지의 고개 능선으로 흩어진다. 기류가 매우 불순한 탓에 기체가 낙엽처럼 상화좌우로 흔들린다. 정찰이 여의치 않음에도 과감한 정찰자는 상반신을 내밀고 고지를 통과하는 길을 따라 우리 토벌대를 찾으면서 조선비를 수색한다.

지상은 온통 흰색으로 뒤덮여 990고지, 1,004고지 절벽만 지층을 드러낸다. 고개 능선에 쌓인 눈은 강풍에 흩어져 눈보라처럼 춤을 춘다. 어디에 비교할 수 없는 굉장한 장면이다. 약 한 시간이나 계속된 정찰 비행에 몸이 피곤한 탓에 정찰자는 신호조차 할 수 없을 정도였다. 게다가 추위까지 덮치니 어찌할 수 없었다. 990고지 남쪽 7부 능선에 산

간도총영사관 연길분관(延吉分館) 위자구(葦子溝)분서 토벌대가 관내 채령동(採苓洞) 일대의 항일세력 은거지를 점령한 모습(外務省,『在滿支帝國領事館警察(含公館)寫眞帖(警華帖)』(이하『警華帖』)(B14090431200), 1937, 207쪽)(아시아역사자료센터 소장)

채를 확인하고 외차구 토벌대 본대에 상황 보고를 위해 물러났다.

오전 11시 30분 외차구 상공에서 정찰자에게 통신통 투하를 재촉하려고 뒷자리를 돌아보았다. 정찰자가 항공 안경을 벗으니 그의 입에서 흘러나오는 선혈로 처절한 모습이다. (990고지와 1,004고지를 정찰할 때 여러 차례 맹렬한 하강기류를 만나 정찰자 카사와라 경부의 몸이 흔들렸다. 이 때 카사와라 경부는 아랫턱을 비행기 측면에 부딪혀 출혈이 있었다) 통신통을 가지고 일어나서 투하를 부탁하자 이를 받아든 정찰자는 운해천주재소에 통신통을 투하한다.

말도 못하게 어렵고 불쾌한 정찰비행을 끝내고 신의주를 향하여 내려간다. 오후 12시 30분 신의주비행장에 착륙하자 즉시 토비 공작 본부로 가서 상황을 보고하고 대기한다(카사와라 경부도 얼굴의 동상에 응급 처치를 하였다).

창성군의 마을(亞細亞大觀 07 042 "谷間の町 (昌城)" - 亞細亞大/07 - Wikimedia Commons). 멀리 압록강이 보인다.

오후 3시가 되자 호리부대는 토비공작 본부로부터 "오늘 오후 1시에 신개령 북쪽 1,004 고지에서 선비 수십 명과 맞딱뜨렸다. 양측의 거리는 100미터. 우리의 공격에도 적은 퇴각할 기미조차 없어 격전 중이므로 응원을 부탁한다"는 급보를 접수하였다. 경비기는 즉시 출동 명령을 받았다.

시간 관계상 해가 떨어진 이후에나 돌아올 것이므로 비행장사무소에 야간 착륙을 위한 여러 준비를 부탁하였다. 오후 3시 35분 특종투하탄을 적재하고 가사와라 경부 탑승, 후지타 비행사 조종으로 신의주비행장을 이륙하여 출동한다.

오후 4시 50분 현지 신개령 남쪽에 도착하였다. 고도는 1,000미터. 아침부터 불어오던 강풍은 조금 잦아들었다고는 하나, 기류도 좋지 않고 추위도 심하다. 정찰하면서 서서히 상향타를 잡고 북쪽에서 고도

　　　　　　　　　　제6장 하늘과 땅의 전투

1,300미터로 1,004고지의 능선을 넘었다. 이 때 같은 고지의 동쪽 150미터에 있는 이름 없는 고지의 산림 속에 약 20명의 부대가 있다. 복장을 보건대 조선측 토벌대처럼 보이지 않는다. 수상하다. 한편 호리부대가 1,004고지 동북쪽에서 경찰대 호포판(號布板)[74]에 "현재 교전 중"이라는 신호를 표시하였다. 즉시 그 상공에 이르러 정찰을 계속한다.

부대가 1,004고지를 점령하고 있다. 전 대원은 기뻐 날뛰며 총을 들고 손을 흔든다. 어떤 이는 용기백배하여 부대와 떨어져 일장기를 흔드는 모습이다. 계속된 침묵으로 조용하던 총성도 다시 산꼭대기에 울려 퍼진다. 경기관총의 연사, 척탄통 폭음이 기체 날개를 흔든다.

고지로부터 고도 200미터. 다시 앞서 말한 부대를 정찰하였다. 선두 부대 약 다섯 명이 숲을 나와 호리부대로 접근한다. 산림 속에서는 깃발을 흔들면서 비행기를 향한 신호(지난번 토벌 본부에서 만주군 부대와 사전에 약속한 것이다)를 확인하였다. 호리 부대를 응원하는 만주군 부대임을 분명 확인하였다. 기수를 돌려 전장 상공을 비행한다. 한참 격전 중이라 총성이 점점 잦아진다.

서쪽의 고개 능선의 산림 속에는 선비가 흩어져 있는 것처럼 보인다. 저들과의 거리는 근거리인 50내지 100미터이다. 이 특종투하탄을 사용한다면 우리 편도 다칠 우려가 있으므로 투하를 단념하였다. 적 상공을 선회하며 위협 비행을 하면서 전황을 주시하였다.

점점 사기가 오른 우리 부대가 여유롭게 전투하는 모습을 확인하였다. 이에 정찰자 가사와라 경부는 "이대로 전투가 계속된다면 토벌대 본부와 통신을 하였으면 한다. 경비기는 시간 관계상 신의주로 돌아간다"는 내용의 통신통을 투하하고, 다시 몇 차례 위협 비행을 하였다. 오

---

[74] 부대의 이름을 표시한 판자.

후 5시 50분 우리 부대의 공세를 확인하고 기수를 돌렸다. 만주국을 일직선으로 날아 창성(昌城)을 지나 주변이 어둑어둑해지는 저녁 7시에 신의주비행장에 착륙하였다. 즉시 토비공작 본부로 가서 전투 상황을 보고하였다.

다음 날 아침 일찍 경비기는 식료품과 기타 물품을 싣고 출동, 현지를 정찰하고 호리 부대에게 보급품을 투하하라는 명령이 내려왔다. 거짓말 하나 보태지 않고 오늘 오후의 비행은 출발 전부터 어려운 비행이 예상되었다. 오전에 실로 맹렬한 난기류에 시달리던 샘슨[Salmson][75] 기에서는 공중에 있다는 이유만으로 수평 유지에 온 힘을 기울였다. 내가 이 보고서를 쓸 때도 비행기가 너무 흔들려 예정된 비행경로를 가고 있다고 보고할 자신이 없었다.

가사와라 경부도 정찰자가 외차구 토벌대 본대 앞으로 보낸 상황보고서를 보자 "이게 도대체 글씨인지 뭔지 모르겠다"고 중얼거린다. 1년 내내 국경선에 있던 나도 이처럼 무리한 비행을 경험한 적이 없었다. 오늘 오전과 같은 난기류를 만나는 일이 처음이자 마지막이 되기를 간절히 기도했다.

이처럼 어려운 비행을 마치고 돌아오는데 두 사람 모두 얼굴이 새파랗게 질린 모습이다. 머릿속은 아직 "쾅쾅" 울린다. 시간 관계상 야간비행이 당연시되었다. 전황에 따라 어찌 될 것인지 예측조차 할 수 없다. 매우 비장한 결심과 각오로 비행에 나선다. 긴장한 탓에 나도 현지에 도착하여 토벌대를 발견할 때까지 정찰자와 신호 한마디 할 수 없었다. 토벌대의 용기백배한 모습을 보고 나서야 지금까지 고생이 보람이 있었다는 생각에 쾌재를 불렀다.

---

[75] 프랑스 샘슨사가 개발한 단발 복엽복좌 정찰기.

비행기의 두 사람은 말 한마디 없이 눈과 눈으로 이야기를 나누었다. 군이 말로 표현하지 않아도 어떠한 무엇인가가 있다는 느낌이 들었다. 적의 상공 고도 200미터를 비행하는 비행기는 사격에 좋은 목표물이다. 다행히 저들도 하늘을 향하여 총을 겨누는 일은 없었다. 이야말로 다름 아닌 신불(神佛)의 가호 덕분이라고 마음속 깊이 새긴다.

3월 26일

오전 6시 40분 외차구 토벌대 본부로부터 다음과 같은 전보가 있었다.

(1) 어제 격전지를 정찰할 무렵 호리부장의 현지 체류 여부, 대서차(大西岔) 방면으로 이동 사실, 혹은 그 외의 방면으로 이동 여부.
(2) 호리부대가 보고한 대서차와 요전수구(要錢樹溝) 사이 산채가 있다는 사실 파악 및 호리부대의 산채 습격 여부를 조사하여 주기 바람.
(3) 오리전자에는 병영 같은 건축물이 있음. 확실하지는 않지만, 만일 경비기가 간다면 건축물 안에 적들은 밖으로 나올 것으로 보임. 이 부대의 자들은 배낭[背負袋]을 가지고 다니므로 구별할 수 있을 것임
(4) 호리부대와 합류를 위해 출발한 위원부대 43명의 합류 여부 조사(배낭을 소지하지 않음)
(5) 정찰 후 통신통을 운해천주재소에 투하 바람

경비기는 아침 7시 25분 가사와라 경부가 탑승하여 식료품 이외 보급품 7개를 적재하고 출동한다.

아침 8시 35분 어제 격전지 1,004고지에 도착하였다. 능선으로부터 고도 100미터 부근 일대를 정찰한다. 적의 부대를 발견하지 못하였다. 다만 산맥 능선과 토벌대가 지나간 도로에는 분명한 흔적이 보인다. 같은 고지의 서쪽 약 100미터 지점, 선비가 대서차 방면을 향하여 도주한 듯 쌓인 눈 위에 두 줄로 난 발자국을 확인한다.

이를 쫓아 대서차에 이르자 이 주변부터 발자국이 분명하지 않다. 기

수를 돌려 요전수구로 통하는 도로를 따라 동도첨령(東刀尖嶺), 초구(草溝)를 중심으로 선비들의 산채를 수색하다 요전수구에 이르렀다. 대부대가 지나간 흔적은 확인되지 않는다. 서도첨차(西刀尖岔), 신개령을 거쳐 1,004고지 상공으로 돌아왔다. 풍향은 남향, 기온은 영하 12도, 차가운 구름의 양이 점점 증가한다. 산중턱에서 올라오는 찬 공기는 혹독할 정도로 차갑다.

약 한 시간에 걸친 현지 수색 후에 오리전자에 이르자 정찰을 위해 고도 100미터에서 선회 비행하였다. 병영 비스무레한 건물에서 몇 명이 달려 나온다. 이들은 경찰대의 신호용 포판을 깔고 "토벌을 중지하고 물러나라"는 신호를 보낸다. 여기서 호리부대를 발견한 나는 정찰자에게 식료품을 투하하겠다는 신호를 하고 고도를 50미터로 낮춰 첫 번째 투하를 한다.

오리전자처럼 산으로 둘러 쌓인 계곡의 마을에는 투하 작업이 어렵다. 약 20분간 7개의 보급품의 투하를 완료했다. "오늘 경비기의 임무 및 귀 부대를 응원하기 위해 출동한 위원부대와의 연락은 불가하다. 이에 귀 부대가 연락하기를 바란다. 경비기는 즉시 신의주로 귀환한다"는 통신통을 부대에 투하한다(만일을 위해 오늘 아침 외차토벌대 본부로부터의 전보 사항도 동봉하여 투하).

오전 9시 50분 연락을 완료하였다. 비행시간 때문에 외차구토벌대 본부에는 신의주로 귀환 후에 상황을 보고하기로 한다. 통신통을 수령("알았다")하였다는 지상부대(이 때에는 이미 50명 정도 집합함)의 판자신호를 확인하였다. 기수를 돌리기 위해 고도를 서서히 올린다. 오전 10시 27분 창성을 통과, 11시 15분 신의주비행장에 착륙. 바로 토벌공작 본부로 가서 상황을 보고하고 대기한다.

이번 토벌에는 모두 네 차례 출동에 비행시간은 12시간 5분이다. 회

수 이상의 출동 효과를 거두기 위해 다음과 같은 여러 사항을 완비할 필요가 있을 것이다.

(1) 우수한 성능의 비행기 준비

승무원 3명 탑승에 시속 202~30㎞의 성능을 보유한 비행기(19일의 경험을 고려)

(2) 정비된 비행장의 설치(압록강 상류 방향)

토벌 시작부터 불완전한 비행장이 문제였다. 만일 잘 정비된 비행장이 있었더라면 23일과 24일 출동 당시에도 활약이 가능

(3) 정찰 및 공격 도구의 완비

①폭탄 ②기관총 ③비행기 무선전신기 ④공중사진 촬영기

각 항목에 대해 따로 덧붙일 말은 없다. 이번 토벌 출동에서 이러한 항목들 가운데 두 세 가지만 있었더라도 하는 사실은 다시 생각해도 유감스럽다.

(4) 조종사 증원

현재 배치된 한 명에게 사고가 발생하면 출동을 못 할 우려가 있으므로 증원 필요

(5) 승무원 훈련

정찰지는 때에 따라 민첩하고, 정확한 징찰을 힐 필요가 있다. 이러한 점에서 특히 승무원 훈련이 필요하다. 훈련이 곤란할 수도 있으므로 항상 훈련해야 한다.

이번 토벌에서 가사와라 경부는 25일, 26일의 비행에서 약 3주간, 후지타 비행사는 약 2주간의 치료를 요하는 안면 동상(특히 콧등)을 입었다.

마지막으로 이번에 경찰비행기가 처음 전투에 참가(경찰토벌대와 협력)하는 성과가 있었다는 사실을 기록한다. 전투에 참가한 경찰비행기가 적의 사기를 꺾고 토벌을 유리하게 이끌었으며(이 때 호리 부대는 비적 일곱 명을 사살하였다) 정확한 전황도 보고할 수 있었다. 이 덕분에 토벌 본부도 계획을 완벽하게 진행시켜 토벌공작도 성공리에 완료하였다.

3월 21~24일 신개령 포위 공격

위원경찰서 카노 쇼우지[河野初次]

이리하여 기회가 무르익었다. 갈수록 악화되는 선비혁명군 본거지를 일거에 분쇄할 시기가 도래하였다. 드디어 동원 명령이 내려졌다. 이른 봄이라고는 하나, 아직 추위가 뼈 속으로 파고드는 3월 29일 오전 10시 10분, 우리 위원경찰서는 나를 포함한 이하 25명으로 구성된 부대 편성을 마쳤다. 대원들은 보잘것 없는 적을 단숨에 제압하겠다는 기세이다. 사기는 하늘을 찌를 듯 하다. 당장 눈앞에 적이라도 삼켜버릴 듯한 기세다. 3월 25일 아침 8시 30분 연합토벌 지휘를 위하여 연풍에서 출장을 오신 오오와다 고등과장님을 영접하였다. 아침 9시 30분 위풍당당하게 본부 외차구를 목적지로 삼아 출발한다. 정오에 외차구 도착, 명령에 따라 대기한다.

우리 뒤를 이어 3월 21일 다시 25명이 도착하였다. 이로써 25명의 부대는 총원 50명이 되었다. 이를 분대 넷으로 나누었다. 혈기 왕성한 육체에 끓어오르는 용기가 백배나 배가됨을 느낀다. 이렇게 두근거리는 가슴을 억누르고 떨리는 팔을 가다듬고 출동 명령을 학수고대한다.

위원읍(亜細亜大観 07 040 "硯に名を賣らん町 (渭原)" – 亜細亜大観/07 – Wikimedia Commons)

드디어 본부의 물샐틈없는 작전 계획이 수립되었다. 오후 4시 30분 우리 위원부대는 외차구를 뒤로 하고 용감하게 정도(征途)에 오른다. 여하튼 50명의 대부대이다. 강에서 1리 반 떨어진 태양차(太陽岔)를 지나 식량도 요청하지 않고 피조구를 지났다. 숙영할 집도 없다. 어차피 생명을 내던지고 나온 출동이니 실내에서 숙박 따위는 생각하지도 않았다. 그렇지만 식량마저 없어서는 도저히 불가능하다.

하루 정도라면 문제없다. 그렇지만 식량 보급에 며칠이 걸릴지 예상조차 할 수 없다. 가장 먼저 식량 준비가 필요하다. 식량이 무거우면 몸을 자유롭게 움직일 수 없다. 부피가 커서 운반이 곤란하거나 썩는 물건도 식량으로 부적당하다. 주먹밥은 얼 우려가 있다. 논의한 끝에 조금만 먹어도 물을 먹으면 뱃속에서 부는 중국식 만두라면 식량으로 대충 적당할 것이라고 하였다. 이런 중국식 만두조차 최소 사흘 치는 준비해야 한다. 외차(外岔) 여기저기를 돌아다닌 끝에 식량이 준비되었

제6장 하늘과 땅의 전투

간도총영사관 연길분관(延吉分館) 팔도구분서(八道溝分署) 관내에서
발견된 동북항일연군(東北抗日聯軍) 은거지(『警華帖』, 207쪽)

다. 예정대로 외
차구를 출발, 태
양차에 도착하니
6시 30분이었다.

때마침 출동 중
이던 집안현 주
경좌(周警佐), 태
양차분서장 왕순
관(王巡官), 그 외
다수 관민의 마
중을 받았다. 그
날 밤은 태양차
분서에 폐를 끼

치기로 하였다. 저녁밥을 먹은 직후 사방으로 밀정을 파견하여 선만비
(鮮滿匪)의 동정을 내사 중이었다. 그리고 밤 11시 50분 정각에 만비 만
단부(萬團副) 일파 100여 명이 태양차에서 12킬로미터 떨어진 오지 당
자구(蹚子溝)에서 저녁밥을 먹고 있다는 확실한 정보를 입수하였다.

확실한 정보를 입수하였기에 다음날 3월 22일에는 즉시 주경좌, 왕
순관과 논의하였다. 뜰듯이 기뻐한 그들은 "크게 한판 벌여 봅시다"고
한다. 우선 출발에 즈음하여 혈제로 일본 관헌의 의기를 보이기 위해
주경좌 이하 24명을 새벽에 보기로 하였다. 하지만 이를 생략하라는 총
지휘관을 명령을 받고 밤 1시 30분 용감하게 태양차를 출발하였다. 우
리 이시모토[石本] 제3분대와 왕순관 이하 25명은 적의 퇴로를 끊기 위
해 도중 횡초에서 피조구에서 당자구로 통하는 사잇길로 우회하였다.
본대는 당자구 정면에서 지대와 연락을 취하는 한편 포위 대형을 취하

면서 일거에 적들을 공격하기 위하여 진군을 개시하였다. 새벽 5시 40분 잠복 가옥을 완전히 포위하였다.

그런데 이게 무슨 일인가? 집 안은 쥐죽은 듯 조용하다. 즉시 집 안을 수색하였다. 운과 불운은 종이 한 장 차이로 나뉘는 것 같다. 그렇지만 상보(詳報)를 통하여 적은 이미 그날 밤 새벽 2시경 조보산(蚣寶山)을 경유, 대고자구(大高子溝)로 이동했다는 사실이 확인되었다. 우리는 원통하고 유감스러워 발을 굴렀다. 이는 원님 행차 뒤에 나팔 부는 격이다. "제길 즉시 추격하여 모조리 죽여버리겠다"고 격분하였다. 그렇지만 가지고 있는 전화기가 불통으로 본부와 연락 불능이다. 다시 신개령 공격 계획도 있었으므로 하는 수 없이 추격을 단념하고 횡로까지 퇴각하였다.

그 동안의 조사에 따르면 종래 대 · 소고자구(大 · 小高子溝), 조보산, 당자구, 피조구 방면을 전전하던 마적들은 식사와 숙박을 하는 가옥이 일정하지 않으면서도 주간에는 상당한 주의를 기울여 산꼭대기만을 골라 통행하고 있는 것이 아닌가 생각되었다. 적도 주도면밀하게 우리를 적으로 상대하는 셈이었다.

3월 23일 횡로에서 본부와 태양차에 주둔 중인 집안현 테라자키 지휘관과 연락하기 위해 대기한다. 이윽고 아침 7시에 테라자키 지도관 일행이 횡로에 도착하였다. 토벌 계획을 들으니 24일 새벽을 기하여 환인현경찰대가 북쪽으로부터, 초산경찰대는 서쪽 문장차(門庄岔)로, 위원대는 테라자키대와 함께 동남쪽에서 일제히 포위공격하기로 결정되었다고 한다. 이에 테라자키 지도관과 협의 후에 테라자키 부대는 서도 첨령자(西刀尖嶺子)로부터, 우리 부대는 신개령 산채 정면으로부터 공격하기로 결정하였다. 23일 오후 8시 횡로를 출발하여 피조구를 거쳐 도중에 조선비의 동정을 내사하면서 오후 11시 30분 괘패령(掛牌嶺)에 도착하였다.

때마침 그날 밤은 기온이 조금 따뜻하여 노면을 가로지르는 계곡의 개천이 녹아버린 탓에 모든 대원들은 무릎 아래까지 빠져 질퍽하게 젖었다. 말도 진흙에 빠져 움직일 수 없었다. 걷는 것도 뜻대로 되지 않는다. 서두르면 등에 땀이 흐르고 천천히 가면 땀이 식어서 한기가 피부를 파고든다. 21일부터는 수면 부족에다 뒷심도 없는 만두로만 끼니를 때운 탓에 상상 이상으로 어려운 행군을 계속해야만 했다.

3월 24일

이처럼 어려운 행군에도 불구하고 오로지 정신력만으로 단숨에 괴패령을 돌파하고 화수전자를 통과하였다. 새벽 2시 30분 요령이라는 험한 고개를 넘어 초가집 세 채를 지나 신개령자 입구에 이르러 테라자키 부대와 헤어졌다. 우리는 신개령자를 지나 새벽 5시 마침내 목적지 990고지 신개령 아래에 도착하였다. 즉시 부대를 둘로 나누어 제1, 제2분대로 삼아 우익 고개 능선을, 제3, 제4분대는 좌익의 고개 능선에 올라 산채를 향해 포위대형을 취하고 일제히 전진을 개시하였다.

하지만 산이 높을 뿐만 아니라 대부분의 주변 산들도 병풍을 세워놓은 듯 우뚝 솟아 있다. 게다가 눈이 한 척 남짓이나 쌓여 발디딜 틈조차 없었다. 만주의 강한 바람은 눈보라가 되어 시계도 불분명하다. 초조한 마음에 어찌하려 해도 발 딛는 곳마다 미끄러워 걸어 수 없다. 아침 6시 30분 산채에서 약 80미터 떨어진 지점까지 간신히 전진하여 겨우 포위대형을 완료할 수 있었다. 더 전진하고 싶은 마음은 굴뚝 같았지만, 지형 때문에 여기서부터 더 이상 나아갈 수 없었다. 과연 몸과 마음이 모두 긴장되고, 대원들의 사기도 최고조에 달하였다.

산채 입구는 출입문 대신 무명천이 위로 말아 올려져 있다. 소리가 전혀 없어 적막하기만 하다. 우리의 위력이 두려워 산채 깊은 곳에 숨어

숨 죽이고 있는 것이 아닐까. 시험 삼아 큰 소리로 귀순을 권하여 보았다. 여전히 대답은 없다. 제3분대 기관총 사수에게 명령하여 연속 다섯 발을 발사하게 하였다. 역시 반응이 없다. "쳇" 그렇다면 발각되기 전에 벌써 도주한 것인가. 각 분대에 일제히 돌격을 명령하여 산채를 점거하고 수색하였다.

적은 이미 도주하고 껍데기만 남았다. 고생할 각오를 하고 여기까지 오면서 셀 수도 없는 귀중한 희생을 치루었다. 그러나 언제 저들을 전멸시킬 수 있을지 그 때 조차 짐작할 수 없다. 증오스럽기 그지없는 혁명군 일당을 병사 하나까지 남김없이 섬멸하여 이전의 수 많은 희생자들에게 보답하고 우리의 무위(武威)를 떨치겠다던 비장한 각오와 희망, 그리고 그 의지는 지금 안타깝게 물거품이 되고 말았다. 저들의 악운은 얼마나 강한 것이며, 우리가 얼마나 운이 없는 것인가. 모두의 실망낙담은 실로 이루 말할 수 없었다. 만약 그 비분(悲憤)을 보았다면 창자가 끊어지는 듯한 느낌이었을 것이다. 대장인 내가 어떻게 이를 보상하여야만 하는가.

이미 일이 이 지경에 이른 이상 어쩔 수 없다. 쓸데없는 후회는 남아의 본분이 아니다. 산채와 그 주변 산의 모습을 몇 장 촬영하고 나서 해당 산채는 사용할 수 없을 정도로 완전히 파괴소각하였다. 그 동안 점점 맹렬해진 눈보라는 우리 눈 앞에서 꽃처럼 흩어져 부서진다.

다시 후방 고지에 올라 적의 그림자를 찾아보았다. 하지만 모두 도주하여 모습을 감추었는지 도주 방향조차 전혀 알 수 없다. 우선 하산하기로 결정하였다. 앞쪽에 테라자키 분대가, 뒤쪽에 카네코[金子] 분대가, 그 뒷쪽에는 초산대가 있다. 적은 이미 독 안에 든 쥐나 마찬가지다. 적은 이 부대들 가운데 어느 하나의 토벌대와 충돌하여 격멸되었을지 모른다. 우선 본부에 연락하여 상황을 보고하고 이후의 지휘를 요청하는 한편 다른 토벌대와 연락할 필요가 있다. 그러한 후에 공작의 두 번째 단계를 위하여 신개령 산록에서 테라자키부대와 합류하고, 정오에 출발하여 마침내 귀도(歸途)에 올랐다.

(산채의 위치 및 기타)

산채는 990고지 신개령의 위쪽 약 2/3를 지난 고지에 위치한다. 서북쪽에는 깎아 지른 듯한 산들이 서 있다. 동쪽에는 작은 언덕에서 떨어져 첫 번째 두 번째 초소와 통하는 작은 길이 있다. 남쪽은 깊은 계곡을 사이에 두고 앞으로는 고개 능선이 시야를 가린다. 계곡 사이에는 벽을 깎은 듯한 산들이 막고 있다. 우회하기도 상당히 어려운데다 눈도 세 척 남짓 쌓여 있다. 산채 주변은 활엽수가 빽빽하게 들어서 있는 상당한 요충지에 설치된 탓에 남쪽 고개 능선 일부에서 겨우 밖을 바라볼 수 있다.

하늘이 맑아야만 적도 겨우 밖을 볼 수 있다. 서쪽 990고지 산꼭대기로 통하는 산길이 있다고 들었다. 하지만 거의 절벽이나 마찬가지이다. 절벽에는 나무에 덩굴이 얽혀있어 한 명씩 겨우 통과할 정도였다. 이 길은 문장차(門庄岔)와 대서차 산채로 통하는 사잇길로 사용되고 있었다. 산채는 산의 경사면을 파고 [이하 본문 누락]

노영구(老營溝)를 넘기 위하여 오후 2시 30분 산꼭대기로부터 약 100미터 아래쪽 지점까지 전진했을 때였다. 오른쪽에 있는 독립가옥에서 수상한 사람의 그림자가 하나 나타났다. 게다가 권총을 가지고 있었다. 저거 비적이다. 그 때까지 그 자리에서 심드렁한 표정을 짓고 있던 대원들의 얼굴은 일시 긴장의 빛이 감돌았다. 즉시 '엎드려 쏴'를 명령하였다. 대원들은 "우리가 이까짓 비적 놈들 따위에 겁먹을 소냐"며 빈

집을 향하여 돌입하였다. 하지만 적은 겨우 한 명뿐이었다. 우리 부대가 쇄도하자 이미 손가락조차 들 기력조차 없던 그들은 군문(軍門)에서 깨끗이 투항하였다. 적을 체포하고 소지한 대형 모젤 권총 한 정, 동 탄환 27발을 압수하였다. 신문한 결과 위대(衛隊) 제17대대 홍근산(洪槿山) 휘하 현재 27세의 참사(參士) 봉민극(奉民極)으로 판명되었다.

끝내 괄목할만한 성과를 거두지 못하여 조금 분하던 때에 겨우 한 명을 체포한 것에 지나지 않았다. 그래도 역시 기뻤다. 대원들도 너무 기뻐하는 듯 하였다. 만세 소리가 저절로 계곡 사이로 울려 퍼졌다. 이렇게 하는 것도 무리는 아니다. 이전보다 더욱 기운이 났다. 험준한 북로영구(北老營溝)도 순식간에 답파하고 오후 4시 30분 반절구(半折溝)에 도착하였다. 사람 욕심은 끝이 없다. 이제 막 봉민극을 체포한 대원들은 혹시나 일당이 폐가에 숨어있는 것이 아닐까 하여 샅샅이 수색하였다. 실로 믿음직스럽기 그지 없다. 눈물이 앞을 가린다.

반절구에서 본부와 연락, 겨우 통화할 수 있었다. 초산부대와도 연락해 보라는 요청도 있었다. 약 30분 동안 신호를 보냈지만, 끝내 실패로 끝났다. 이에 초산부대도 오리전자로 물러난 것으로 생각하였다. 오리전자 부근에는 인가가 없었으므로 다시 그날 밤 2리 반을 되돌아가 피조구에서 숙영하였다. 여하튼 괘패령 동쪽 2,000미터부터 서쪽 오리전자까지의 사이에는 인가가 한 채도 없는 셈이었다. 게다가 대원들도 상당히 지쳐 있었다. 휴대한 전투식량[口糧]도 다 떨어진 듯 싶다. 한 번이라도 국경을 건너 본 사람이라면 식량 사정에 마음 졸여야만 하는 심정을 알 것이다.

3월 25일
휴대전화로 본부와 오리전자에 대기 중인 초산부대에 연락하였다. 오늘도 통화가 전혀 불가능하다. 왕복에 7시간 걸리는 태양차까지 특사를 파견하기로 하였다. 본부와 연락이 않되면 이제부터는 지침을 따라야만 한다. 식량도 완전히 바닥이다. 사흘 연속 만두로 배를 채우는 것은 견딜만 하다. 그렇지만 아무리 국경의 용사라 하더라도 먹지 않고서는 아무것도 할 수 없다. 근방 2,3리 안에 좁쌀 한 톨도 없다. 이러한 상황을 모르는 사람이라면 아마도 이 지역에 '만주인이나 이주 조선인이 식량을 조금 가지고 있는 것'이라 여기고, '그들은 아마도 지금 밥을 먹으며 지내고 있을 것이다. 식량이 없을 리 없다'고 생각할 수 있을 것이다.

그렇지만 이렇게 말하는 사람들은 압록강 건너편 사정에 대한 '인식 부족(認識不足)'이다. 인식이 없을 이유가 없다고 말하는 사람도 있을 수 있다. 그렇지만 이는 사실 아주 심각한 인식 부족이다. 특히 피조구 부근은 만비가 줄곧 횡행하여 개미 새끼 한 마리 얼씬하지 않는다. 그래도 여기는 50여 세대가 사는 큰 마을이다. 십시일반(十匙一飯) 서너 시간 동안 저기서 두어 되, 여기서 다섯 홉을 모은다 치더라도 겨우 한 끼 분량이다. 이는 새발의 피다. 반찬으로 먹을 절임조차 없다. 여태껏 저들도 한 줌의 옥수수와 조, 소금으로 연명하고 있다.

만일 저들이 그것마저 우리에게 제공한다면 며칠이 지나지 않아 먹을 것이 떨어질 것이다. 그간 사정을 아무리 자세히 설명해도 납득할 수 없을 것이다. 일단 먹을 것 준비가 필요하다. 대원들은 아침밥을 건너뛰고 저녁밥도 먹지 않은 채 공복과 피로와 싸우면서 외차구까지 6리 길을 간신히 왔다. 그 직후 대원들은 허기가 져서 '들개와 함께 쓰레기통을 뒤져서라도 먹을' 정도였다. 먹을 것을 가장 먼저 해결해야만 했다. 도착하자마자 식사 준비 재촉!

즉시 토벌본부로 가서 토벌의 경과 상황을 지휘관에게 보고하던 도중 때마침 들어온 야마다 초산서장의 얼굴은 평소와 달리 긴장하고 있었다. "무슨 일이 있었구나"라고 그 직후 직감하였다. 과연 "전서구 편으로 다음과 같은 보고가 왔다. 목하 초산의 호리부대는 1,004고지에서 적의 본대와 충돌, 현재 고전 중이므로 급히 응원을 부탁한다고 전해 왔습니다" 부하의 안부를 걱정하는 야마사 소장의 두 눈에는 걱정이 가득했다. 우리 부대는 즉시 그들에 대한 응원 명령을 받고 '이번이야말로(반드시 섬멸하겠다…역자)'라는 비장한 각오를 감추고 식사를 마치고 즉시 외차구로 출발하였다. 몸에 날개가 없는 것을 푸념하면서도 마음은 이미 1,004고지로 향한다.

3월 26일

새벽 5시 40분 세 채의 초가집을 지나 목적지를 향하여 가는 중이었다. 길옆에는 흩어진 휴대용 전투식량 포장지와 발자국 등을 보니 초산 부대는 이미 퇴각한 것으로 확인되었다. 내사에도 불구하고 그 후 적에 대한 소식을 전혀 알 수 없다. 한심하지만 '적이 은신술이라도 알고 있는가'라는 생각조차 들었다. 다시 북노영구를 지나 반절구에 이르러 이와 같은 내용을 본부에 보고하였다. 이번에야말로 명실상부하게 준비된 오리전자의 호리부대와 합동토벌을 위하여 잠시도 쉴 틈도 주지 않고 적을 추격하고자 오리전자를 향하여 출발하였다. 새벽 4시에 도착한 그 날은 이주 조선인의 토막(土幕)에 나누어 숙박하고 나서야 겨우 이틀 분의 수면 부족을 보충하였다. 아울러 다리 근육도 풀기 위해서 노력할 수도 있었다.

3월 27일

오리전자에서 초산의 호리경부보와 함께 향후 토벌방침에 대하여 협의하던 중 본부로부터 철수 명령을 접하였다. 그 때까지 계획하던 희망

간도총영사관 연길분관 위자구분서(葦子溝) 토벌대의 귀환 모습.
당시 기온이 영하 38도였다고 한다(『警華帖』, 207쪽)

을 단념하는 것은 유감스러운 한편으로 상사의 마음도 헤아려야만 했
다. 그리고 당시 소첨자에서 치료 중이던 초산경찰서 카도신씨가 오리
전자에 도착하기를 기다렸다. 3월 28일 새벽 5시 때마침 쏟아지는 함
박눈을 헤치면서 오리전자를 출발한 대원들은 오후 6시 30분 무사히
외차구로 철수한 상황이었다.

지휘관인 고등과장님, 위원, 초산 두 경찰서의 서장님이 외차구 교외
까지 마중을 나와주셨다. 특히 고등과장님의 따뜻한 축사를 받은 일동
의 감격은 이루 말할 수 없었다. 수 일간의 피로도 점차 씻은 듯이 사라
졌다. 하지만 우리 부대는 무운이 너무 적어 소기의 성과를 거두지 못
하였다. 때마침 윗분들도 기대하였으므로 누구에게나 공명심은 있었을
것이다. 더욱이 이번 토벌은 조선과 만주국에 걸친 대토벌이었다. 그렇
기에 이번이야말로 남몰래 각오를 다지고 있었다. 다시 말해 혹시 공을

세울 수 있지 않을까 기대하였던 것이다. 그나마 본거지인 산채를 박멸히고, 체포된 봉민극의 진술로 조선혁명군 내부 사정을 전부 알 수 있었던 것은 커다란 수확이었다고 스스로 위로하는 상황이다.

3월 29일

새벽 5시 기상. 동 6시 오오와타 고등과장님 지휘하에 외차구를 출발, 10시 30분 앙토에 도착하였다. 경찰부장님은 일부러 신의주에서 앙토까지 출장을 오셔서 우리를 맞아주셨다. 아울러 따뜻한 말씀과 정성이 담긴 축하회는 너무나도 감사하여 감격스럽기 그지 없었다. 다들 마음속으로야 어떠했는지 모르겠다. 다만 축하회 술은 너무나 달콤하고, 돼지고기와 오리즈메[折詰] 국은 너무 맛있어서 지금도 혀 위에서 그 맛이 감도는 듯 하다.

(토벌에 대한 감상)

대체적인 토벌 상황은 다음과 같다. 이번 출동으로 참고할 만한 점은 실로 대단히 많다고 생각한다. 지금 특히 중요한 두 세 가지에 대한 감상을 서술한다.

1. 구호반 설치

경험 있는 직원 한 두 명과 인부 약간에게 구호반을 담당하게 한다. 이들에게는 구급약품과 그 외 필요하다고 인정할 만한 구호 약품, 기구류를 가지고 다니게 한다. 각자 휴대품을 줄이는 일도 중요할 것이다. 이렇게 한다면 설령 대원 중에 사고가 발생하더라도 구호반에 부상자를 일임할 수 있을 것이다. 본대도 사기가 저하되지 않고 오로지 공격 전진에 전념할 수 있을 것이다.

제6장 하늘과 땅의 전투

2. 수송반 설치

운반반에서 쌀, 부식, 가마솥 그 외 간단한 취사도구 혹은 담배, 성냥을 담당하여 처리하게 한다면 각자가 배낭[雜囊]을 가지고 다닐 필요가 없어 활동력과 시간 절약에 유리하다. 따라서 인가가 없는 지역으로 출동하더라도 당황할 필요가 없다.

3. 무전기 휴대의 필요

전서구는 가장 신속하게 상황을 보고할 수 있다. 하지만 답장이 불가능하다. 반면 휴대전화는 전선만 있으면 어디에서나 사용할 수 있다. 더욱이 만주국의 전화선은 지선(支線)이 없어 결빙 중에는 어스 때문에 통화가 어렵다. 무선전화는 반드시 가지고 다녔으면 한다.

4. 야영 준비

상황에 따라서는 야영을 생각해야만 한다. 그렇다고 토벌부대가 항상 야영을 준비할 수도 없다. 본서에서도 5개조 내지 10개조 정도가 준비되면 충분하다고 생각한다.

5. 척탄통의 증가 배치

당서에서는 항상 척탄통 ×개를 배부받고 있는데, 적어도 네 개는 필요하다. 배려해 주셨으면 한다.

6. 배낭 폐지

며칠에 걸친 대토벌에 즈음하여 화물은 운반반에 맡기고 각자 배낭은 휴대하지 않는 것으로 한다. 두 끼 분량의 주먹밥을 배낭보다 보자기에 넣어 어깨에 메고 다니는 것이 적당하지 않을까.

7. 탄띠[彈藥帶] 보완

헌재의 탄띠는 전투가 격렬해지면 불편할 것이다. 끈을 풀기 위해 주의를 기울여야만 하고, 야간에는 더욱 불편하다. 오히려 만주식 탄띠가 더 실용적이지 않을까.

8. 사이바이[采配][76] 제작

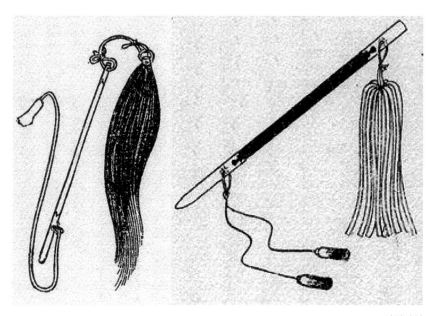

사이바이

대원들은 목소리를 내지 않고 적의 근거지에 넓게 흩어져 있다. 이 때문에 갑작스러운 경우 수기(手旗)만으로 철저한 명령을 할 수 없다거나, 목소리를 낼 수 없는 위험한 상황도 있을 것이다. 이러한 상황에서 대원들을 이동시키려 하여도 생각처럼 되지 않는다. 이 때 옛날 전투에서

---

76 옛날 군진에서 사용하던 지휘봉이다.

제6장 하늘과 땅의 전투

사용하던 사이바이 같은 것이 있었으면 한다. 물론 웃음거리가 될 수 있다.

9. 연락에 대하여

부하의 몸을 생각한다면 후방과의 연락에는 시달(示達)[77]이 효과적이다. 그렇지만 부하들의 행동이 곤란한 경우도 있다. 정보를 획득하고 공격 혹은 추격을 개시하려고 하여도 연락을 하려면 2,3리를 돌아가야만 하므로 때로는 불편하기도 하다. 이에 대해서는 역시 무전기를 가지고 다니는 것이 필요하다는 생각이다.

이상 대체로 중복되는 점에도 불구하고 다른 수많은 귀중한 경험을 얻었다. 따라서 이제부터 아무리 대부대라 하더라도 결코 곤경에 처하지 않을 자신이 있다.

[월경부대의 편성]

소속	임무	지위	성명
부대장 부대장		경부보	호리 미츠오[保利三男]
1분대	분대장	순사부장	고피득(高彼得)
	經機手	순사	야마다 유키오[山田幸雄], 키하라 시게타카[木原重孝],
	擲彈投手	순사	스키모토[杉本滿盛]
	소총	순사	이시이 ?[石井續男], 황금용, 우에지 아키오[植地秋南], 최일환, 요시오카 킨페이[吉岡均平], 마츠모토 요시오[松本義雄], 카노 타쿠미[勝河內匠], 이타노 토모노리[板野友則], 와타나베 타쿠무[渡邊 工]

---

77 상급자가 하급자에게 명령통지를 문서로 알리는 것.

	분대장	순사부장	요시다 세이키치[吉田淸吉]
2분대	經機手	순사	나가히사 카오루[長久 薫], 우에다 마사루[上田勝]
	소총	순사	키쿠치 시게요시[菊地茂吉], 몬마 료조, 아라키스에토[荒木末人], 시라토리 유키오[白鳥幸夫], 타카바시 후사노스케[高橋房之助], 오오사카 젠타로[大阪善太郎], 즈루하라 카츠마사[鶴原勝政], 야마나카 하루미[山中春美], 오상룡(吳祥龍),후지타 요네조[藤田米藏]
3분대	분대장	순사부장	오카 우이치[岡卯一]
	經機手	순사	마에무라 산지로[前村三次郎], 미지마 신스케[三島信祐]
	소총	순사	에다 키요시[江田 淸], 타카노 슈우조[高野秋三], 코다마 카쿠이치[兒玉覺一], 이노우에 무네아키[井上宗明], 사카이 스스무[境進], 타니구치 미요시[谷口美義], 카라카와 마사노리[辛川政則], 쿠보 타케시[久保 武]
4분대	분대장	순사부장	오오구리 마사오[大栗正男]
	經機手	순사	토미나가 다이지[富永第二], 사이토?[齋藤作重]
	소총	순사	비고 히사키치[備後久吉], 김영태(金永泰), 아키야마 사토시[秋山 敏], 코우리야 타케시[郡谷 武], 도미나가 츠네히코[富永常彦], ? 하치로[福俣八郎], 키타 타케시[北武]

전선(戰線)

위원경찰서 진구배출장소(榛仇排出張所) 쿠로즈미 료스케[黑住了介][78]
코메오카 사부로[米岡三郞][79]
모리시타 히로미치[森下弘道]
야마구치 토쿠지[山口德次][80]

"위원경찰서원 약간 명이 현재 연풍주재소에서 대기, 내일 아침 오전 10시 집안현 제3구 외차에 집합, 토벌 예정, 신개령의 적 격멸을 기대한다. 전원 비상소집 준비, 전달된 별지에 근거하여 유감없이 할 것" 3월 19일 수화기 너머로 들려오는 목소리는 평소와 달랐다. 비상소집 준비 명령이 떨어진 관할출장소는 일제히 긴장된 기색을 보인다. 당연히

---

78 쿠로즈미 료스케:1943년 평북 위원경찰서 신천출장소 순사부장으로 근무하였다 (『朝鮮警察職員錄(1943)』).

79 코메오카 사부로:에히메현 출신이다. 1937년 평북 위원경찰서 이산(梨山)출장소, 1943년 사장(舍長)출장소 등의 순사로 근무하였다(『朝鮮警察職員錄(1937 · 1943)』).

80 야마구치 토쿠지:사가현 출신이다. 1937년 평북 위원경찰서 순사부장으로 근무하였다(『朝鮮警察職員錄(1937)』).

자성경찰서 연풍주재소(延豊駐在所)의 측면(『國境警備』, 197쪽)

대화도 신개령과 관련된 내용이다. 선발된 주재소원들은 각자 자신의 몸과 같은 경기관총, 소총을 손질한다.

침상에 누워서 듣는 시계는 새벽 1시를 가리킨다. 내일 아침까지는 괜찮다고 한다. 닭 울음소리에 깨어난 목소리, 비상소집이다. "너와 S군이다." 벌떡 일어나 "S군 가자", "지금부터 응소(應召)합니다", "뒤를 부탁한다" 위험한 산길이라는 사실도 잊은 채 순식간에 어둠 속으로 흩어져 아침 7시 위원경찰서에 도착하여 응소한다. 이제부터 차에 올라타 눈길을 달려 연풍으로 향한다.

3월 20일 오전 10시 연풍에 도착하여 앞서 도착한 위원경찰서 본대와 합류한다. "왔구나!", "너도 왔냐?", "물론입니다. 제가 오지 않으면 누가 오겠습니까", "하하하하하, 토벌 전문인가?", "특별채용학교 출신입니다" 오오와타 고등과장님이 도착하기를 기다린다. 토벌 제1대는 밟던 길을 따라 외차로 향한다. 눈 위를 내딛는 발길이 가볍다. 배낭이

제6장 하늘과 땅의 전투

어깨를 파고든다. 토벌에 필요한 식량이며 탄약이라 버릴 수도 없다. 얼음 위를 지나는데 만주 특유의 진창길이다. 외차까지는 멀기만 하다.

외차에 도착하니 방루(防樓), 석벽(石壁)이 만주라는 감상을 짓누른다. 도중 "일본군 외차수비"라는 문표(問標)를 등에 꽂고 보초를 서는 병사를 지나친다. 외차구경찰서에서 만주국 관원 한 명이 보초를 선다. 군대 생활이 생각난다. 우방 만주국의 발전을 실감하는 것은 나 뿐인가? 초산대는 휴식, 위원대도 본부와 사전협의를 마칠 때까지 휴식이다. 초산경찰서가 귀순자를 연행하고 있다. 미리 연락하였으므로 위원 경찰서원들은 외차에서 대기인가? 적지에 들어가는데 무슨 기대를 하겠는가. 초조하면 할수록 더욱 초조해진다. 산채의 적이 토벌대가 국경을 건너온 사실을 모르기를 기도한다. 첫날 밤은 외차의 만주인 한 상점에서 보냈다.

3월 21일 오후 4시 출동 명령이 내려졌다. 첫날 행군 목적지인 대양차로 향한다. 눈이 녹은 데다가 길은 진흙으로 엉망진창이다. 만주국의 일등 도로는 폭이 두 칸 이상은 될 것이라 하는데, 보강공사가 불완전하여 1리도 나아갈 수 없다. 지카다비가 흠뻑 젖어 든다. 사흘 후에 있을 산채 공격이라는 환영을 쫓아오기를 약 3리, 태양차까지는 얼마 걸리지 않았다. 연풍부터 외차까지 배낭을 메고 가는 괴로운 경험도 오늘만은 마차 한 대로 해결되었다. 이는 토벌의 시작이 행군에서 충분한 활기와 투지의 유지임을 보여주는 좋은 경험이 되었을 것이다.

오후 6시 벌써 밤의 장막이 시시각각 다가온다. 늦가을 추위가 뼈속까지 파고드는 가을의 밤기운이다. 태양차에 도착, 둘째 날은 태양차주재소원의 호의 덕분에 숙박한다. 태양차주재소 방루(防壘)에 남은 탄환 흔적은 과거 몇 번이나 되던 비적의 피해를 말해준다. 어두운 밤 박쥐는 무엇을 찾아 돌아다니는 것일까. 적의 밀정이 나오지 않는 곳이 없다. 분주소(分駐所)라고 하나, 적지다. 무장한 채 침상에 누웠는데 새벽 3시부터 보초다. 눕자.

3월 22일 새벽 1시 겨우 든 잠을 깨우는 집합 신호. 껴안듯이 기총(騎銃)을 들고 뛰어나갔더니 즉시 출동이다. 카노대장의 목소리는 수면이 부족한 나의 귀에 기분 좋게 울린다. 지금 위원부대는 신개령 공격을 위해 가고 있다. 확실한 정보에 의하면 만주 비적 만단부(萬團部) 일파 100여명이 횡로로부터 6키로 지점인 당자구(蹚子溝)에 나타나 저녁밥을 먹었다고 한다. 이에 합동 토벌을 위해 태양차에 주둔 중이던 집안 유격 제3중대와 함께 당자구로 향한다. 길이 기억될 연합대토벌이다.

위원경찰서원들은 칠흑같이 어두운 밤에도 첫 번째 공격이라는 공명심에 숨죽이며 전진한다. 멀리서 들리는 개짖는 소리가 기분 나쁜 밤의 정적을 깨뜨린다. 적의 도주로를 예상하고 전진하기를 몇 시간, 그 후 십자포화 속에서 날뛰던 적의 그림자를 생각하면….

새벽 3시 횡로에 도착했다. 적은 6키로미터 앞에 있다. 한 순간이라도 빨리 적과 싸우고 싶다는 충동이 몸 전체를 엄습한다. 부대를 둘로 나누었다. 제3분대는 유격대와 함께 적의 배후고지를 우회할 것이다. 나는 거의 부딪힐 정도로 스치듯 지나가면서 3분대 Y에게 "기어가네"라고 속삭였다. Y는 "너 맞는다"라는 대답을 남기고 달려간다. 주의를 기울여 온몸을 곤두세워 귀를 기울이면서 밀착하기를 2시간. 잠복가옥이 눈앞이다. 적의 상황을 잠시 정찰하고 30분 동안 새벽이 오기를 기다린다. 바늘로 찌르는 듯 발이 저려오면서 다시 발이 시럽다는 사실을 알려준다. 새벽의 찬 기운이 군복을 뚫고 파고든다. 해 뜰 무렵이면 공격 시작인가.

눈 속을 화살처럼 지나가는 사람의 그림자. 적 정찰자다. 목표 가옥에는 전혀 이상 징후나 동요가 없었다고 한다. 도주했나. 실망이다. 등위의 철모는 어느 틈엔가 머리 위에 와 있다. 가옥 50미터 앞으로 무시무시한 총구가 눈 속에 죽 늘어섰다. 적이 없다는 정찰대의 신호다. 하룻밤 노고가 물거품이 되었다. 사전 연습 삼아 신개령으로 가더라도 횡로까지 돌아가는 6키로미터는 멀기만 하다. 불어 터진 발끝은 감각이 없다. 셋째 날은 횡로에서 보냈다.

횡로에서 대기 중이던 4월 23일 저녁 7시 집안현에서 테라자키 지도관 일행이 도착하였다. 저녁 8시 사전협의가 종료되었다. 우리는 신개령으로 향한다. 드디어 간다. 모두의 얼굴은 긴장하여 갈라질 듯 하다. 사전협의 내용을 들으니 신개령 공격은 2□(본문 누락…역자)일 새벽이라고 한다. 환인현경찰대는 북쪽으로부터, 초산경찰대는 문장차(門庄岔)로, 위원경찰대는 동쪽에서 신개령 정면으로, 테라자키경찰대는 서도광령자(西刀光嶺子)에서 우회하여 일제히 공격할 계획이다.

신개령이라는 곳은 어디일까. 야간의 강행군이다. 아무 것도 눈에 들어오지 않는다. 밤을 세워 신개령으로만 향하는 길이다. 밤이 깊어질수록 피로도 더해진다. 새벽 0시 괘패령에 도착하여 약 30분 휴식을 취하고 다시 화수전자(樺樹甸子)를 거쳐 신개령으로 향한다. 마차는 갈 수 없다. 각자 눈물 젖은 배낭을 다시 등에 졌다. 산길 급경사에 미끌어져 자빠진다. 익숙하지 않은 길에는 총이 생명이다. 몸 전체에 알이 벤 듯 하다. 오전 2시 반 마침내 신개령자 입구에 도착하였다. 테라자키 부대와 합류하여 오전 5시 목적지인 990고지에 도착하였다. 드디어 왔다. 등에 멘 배낭을 집어던지듯 내려놓고 전투 준비를 한다. 턱이 아플 정도로 철모 끈을 고쳐메고 다시 총기를 점검한다.

부대를 둘로 나누었다. 위원대 3, 4분대는 좌익 고지를 점령하기 위하여 산을 올랐다. 계곡에 수상한 그림자가 보여 정찰을 하였더니 바위 그림자다. 두 번째 고지에 다시 밤이 찾아왔다. 밤에 내리기 시작한 눈은 눈보라가 되어 말로 이루 형언할 수 없다. 하늘은 적도 우리 편도 구분하지 않을 것이다. 행동도 여의치 않다. 소대장은 '위로, 위로'라고 신호를 한다. 위로 위로 올라가니 의지할 것은 나무뿌리와 가지뿐이다. 얼어붙은 작은 가지는 고약스럽게 구부러진다. 눈이 깊다. 미끄러진다. 계속 전진하는데 깎아 지른 듯한 절벽이 계속 이어진다. 적이 눈앞이다. 다른 것을 생각할 여지가 없다. 이와 같은 분투. 1, 2분대는 우익으로 나아가기 시작한다. 우리의 점령지가 바로 눈앞이다. 다 올라왔다고 생각하면 넘어지고 또 넘어지면서 오른다.

오전 6시 30분 산채도 확인했다. 경기관총의 위협 사격은 얄미울 정도로 경쾌하다. 5발 점사에도 전혀 응답도 반응도 없다. 오호! 이곳에 적은 없다. 만일을 위하여 다들 "나와서 여기 엎드려라"고 연호하여도 대답이 없다. 대장은 작심한 듯 돌격 명령을 내렸다. 급한 경사를 일제히 돌격했다. 사람은 그림자도 없다. 공격했어도 찝찝하다. 저들의 밥솥을 한 번 걷어찼더니 때려죽이고 싶은 분노가 몇 분의 일이나마 사라졌다.

내려다보니 깎아지른 듯 위험한 절벽 위다. 이러한 곳에서도 편안히 살만한 땅을 가지지 못한 저들. 먹을 것이 부족했는지 주변에는 노새와 말을 도살하여 해체한 뼛조각과 가죽이 어지러이 흩어져 있다. 움막과 같은 산채. 이런 곳에서 무슨 희망이 무슨 즐거움이 있을까. 저들은 과연 공산주의를 위해 쓰러질 각오였을까. 산채를 불태우는 검은 연기가 기분 나쁘게 고지를 뒤덮는다. 이리하여 탄환 한 발 사격할 수 없던 토벌을 수행하였다.

지금 생각하니 군복은 얼어붙었고 발은 판자처럼 차가웠다. 나흘 동안 제공되었던 식량도 지금은 없다. 취가법 실시에 따라 주변 어디에도 인가는 없다. 피조구까지 꼭 걸어가야 한다. 50명의 대원들은 다만 묵묵히 걸어갈 뿐이다. 대장이 지름길을 피조구 방향으로 잡았다는 말에 테라자키 부대와 헤어졌다. 북노영구에서는 산길로 들어선다. 길잡이 조선인이 놀란 듯 갑자기 튀어 오른다. 엎드려서 총구를 겨누고 조준하였다. 전방에 헛간식 중국인 가옥에 조선인 비적 한 명이 있다. 의기소침하던 대원들은 "비적이다"란 목소리에 나는 듯이 흩어진다. 사격하지 않는 적이 이상하다. 대장은 귀순 의지가 있다고 보고 "사격 중지"라고 호령하고 체포한다.

뜻하지 않은 성과에 만세을 부른다. 우연인지 기적인지 평북경찰기가 은빛 날개를 반짝이면서 신개령 상공에 나타났다. 대형 모젤 권총, 탄환 27발을 압수하였다. 대원들은 기대하던 노획물에 피로도 잊고 콧노래를 부른다. "어이 배낭이 무거운 것도 질색이지만 (아무런 성과가 없어서…역자) 가벼운 것도 질색이다", "무슨 바보 같은 소리를 하고 있냐", "무거운 것들 사이에는 식량이 있지만, 가벼워져도 무엇인가 있다", "바보 군가나 불러라", "오늘 밤 피조구에서 자지 않는다면 20여 시간이나 줄곧 걸은 셈이다. 머리까지 명해진다", "사무라이라면 한숨도 자지 않고 갈 수 있을까"

오후 7시 마침내 피조구에 도착하였다. 만주인 가옥 두 채에 나누어서 숙박하였다. 잠들려는데 신음소리가 난다. 장티푸스 환자 같다. 횡로에서도 장티푸스 환자를 보았다. 천연두 환자도 있었다. 일단 앉으면 다시 일어설 기운조차 없다. 이를 반복하듯 하면서 피조구에서 하룻밤을 잤다.

다음 날 아침 아침밥을 지으면 늦는다고 해서 배고픔을 참으면서 외차로 향한다. 따뜻한 쌀밥이 기다리고 있다. 지난 22일부터 중국식 빵으로 때운 탓에 몸에 기운이 없다. 현재 우리에게는 외차가 희망의 땅이다. 하루라도 빨리 집으로 돌아가고 싶다는 말이 이러한 때를 이르는 말일까. 오후 2시 30분 그리운 외차에 도착했다. 유일한 즐거움인 쌀밥과 휴식을 위해 돌아온 외차다. 그렇지만 고전 중인 초산부대 응원을 위해 다시 출동하라는 명령이 기다리고 있었다.

고등과장의 "기대한다"는 명령에 흐느끼기만 했다. 그 몸과 그 발로 다시 신개령으로 향하는 곳까지 걸어갈 수 있을까. 모두 말 한마디 없다. 하지만 명령은 우리의 생명이다. 쓰러지고 난 뒤에 멈춘다. 죽는다면 우리의 피로 정도를 이해해 주실 것이다. 남자라면 간다. 최후의 최후까지다. 결심하였으므로 우선 식사다. 한참 배가 부를 정도로 식사를 하고 식량도 구입한다. 오후 5시 30분이다. 다시 초산대 응원을 위해 사선을 넘는 행군이 계속된다.

마차는 채찍 소리를 높이며 진흙을 가른다. 다시 밤을 세우는 차위의 행군이다. 밤바람은 전신의 신경을 얼어붙게 한다. 잠들면 안된다. 서로 속삭이면서 주의를 준다. 괘패령에서 마차를 버리고 세 채의 움막을 지나 1,004고지로 가는 도중 초산서원들의 퇴각 사실을 알았다. 다시 오리전자로 향한다. 염려했던 초산원들도 부상자는 한 명뿐이다. 밤에 다가올 전투 때문에 휴식 중인가. 대장은 공동토벌을 위한 사전협의 중에 퇴각 명령을 받았다. 3월 28일 새벽 5시 오리전자를 출발, 저녁 6시 30분 외차로 퇴각, 3월 19일 앙토에서 해산했다.

많은 기대를 하면서 욕심을 품고 출발했던 대토비행(大討匪行)도 땀과 기름, 그리고 의지와 눈물의 행군으로 끝이 났다. 아직 불행히도 악역(惡疫)에 걸릴지 모르고, 생사를 던지고 있는 만주인과 이주 조선인들이 얼마나 일본의 관리를 필요로 하고 원할까. 슬픔과 싸우고 불행을 넘어서 고투하는 저들의 무사함을 기원하는 한편 이와는 다른 감상을 얻고 돌아왔다. (쿠로즈미)

제6장 하늘과 땅의 전투

일본 경찰들과 중국인들. 경찰들은 복장으로 보아 '토벌대'로 보인다
(『國境警備』, 213쪽)

눈보라 속에 신개령을 쳐다보았다. 신개령은 병풍을 세운 것처럼 높이 솟아 있다. 마치 세상 노복(奴僕)들의 접근을 허용하지 않을 듯 하다. 큰 바위에 다시 큰 바위다. 산채까지는 아직 2,000미터는 될 것이다. "와우" 저절로 탄식이 나온다. 카노 대장을 보았더니 비장한 얼굴로 "지금부터 행동 개시. 제1, 제2분대는 우익 능선을. 제3, 제4분대는 좌익을 능선을 고개 위까지 올라간 다음에 산채를 향하여 포위 대형을 이루어 전진할 것이다"라고 한다. "좋다. 가자" 그놈들도 사람이지 않을까. 우리도 사람이다. 끝까지 가지 못할 수도 있을 것이다.

의욕에 가득찬 4분대가 선두에서 제3분대와 전투 대형을 이룬다. 이들은 쌓인 눈이 무릎까지 빠지는 길이 없는 밀림 한 복판을 오른다. 아! 고개 위까지는 수 십미터나 된다. 대장의 명령이다. "목표는 앞의 밀림에 있는 산채, 그곳에 매복한다", 다시 "사격 준비"라고 호령한다.

손에 쉽게 잡히는 잡목을 방패 삼아 그 장소에 엎드려 산채를 바라본다. 산채는 눈 아래 80여 미터 정도의 위치에 있다. 세 방향이 고지에

둘러싸인 산채는 남쪽 계곡으로만 통하게 만들어져 있다. 입구는 동쪽에 설치된 약 4,5척의 흰 천을 문으로 삼았다. 마치 그 모양이 소라게 같아서 언뜻 보아서는 알 수 없다. 산채도 김칫독을 묻어 놓은 것처럼 교묘하고도 밉살스럽게 쌓여 있다. 제1, 제2분대가 보인다. 우리 부대에서 직선 100미터 떨어진 계곡을 넘어선 고지에, 게다가 산채를 눈 아래로 내려다 볼 수 있는 100여 미터의 위치에서 적의 분대장인 듯한 이가 쌍안경으로 멀리 바라보고 있다.

그런데 갑자기 기분 나쁜 정적을 깨고 "두두두…두두두" 울리는 경기관총이 연속 발사되었다. 비적들이 벌써 도주했을 것이라 예상하고 방아쇠에 손을 걸었다. 그런데 여전히 변화가 없다. 사격을 중지하고 "어이 나와서 항복해라"고 소리를 질렀다. 그러나 전혀 소리가 없이 휑할 뿐이다. "이상한데."하지만 어설픈 흉내조차 낼 수 없다. 이곳 지형에 익숙한 놈들이다. 아무리 간교한 술책을 부려도 모르겠다는 듯 다시 경기관총을 발사한다.

이제부터 돌격 이외에는 방법이 없다. 명령이 내려졌다. 급경사 따위는 아랑곳하지 않는다. 반쯤 눈 속에 몸을 파묻고 산채를 목표로 쇄도하였다. 반응이 없다. 적은 그림자도 없다. 어딘가 흐느끼는 자들이 있는 것일까.

지금 생각해보니 건너편 도로의 폭은 약 두 칸 이상이었다. 공사와 설비가 부실했던 탓에 진창이다. 작은 시내 따위가 길 위를 흐르고 있다. 조선에 살고 있는 우리도 밭과 도로는 별 차이가 없다고 느껴질 정도였다. 집은 돌담으로 둘러싸여 높다란 곳에 자리 잡았다. 하지만 위생 설비도 시설도 없이 전염병 사망자가 속출하는 상황은 차마 눈뜨고 볼 수 없었다.

취가법 실시의 결과 오지의 토막(土幕)에 거주하는 자에 대해서는 전혀 대책이 없다. 오히려 어떤 관원은 이들의 물자나 이불을 몰수한다. 이는 저들 양민들에게 반정부 사상을 가지게 하는 것이 아닌가라는 염려가 되지 않는다고 할 수도 없다. (고메오카)

오리전자 주민들은 우리를 환영하여 주었다. 특히 이주 조선인들은 너무나도 즐거워하였다. 저들은 어느 편일까라고 생각한다. 저들에게 비적보다 두려운 존재는 눈에 띄는 것이라면 죄다 가지고 가버리는 이전 관원이었을 것이다.

주민들이 우리를 환영한 이유는 우리가 지나가면 관원들도 조금 유순해질 것이라고 하기 때문이다. 일본인을 처음 본 주민들도 많다. 일본인이라는 작자들은 특히 잘 속는다. 주민들이 과일이나 야채를 조금 주기라도 하면 일본인들은 웃돈을 얹어서 두 배, 세 배로 값을 쳐서 준다고 한다. 아무래도 손쉬운 상대인 것 같다. 웃지 않기로 했다. 저들의 생활은 실로 처량하기 그지없다. 단지 목숨만 부지하는 생활이라 하여도 좋다. 희망조차 없으니 아무것도 없다고 할 만한 막장의 불결한 생활이다. 그런 탓인지 가는 길마다 보이는 묘지에는 신불(新佛)이 2,30개씩이나 있다. 하루가 지나 묘지 가운데 한 곳을 지나가자니 신불이 50,60개로 늘어나 있었다.

동포와 만주국을 위하여 부식이라고 하여보았자 절임도 없고 먹을 반찬이라고 해야 소금뿐이다. 이러한 생활을 하는 대원들을 보고 있자니 자연스럽게 무엇인가 울컥한다. 감사에 머리가 숙여졌다. 새삼스럽게 우리 생활이 얼마나 행복한 것인가 느낄 수 있었다. (모리시타)

다시 특필할 만한 것은 우리 토벌대와 행동을 같이하던 관내 연풍주재소 자경단원 여덟 명이 처음부터 끝까지 후방과의 연락 혹은 식량 운반, 그 외 적지않은 편의를 훌륭하게 제공하여 주었다는 사실이다. (야마구치)

수기

초산경비대 제3분대 몬마 료조

오오사카 젠타로[大坂善太郎][81]

호리부대가 압록강 건너 열흘째 되던 날 부상을 당하였다. 24일 밤 10시였는데 눈이 내렸다. 그 날은 밤인데도 주변이 잘 보여 아직 해가 지지 않은 것처럼 느껴졌다. 적의 검은 그림자가 분명히 나타난 것은 50미터 정도 떨어진 능선이었던가.

이미 적과 교전 중이던 나는 선두에 있었다. 우리는 즉시 포위 대형을 취하였다. 내가 속한 제1, 2, 4분대는 왼쪽 고지를 점령하기 위하여 전진하였다. 교전 시간은 기억은 분명하지 않다. 지형이 불리한 데다가 교전 대형에 들어갔을 때 전투가 시작되고 있었다. 내가 있던 우익으로 적탄이 집중되었다. 밤이라 멀리 있는 것처럼 보여도 공격하기에 적당한 것 같았다. 어느 정도 사격하고 부상을 당했다. 밤에는 총을 쏘아도

---

81 오오사카 젠타로:토쿠야마현 출신이다. 1937년 평북 초산경찰서 순사로 근무하였다(『朝鮮警察職員錄(1937)』).

제6장 하늘과 땅의 전투

여간해서는 맞힐 수 없다.

나는 앞에 있는 적 한 명이 다시 쓰러지자 그 기회를 틈타 포복으로 올라갔다. 다시 전진하려고 위를 쳐다보다 당했다. "부상이다. 당했다"고 느꼈지만, 말하지 않았다. 주변에서는 사격을 계속하였다. 해당 고지를 점령할 때까지 나 한 사람 때문에 다른 대원들이 부상을 당할 수 없다고 결심하였다. 군복 사이로 피가 스며나온다. 얼굴을 쓰다듬어도 느낌이 없다. 어느 부위에 상처가 났는지 알 수 없다. 정신을 차리고 보니 입 근처에서 코로 무엇인가 흘러내리고 있다. 쓰러질 때까지는 어떻게든 해보려 하였다. 다행히 손수건이 있어서 꺼내어 상처를 싸매었다. 손수건 사이로 선혈이 계속 뿜어져 나왔다.

그다지 심한 중상은 아니라고 느꼈기에 계속 전진하였을 것이다. 총에 의지하듯이 왼손으로 착검하였다. 적진을 향하면서 큰 소리가 들린다. 신경이 예민해져서 돌격이 아닌 것이 아닐까라고 생각하였다. 이쪽에서부터 돌격하지 않는다면 (어떻게 될 것인가…역자) 하는 생각이 들었다. 눈이 보이지 않더라도 한 명 정도는 처치할 수 있을 것이다. 누가 쏘았는지 쓰러져 있는 시체 위를 지나갔다. 그렇지만 나 자신도 쓰러져 정신이 아득해졌다. 이제 죽는 것이 아닌가는 생각이 들었다. 아이들과 고향 생각이 머릿속을 스치듯 지나가는 것 같았다. 국가와 아이들을 위해서라도 죽기를 바라던 바이다. 만세 소리를 내뱉으면 죽을 것 같았기에 만세라는 소리는 도저히 나오지 않는다. 만세 소리 가운데 파묻힌 것 같았다. 누군지 모르지만 두 사람 정도가 옆으로 왔다. 그 사이는 20분 정도 되었던 것 같다.

통증이 수 십분 계속된다. 맥박이 뛸 때마다 피가 계속 흘러나온다 (동맥, 정맥이 모두 절단되었다). 시끄럽게 떠드는 소리에 아직 살아있는가라는 생각이 들었다. 시간이 지나서 들어보니 내가 만세라고 할 때 모두 눈물이 나와서 어찌할 줄 몰랐다고 한다. 나를 껴안고 울면서 흔들어도 깨위도 정신이 돌아오지 않았다고 한다. 곁에 있던 나카야마[中山] 순사와 다른 제형(諸兄)들의 호의는 평생 죽어도 잊지 못할 것이다.

부상한 지 나흘 만인 27일 앙토로 귀환하였다. 찰과상이라 듣고 부끄럽다는 생각이 들었다. 경찰부장님은 따뜻한 말씀을 해 주셨다. 외차에서 숙박할 때 "잘했다"라는 서장님 말씀에 아무 말도 할 수 없었다. 그사이 의식이 돌아왔다. 29일 안동(安東) 수천당병원(壽泉堂病院)에 입원하고 나서야 아버지에게 부상 소식을 통지하였다. 아버지로는 "아무 할말이 없다. 직책을 위해서는 훌륭하게 죽어야 하는 법이다"라는 말씀이 도착하였다. 적탄이 콧등에서 오른쪽 뺨을 관통하였다. 뼈가 부서져 코의 오른쪽 아래는 감각이 없다. 면도를 해도 웃어도 느낌이 분명하지 않다. 콧등의 뼈는 전부 제거하였다. (몬마)

3월 23일 서쪽과 남쪽, 그리고 동쪽과 서쪽 모두가 적지(敵地)다. 국경선에서 수 십리나 떨어진 적의 진지. 무릎이 빠질 정도로 눈이 쌓였다. 진흙으로 발이 무거워져 걷기도 힘든데 요령에서부터 부상자를 데리고 귀환하였다. 말하는 사람도 없고 금연이다. 또 눈이 온다. 문짝으로 만든 들것 위에서 심하게 흔들리는 고통을 참을 수 있었을까. 몬마형은 신음소리조차 내지 않는다. 들것의 군데군데 쌓인 흰 눈에는 선혈이 스며들었다. 호리 대장의 표정도 비통함 그 자체 같다.

서로 협력하여 쌓인 눈, 진흙, 기어오르는 듯한 급경사 속에서도 전진할 수 있다. 그렇지만 거센 강물 위의 외나무다리에 다다르면 어떡해야하나. 사람은 겨우 통과한다 해도 들것은 통과할 수 없다. 험한 고개에서 흘러나오는 시냇물이 화살처럼 흘러간다. 돌이키려 해도 돌이킬 수 없다. 끊임없이 내리는 눈 속에서 하염없이 기다린다. 강물 깊이를 재어보려고 물속으로 한 발 두 발 내딛어 보았다. 부질없는 짓이다. 흐르는 강물은 발을 살을 에이는듯 차갑다.

뜻하지 않게 강물이 얕은 장소까지 올 수 있었다. 들것을 부른다. 하지만 어찌할 다른 방법이 없다. 신이 아닌 이상 누가 알겠는가. 두꺼운 얼음 위로 들것을 놓으려는 순간 발밑은 얼음이다. 낭패다. 들것을 맨 사람이 딱 멈추어 선다. 똑바로 쳐다 볼도 수 없다. 사지가 들것에 묶인 채 기우뚱 한다. 들것 위에 흰 눈. "앗, 들것…"이라는 목소리를 뒤로 하고 "텀벙". 탄약대까지 강물 속으로 빠져 버린다. "앗, 총을…" 두 어깨는 그 무게를 더 이상 견디지 못한다. 들것 위의 흰 눈을 조금 쏟아버렸다. 조금 버틸 만 하다. 문제는 이제부터다.

얼마나 더 걸어야 하는가? 어디까지 가야 인가가 있을까? 의료기관이 있을까? 하물며 아직 적지이다. 하염없이 점점 눈이 더 내리는 새벽 1시 한 밤중인데 이러한 중상을 치료할 수 있을까. 다름 아닌 이러한 이유 때문에 앞길이 캄캄했다. (오오사카)

제7장
토벌 이후

1936년 11월 7일 정찰기에서 촬영한 압록강변. 아래에 보이는 시가는 중국 안동
(安東)[현재 중국 단동(丹東)]과 신의주이다. 강 가운데 압록강철교가 보인다(『國
境警備)

후위(後衛)

초산경찰서 하라 테츠지[原鐵次][82]

나는 열흘 동안 경찰부와 집안현 외차구의 토벌대 본부와 연락을 담당하였다. 그 동안 소수나마 잔류 인원들의 협력 덕분에 아무런 사고 없이 위원과 초산의 개선부대를 맞이했던 사실을 생각하며 깊은 추억에 잠긴다. 여러분들의 참고를 위하여 연락을 담당한 일원으로 보고들은 토벌 상황을 기록한다.

초산경찰서는 유능한 밀정 수 십명을 파견하여 조선혁명군 근거지에 대한 정찰을 거듭하였다. 그 결과 금년 3월 초 환인현 제3구 신개령 1,004고지 부근 일대에 저들이 산채를 구축하고 다시 조선 방면으로 침입을 획책하고 있다는 사실을 탐지하였다. 이를 즉시 상부에 보고하였다. 저들이 잠복한 지역은 압록강 강변에서 15~6리나 떨어진 원격지

---

82 하라 테츠지:사가현 출신이다. 1925년 평북 선천경찰서 신미도(身彌島)경찰관주재소 순사, 1930년철산경찰서 백량(栢梁)경찰관주재소, 1932년 철산경찰서 등의 순사부장, 1937년 초산경찰서 경부보, 1943년 태천(泰川)경찰서 서장 등으로 근무하였다(『朝鮮警察職員錄(1925 · 1930 · 1932 · 1937 · 1943)』).

벽동군(亜細亜大観 07 041 "山の背の町 (碧潼)" - 亜細亜大観/07 -
Wikimedia Commons)

(遠隔地)이다. 상사들은 만주국 군경의 토벌 구역에 속하므로 절충이 필
요하다고 통지하였다. 우리는 이십 수년 동안의 숙적(宿敵)을 재기가 불
가능할 정도로 일거에 섬멸하기 위해 출동 명령을 기다렸다. 마침내 3
월 19일 오전 7시 경찰부장은 지급(至急)으로 위원경찰서장, 그리고 초
산경찰서장과 벽동경찰서장에게 전화로 다음과 같이 명령하였다.

"조선혁명군 소탕을 위하여 위원경찰서는 이미 체포한 선비 ×모를
첩자로 삼아 무장 경관 25명, 초산경찰서는 적의 상황을 잘 아는 첩자
일곱 명에 경찰관 25명을 다음날 3월 20일 정오까지 건너편 외차구경
찰서로 집결시킬 것, 벽동경찰서는 경찰관 25명을 초산경찰서 연담주
재소로 출장시키고 대기할 것"

이를 즉시 보고받은 서장은 특별경비대 1, 2, 3분대원 45명 가운데
25명을 선발하였다. 너나 할 것 없이 모두 지원하였으나, 인원에는 제

한이 있었다. 토벌 중에 필요한 식량, 구급약, 갈아입을 옷, 전서구 등 평소보다 더욱 많은 준비를 해야하는 시기였다. 밤 11시가 되자마자 벽동경찰서에서 자동차 네 대로 곤도[權藤] 경부보 이하 36명이 초산에 도착하였다. 이들은 힘차게 뛰어가 하마자키[濱崎] 여관에 투숙한다. 위원경찰서 야마다 서장 이하 27명은 20일 아침 날이 밝자마자 8시에 무도장(武道場) 앞뜰에 집합 무신(武神)에 참배하고 무운장구(武運長久)를 기원하였다. 이어 호리경부보 이하 26명에게 다음과 같은 열렬한 훈시를 하였다.

"제군들의 이번 행동 여하에 따라 조선 내의 치안 확보가 결정된다. 이제 저들은 궁지에 몰린 쥐가 고양이를 무는 형국이다. 그렇다고 지금 상황을 무시할 수 없다. 아무리 저들이라 하더라도 오늘날까지 이처럼 혁혁한 공을 세운 제군들 앞에서는 굴복할 수 밖에 없을 것이다. 국가를 위하여 용왕(勇往) 과감하게 숙적을 박멸해야만 한다"

호리 소대장도 "영광스럽게도 이번에 우리 대원들이 중대한 임무를 맡게 되었다. 경찰관의 본분은 맡은 임무를 위해 죽는 것이다. 반드시 적들을 궤멸시키고 경찰서로 돌아가자"고 맹세하였다. 소대장의 지휘에 따라 출발한다. 400에서 500명이나 되는 민관(民官) 유지들의 환송을 받으며 전진한다. 도중에 힘준하고 눈이 한 척이나 쌓인 북령도 아랑곳 하지 않는다. 정오에는 관내 운해천주재소에 도착하였다. 즉시 집결지 외차구를 향하여 강을 건넜다. 벽동부대도 같은 날 아침 9시 잔류한 서원들의 환송을 받으면서 초산을 출발하였다. 연담주재소에 도착한 오전 10시 직후부터 본부의 강변과 혼강 3리 경비를 위한 출동 명령을 기다린다.

한편 3월 19일 오후 3시 경비기로 신의주를 출발한 토벌대 총사령관 오오와다 고등과장은 한 시간 남짓 80여 리를 날라 만포경찰서 건너편

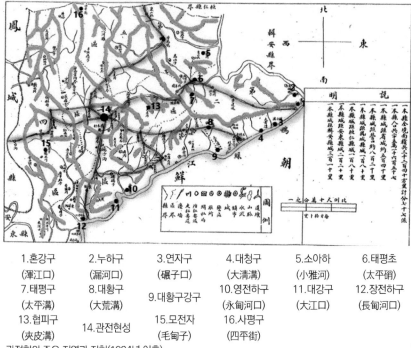

1.혼강구   2.누하구   3.연자구   4.대청구   5.소아하   6.태평초
(渾江口)   (漏河口)   (碾子口)   (大淸溝)   (小雅河)   (太平硝)

7.태평구   8.대황구   10.영전하구   11.대강구   12.장전하구
(太平溝)   (大荒溝)   9.대황구강구   (永甸河口)   (大江口)   (長甸河口)

13.협피구   15.모전자   16.사평구
(夾皮溝)   14.관전현성   (毛甸子)   (四平街)

관전현의 주요 지역과 지형(1924년 이후)
※『東三省鹽務公報』第四卷(B11091957200), 382쪽「寬甸縣緝私聯防會哨之圖」를 참조하여 작성.
※ 굵은 선으로 표시된 지역은 산간 지역

통구비행장에 무사히 착륙하였다(연담비행장은 1척이나 눈이 쌓여 착륙에 위험하였다). 도착하자 즉시 건너편 군경과의 연락을 맡아 한숨도 자지 못하였다. 다음날 새벽 5시 통구비행장에서 자동차로 출발 오전 11시 위원경찰서 관내 연풍에 도착하였다. 사카모토 서장과 카노 경부보 이하 26명의 토벌대는 야마다 서장과 합류하여 압록강을 건넜다. 다시 냉수천자를 거쳐 새벽 0시 30분 집안현 외차구에 도착하였다. 외차구를 본부 삼아 토비 작전에 대한 구체적 방법을 결정하였다.

우선 위원과 초산경찰서원들이 각각 50명으로 증가하였다. 초산부대는 다양한 경로를 따라 하류 혼강구로 나와 다시 하루하자(下漏下子)를 거쳐 오리전자로 나와 카네코 지도관이 이끄는 경찰대와 합류하였다.

테라자키 지도관의 부대와 합류한 위원부대는 횡로, 피조구를 경유, 적들의 근거지인 신개령에 이르렀다. 24일(처음에는 21일이었지만 23일로 변경, 다시 24일로 변경) 각 부대들은 새벽을 기해 두 방향으로부터 포위 대형을 이루어 일제히 적들을 박멸한다. 계획 종료.

24일 오후 8시 신개령을 출발한 초산부대는 말이 끄는 썰매 네 대에 비둘기 28마리, 일주일 치 식량을 가득 실었다. 한치 앞도 분간할 수 없는 어두운 밤이었다. 때마침 내리는 눈을 뚫고 하루하자를 향하여 부지런히 달렸다. 눈이 1척 5촌 남짓이나 쌓였다. 문자 그대로 길이 없는 곳에 길을 만들어 가면서 갔다. 다음날 21일 새벽 5시 속옷까지 젖어서 간신히 하루하자에 도착하였다. 대원들의 사기는 하늘을 찌른다는 전서구 통신이 도착하였다. 22일 오후 6시 오리전자에 도착한 부대는 본부 앞으로 다음 내용을 통신하였다.

"다음날 23일 오후 조선혁명군 제1사령 최종륜의 연락자와 우리 경찰서 밀정 두 명이 신개령으로 가는 길 위 초가집 세 채에서 회견하고 귀순 여부를 결정할 예정이었다. 사전협의를 통하여 위원대는 신개령 990고지를 중심으로 동남쪽을 포위하고, 본대는 환인현경찰대와 합류, 서북쪽을 포위하기로 하였다. 우선 앞서 말한 초가집 세 채에서 회견 중이던 적의 연락자를 체포한다.이들에게 근거지를 안내하게 하여 24일 새벽을 기하여 일제히 기습을 단행한다"

한편 통구에 대기 중이던 경비기는 24일 이른 아침 출동하였다. 적을 위협하기 위하여 신개령 990고지를 중심으로 정찰과 연락 비행을 하기로 하였다. 마침내 23일 990고지의 험한 길을 행진 중이던 위원부대는 초산부대는 "오늘 적의 사자를 체포취조하여 본거지를 확인하였다. 적절한 시기를 보아 내일 아침까지 기다리지 않고 바로 돌격할 것"이라는 내용을 본부에 통신한다. 그 후 몇 시간 동안 밤 11시가 지났어도 위원과 초산 두 부대는 전혀 연락이 없었다. 경찰부는 수십 차례나 이들과 연락을 독촉하였다. 본부인 외차와 중계하여도 전혀 연락할 방법이 없기에 대기 중이었다. 다음날 새벽 5시가 되자 오리전자의 초산부대는 다음과 같이 통신하였다.

"초산부대는 23일 오후 3시 오문구(烏門溝)에 도착하였다. 코피를 흘리고 있는 만주인 한 명과 우연히 마주쳤다. 그에게 코피를 흘리는 이유를 물어보니 선비 두 명에게 구타당했다고 한다. 만주인을 구타한 선비가 최종륜의 연락자 두 명일 것이라 판단하고 즉시 서둘러서 수색하였다. 남노영구(南老營口) 입구에서 선비로 보이는 자를 발견하고 체포하려 하는데, 그들이 권총을 발사하였다. 이에 엎드려 쏴 자세로 한 명을 사살하고, 다른 한 명을 체포하여 근거지 안내자로 삼아 연행 중이었다. 다시 1리 정도 가서 요령 산고개에서 갑자기 일제 사격을 받고 응전하여 적 한 명을 쓰러뜨렸다. 높은 지역의 적이 아래의 우리를 바라보며 사격하는 곤란한 상황에 빠졌다.

선두에서 용감하게 활동 중이던 카도마 료조 순사는 코뼈로부터 오른쪽 뺨이 관통당한 총상에도 불구하고 적의 고지를 탈취하였다. 저들이 도주한다 하더라도 우리도 그 이상 전진한다면 전멸할 수 밖에 없다. 더욱이 대원들은 몇 시간이나 눈 속에서 교전하여 온몸이 눈과 진흙에 젖었다. 심신이 모두 피로하다. 일단 물러나 휴식을 취하고 재기(再起)할 것임"이라는 내용을 본부에 보고하였다.

22일부터 감감무소식이던 위원부대는 24일 오후 5시 20분이 되자 "오늘 아침 새벽 신개령에서 산채를 공격하고 반절구(半折溝)로 퇴각함"이라는 통신을 하였다. 그 후 위원부대가 23일 오후 8시 횡로를 출발, 24일 오전 5시 테라자키 지휘관과 함께 초가집 세 채에 도착하였다는 소식이었다. 위원부대는 신개령자 전면에서 공격하기 위하여 새벽 6

제7장 토벌 이후

시 적의 산채 중앙 양쪽으로 흩어져 완전한 포위 대형을 갖추었다. 산채로 단숨에 전진하였으나, 적은 23일 저녁 산채를 빠져나간 것으로 확인되었다.

부대 일동은 아침밥을 먹고 아침 9시 40분 귀로에 올랐다. 북노영구에서는 조선혁명군 제17대대 상등병으로 27세 봉민극을 체포하고 대형 모젤 권총과 실탄 수십 발을 압수하였다. 오후 4시 30분 앞서 말한 반절구까지 퇴각하였다. 다음날 25일 이른 아침 피조구를 출발, 정오에 대양차를 거쳐 오후 4시 30분 외차구 본부로 귀환하였다고 한다.

25일 오후 2시 55분 초산부대가 전서구로 운해천주재소 도착을 보고하였다. 그 내용은(25일 오후 1시 45분 1,004고지에서 호리 경부보 발신) "고개에 있던 선비 17여 명은 우리 부대의 전진을 알아차리고 급하게 사격하므로 우리도 응전한다. 피차간의 거리는 100미터, 우리 부대도 공격 중인데 적도 퇴각할 조짐이 없어 서로 격전 중이다. 여하튼 응원을 부탁한다"는 통신이다.

이 통신을 본 잔류 서원들은 갖가지 생각이 들었다. 혹시 우리 대원들이 전멸한 것이 아닌가 우려하던 중이었다. 경찰부는 일동에게 갑자기 "연담에 대기 중인 벽동대원 이외 대기하는 부대원들은 전원 서둘러 응원하라"는 명령을 내렸다. 벽동부대는 바로 지금이라고 생각하여 즉시 출동하였다. 위원부대도 외차에 도착하자마자 다시 즉시 출동한다. 경비기도 서둘러 응원한다.

오후 5시 50분 전서구편으로 다음과 같은 내용이 도착하였다(오후 2시 20분 1,004고지로부터 호리 소대장발) "2시 15분 지형이 불리하였다. 이에 우리 부대는 일거에 점령하기 위하여 적의 전면으로 돌격, 이를 점령하였다. 적은 사체 두 구를 유기하고 약 100미터를 후퇴 고개에 의지하여 완강히 저항 중이다. 적들은 김활석과 최종륜 부대가 합류한 선비이다. 김활석과 최종륜이 직접 선두에 서서 지휘한다. 우리는 저것들을 섬멸하고자 한다" (제2보)」

경부보는 다시 비행기로 다음과 같은 정찰상황 첩보를 보고한다. "후지타 비행사 조종, 카사와라 경부 동승 경찰기는 단숨에 날아올라 외차구 상공으로부터 약 1,000미터 고도를 유지하면서 오후 5시 15분 격전지 1,004고지에 도착하였다. 우리 초산부대는 즉시 연막과 기타 신호로 비행기와 완벽한 연락을 취하였다. 자세히 정찰하여 보니 우리 부대는 이미 고개를 점령하고 이를 본거지 삼아 아직 격전 중이다. 총성이 상공까지 길게 울려 퍼진다. 적은 바위굴과 나무 수풀 가운데에서 저항하고 있음이 확인된다"

그 후 위원부대와 초산부대는 다시 연락이 없었다. 이에 혹시 전멸한 것이 아닌가 걱정되어 경찰서 내에서 뜬눈으로 하룻밤을 지새웠다. 특히 그날은 작년 3월 25일은 옹암주재소원 와시즈 경부보가 건너편 유수구자(楡樹溝子)에서 관통 총상을 입었고, 김영길 부장이 순직한 날이었다. 게다가 창성(昌城) 대길리사건이 발생한 날이었기에 아직도 걱정이 되었다.

다음날 26일 오전 8시 30분이 되어서야 초산부대는 전서구로 다음과 같은 통신을 하였다.

"25일 오후 5시 30분 1,004고지에서 적은 아직 완강히 저항 중이다. 하지만 우리의 사격이 유효하여 적은 큰 손해를 주었을 것이라 예상된다…비행기와 연락을 완료하였으며, 해질녘을 기다려 적을 격멸한다…예광 수류탄이 부족하여 곤란하다"

하지만 위원부대의 소재는 계속 확인되지 않는다. 초산부대도 오후 5시 30분 이후의 행동이 확인되지 않아 후속 보고를 기다린지 오래다. 경찰부와 초산, 그리고 외차구 본부와의 전화 연락만 유지될 뿐이다.

제7장 토벌 이후

그 후 전혀 정보가 없어서 정말 곤란하던 차에 오후 2시 전서구편으로 다음과 같은 통신이 옹암출장소에 도착하였다.

(3월 26일 오전 8시 30분 호리 소대장 발신)
"…27일 일몰이 되었는데도 적은 아직 겁을 먹지 않는다. 오후 10시 20분 우리 부대는 일제히 공격, 적 진지를 점령하였다. 적은 사체 일곱 구, 앞의 보고와 합하면 사체 아홉 구를 유기하고(그 밖에 절벽에서 추락한 수가 수 십 명이나, 실제 숫자는 불명) 환인현 요전수구 방면으로 도주. 더 이상의 추격은 불리하다고 판단하고 일단 추적, 부근 일대를 수색하고 산채를 소각. 26일 새벽 1시 산 위를 출발, 아침 7시 30분 오리전자로 퇴각. 부대는 전혀 피해 없음"이라고 하였다. 이 통신으로 겨우 한숨 돌렸다. 이 때 너무 기뻐서 그 즐거움을 오랫동안 잊지 못할 것이다.

경찰부에서는 이 보고가 도착하자 당일 오후 4시 30분 "이로써 선비가 재기할 여지는 확실히 사라졌다. 일단 출동한 대원들은 모두 퇴각할 것"이라 명령하였다. 대양차에 대기 중이던 벽동부대는 즉시 출발하여 26일 오후 10시 초산읍에 도착, 다시 27일 새벽 0시 20분 벽동을 향하여 출발하였다.

그렇지만 위원부대와 초산부대에게는 이 명령을 전달할 방법이 없었다. 두 부대는 소재조차 파악되지 않는다. 압록강 건너편 경비전화(警備電話)도 위원부대와 불통이다. 우선 특사를 급파하여 그 외 모든 통지방법을 강구하였다. 그 결과 위원부대와 초산부대는 28일 오후 7시 30분 외차구 본부에 안착하였다. 다음날 29일 위원부대는 사카모토 서장, 초산부대는 야마다 서장이 지휘하여 외차구를 출발, 통천령(通天嶺), 그리고 냉수천자를 거쳐 오전 10시 40분 앙토주재소에 도착하였다.

앙토주재소에서는 경찰부장님 이하 100여 명이 집합하여 동방요배(東方遙拜) 후에 열병하였다. 총지휘관과 토벌소대장의 상황 보고에 이어 경찰부장의 열렬한 훈시가 있었다. 오후 1시부터는 경찰서원 가족들이 2박 3일 동안 진심을 담아 미리 준비한 요리로 향하였다. 주재소 안은 코모가부리[菰冠] 술로 개선 분위기가 넘쳐난다. 이리하여 각 부대는 오후 3시 만세 삼창을 부르고 각자 의기양양하게 해산한 다음 자동차로 앙토를 출발하였다. 관민 수 백명의 환송을 받으면서 "만세 만세" 소리와 함께 경찰서로 향하였다. 우리 역시 열흘 간의 부재중에 커다란 과오 없이 임무를 완수한 것이었다.

제7장 토벌 이후

전서구의 활약

초산경찰서 하라 테츠지[原哲次]

타카노 슈우조[高野秋三][83]

경찰부에서는 경비전화와 시가전화(市街電話)를 통하여 수십 차례나 토벌 중인 출동부대와의 연락을 독촉하였다. 잔류 인원들은 거짓말이라 생각할 수도 있다. 하지만 이는 당치 않은 소리다. 연락을 담당한 일원으로 쉬지도 못하고 잠 한숨 자지 못하면서 노력했다. 특히 위원부대는 한동안 그 행동을 분명히 알 수 없었다. 이틀이나 소식조차 없었다.

초산부대는 관내 운해천, 연담, 옹암 각 출장소로부터 우수한 전서구 28마리를 가져갔다. 위원경찰서는 아직 전서구를 사육하지 않는다. 휴대전화기를 가지고 갔으므로 만주국 전화선으로 연락이 올 것이라 생각하였다. 훗날 조사하여 보니 전화는 고장으로 통화 불능이었다는 것이다. 연락 수단의 상실이었다.

---

[83] 타카노 슈우조:치바현 출신이다. 1932년부터 1937년까지 평북 초산경찰서 운해천(雲海川)주재소 순사로 근무하였다(『朝鮮警察職員錄(1932·1937)』).

일본군의 군용 전서구[軍鳥](『陸軍步兵學校案內』, 39쪽)

　현재 군대에서는 전서구 이외에도 무전으로 연락을 취하고 있다. 현지 수비대에서는 무전을 통하여 신의주 국경수비대 및 봉천, 경성 등과 연락한다. 창성경찰서 무전반 네 명이 대길리에 배치되어 있다. 이전 벽동의 봉곡(鳳谷) 사건에 가지고 간 무전기는 사용할 수 없었다고 한다. 무전기는 여러 겹으로 쌓여 무게도 상당하고 고장도 잦다. 우선 현재 상황에서 '토벌에는 전서구'라는 말을 하고 싶다. 연락을 위해 사람을 직접 보내는 것이 확실한 듯 하다. 그러나 이마저도 압록강 건너편에서는 별로 쓸모가 없다.

　초산부대는 두 마리 내지 네 마리씩 일곱 차례에 걸쳐 비둘기를 날려보낸다. 3월 25일 신개령 1,004고지에서 운해천주재소가 사육하는 전서구 네 마리를 가장 먼저 날려 보냈다. 이 전서구들은 15리의 거리를 겨우 한 시간 반 만에 왕복하였다. 평균 두 시간 반 정도, 늦어도 세 시간 40분 만에 비둘기 우리에 도착하였다. 가장 늦은 저녁에 날려 보낸 전서구는 도중에 휴식을 위하여 1박 한 것으로 보인다. 이번 연락에는 전서구 통신이 가장 큰 공을 세웠다. 전서구로 보내오는 정보를 통하여 토벌대의 행동을 분명히 파악할 수 있었다. 그 때 전화도 불통이었다. 초산부대는 전서구마저 없었더라면 연락 방법이 전혀 없었을 것이다. (하라)

토벌대에서 사용한 전서구 및 통신 상황 개략

구사(鳩舍) 명칭	사용 전서구(마리)	귀래 전서구(마리)	실종 전서구(마리)	통신 건수(마리)
운해천	10	9	1	4
담연	7	6	1	3
옹암	8	8	0	2
합	25	23	2	9

전서구 통신상황

월일	통신지명	공중직선거리(km)	통신	비둘기 수
3월 21일	관전현 하루하	15	1	4
3월 23일	환인현 화수전자	20	1	4
3월 24일	환인현 오리전자	22	1	3
3월 25일	환인현 1,004고지	30	3	7
3월 26일	환인현 오리전자	20	1	3
3월 28일	환인현 괘패령	19	1	4

전서구 통신은 25일 1,004고지 전투의 제일보에서 가장 적적한 효과를 발휘하였다.

지형도 익숙하지 않은데다 산들이 겹겹이 둘러싸인 3키로나 되는 먼 거리였다. 그러나 전황 보고는 약 50분 만에 이루어졌다. 이는 뜻밖의 좋은 성적이기는 하여도 이번 통신은 전반적으로 성적이 좋다 할 수 없다. 여러 가지 가운데 가장 큰 원인은 비둘기의 훈련 부족이라고 생각된다.

선천적으로 귀소(歸巢) 능력을 갖춘 비둘기가 둥지에 길들여지면 여러 번 날려 보내는 훈련을 하지 않아도 돌아온다. 다만 돌아오려면 많은 시간이 필요하다. 비둘기를 날려 보내는 훈련의 목적은 다시 돌아오게 하는 것이다. 이것만 가능하면 훈련 시간을 단축할 수 있다.

훈련 용어에서 '적 앞에서는 횡으로 전개하라'고 한다. 적지에서 통신예상지와 훈련 방향에 대한 훈련이 불가능하면 가로 방향, 다시 말해 좌우로 훈련선을 펼치면 그 반경 이내의 세로 방향 즉, 전후로의 통신도 가능하다.

초산경찰서 비둘기도 다가올 월경(越境) 시기를 대비하여 이번 여름에는 압록강 상하류 50키로미터 정도까지 훈련을 실시하였으면 한다. (타카노)

전적(戰跡)

초산경찰서 옹암주재서 야마시타 토미로쿠[山下富祿][84]

아라키 에비토[荒木末人][85]

어제 전투에서 우리 월경 부대원들은 도대체 몇 번이나 내리고 쌓였
는지 모를 눈 속을 무릎까지 빠져가면서 반쯤 만들어지다 만 발자국을
뒤쫓고 있었다. 그 목적은 어제 벌어진 전투의 비적 잔당(殘黨) 소탕과
사체 조사이다. 점점 생생해지는 전투의 흔적. 어제의 고전(苦戰)을 떠
올리면서 908고지의 경사길을 오른다. 사체 한 구를 뒤로 하고 전진하
는데 발디는 곳마다 급경사이다. 몇 척이나 눈이 쌓인 곳에서는 전투
중에 생겨난 길에만 의지한다. 서리가 엉겨 붙은 가지를 붙잡으면서 높
은 산 정상을 올려다본다. 그 때마다 진절머리가 나는 듯 하다.

---

84 야마시타 토미로쿠:쿠마모토[雄本]현 출신이다. 1937년 평북 초산경찰서 옹암주
재소, 1943년 용암포경찰서 신도(薪島)주재소 등에서 순사로 근무하였다(『朝鮮
警察職員錄(1937·1943)』).

85 아라키 에비토:쿠마모토현 출신이다. 1930년 평북 의주경찰서 내곡(內谷)출장소,
1932년 초산경찰서 운해천주재소 등에서 순사로 근무하였다(『朝鮮警察職員錄
(1930·1932)』).

초산경찰서 옹암주재소(擁岩駐在所) 망루
(『國境警備』, 62쪽)

그 순간 나는 여기저기 어지럽게 흩어진 발자국을 바라본다. 이야말로 어제 빗발치던 적의 탄환, 그리고 이 쌓인 눈과 경사와 싸워가면서 쏜살같이 전진하던 우리 동료들의 발자국이 아닐까하는 생각이 들었다. 겨우 정상에 다다르자 적진(敵陣)의 흔적에 섰다. 거칠어진 숨을 삼키면서 멀리 산기슭 정상까지 바라본다. 이때 아!(감탄소리가 절로 나온다…역자) 적이 방어진지로 삼기에 최적의 장소인 고지를 점령하기까지 우리의 악전고투는 말로 표현할 수 없을 것이다. 정상에서 엉덩방아를 찧어가면서 10미터도 채 안되는 지점으로 내려갔다. 적 사체 세 구를 발견하였다.

우리 부대가 던진 척탄통, 수류탄 파편이다. 우리는 주변에 생존한 비적의 잠복 여부를 확인하고, 본격적인 사체 수색에 착수하였다.

쌓인 눈 속에서 어지러운 한 줄기의 발자국까지 수색하였다. 약 20미터 정도 지점에서 스무 살 전후로 추정되는 적을 발견하였다. 그는 부상을 입고도 아무런 치료도 받지 못한다는 상황에 단념하고 죽은 것 같았다. 이름도 알 수 없는 그는 목패만 허리띠에 차고 마치 자는 듯이 죽어 있었다. 그의 시체 앞에 섰을 때 '적이지만 훌륭하다'는 생각이 들었다.

몇 분 후 부대를 둘로 나누어 계곡의 가옥을 수사하였다. 밥을 지은 흔적조차 거의 없는 방 가운데에는 겨우 옥수수, 조 등이 준비되어 있

제7장 토벌 이후

었다. 이처럼 조악한 음식으로 그리 저항할 정도로 지구력이 강하다는 사실에 감동하였다. 새삼스럽게 군국(君國)에 보답하는 길은 설령 적지에 시체로 남겨져 그대로 썩는 한이 있더라도 남아로서 부끄럽지 않은 죽음을 맞이하는 것임을 마음에 새겼다. 약간의 노획품을 가지고 귀환하였다. (야마시타)

　동절기에는 출동을 앞두고 주의를 기울여 기록한다고 한다. 가능하면 출발 전 총구에 기름칠은 적게 한다. 폐쇄기와 발조(發條) 등의 기름은 완전히 닦아내어야 한다. 설령 눈 속에서 쓰러지더라도 총만은 눈 위로 떨어지지 않게 주의하여야 한다. 총을 떨어뜨리면 가늠자 주변부터 눈이 들어온다. 한기 탓에 툭하면 얼어붙은 총은 발사 불능이 된다.

　다음은 탄환 절약에 대해 말하고자 한다. 전투가 오래 계속될 것이라 예상하고 적이 세 발을 격발하면 우리는 탄환 한 발에 적 한 명을 죽이겠다는 의지로 한 발의 탄환이라도 절약하여야 한다. 그렇지 않으면 탄환 보충이 곤란하다. 야간 행동에서도 주간과 마찬가지로 정숙하게 지형지물을 이용해야 한다. 달이 밝을 때 한 그루만 있는 나무를 이용하는 것은 바람직하지 않다. 총구의 불빛을 목표로 삼아 사격하는 야간 전투에서 한 그루만 있는 나무는 적의 표적이 될 우려가 있다. 적이 고지에 있고 내가 평지에 있으면 한 발씩 발사하고 이동하면 적의 표적이 되지 않고 이동이 가능할 것이다.

　배낭의 식료품은 얼음사탕, 말린 오징어 따위가 적당한 듯하다. 3월 23일 밤 부상을 입은 몬마군과 동행하던 도중 가슴까지 물에 빠져버렸다. 이 때문에 배낭 속으로 물이 잔뜩 들어가 과자와 그 밖에 물건들을 죄다 버렸어도 얼음사탕, 말린 오징어만은 그 맛을 잃지 않았다. 이런 것들은 오래 보존해도 부패하거나 얼어서 먹지 못할 걱정도 없다.

동상 방지를 위해 발에 고춧가루를 뿌리는 모습. 1902년 1월 홋카이도[北海道] 아오모리[靑森] 주둔 일본 육군 제8사단 5연대 2대대가 러일전쟁 보급로 탐사를 위한 종주 도중 혹한과 눈보라로 210명 가운데 198명의 병사들이 동사한 사건을 주제로 한 영화 '핫코다산[八甲田山](1981)'의 한 장면이다.

　동상 예방에 대해 말하자면 발싸개 종류 같은 것은 넉넉한 것을 사용한다. 고춧가루 두 숟가락 정도를 직접 피부에 닿지 않게 발끝에 넣어두면 동상에 쉽게 걸리지 않는다. 우리도 교전을 목적으로 출동하는 이상, 부상자가 나올 경우를 예상하여야만 한다. 이번에 요령에서 몬마군이 부상을 입었을 때 가장 가까운 인가까지는 약 5리였다. 그 부근 안에는 운반을 위한 들것도 없었다. 부대원들 모두가 들것으로 사용하기 위한 재료를 찾기 위하여 몇 시간을 헤메었다. 간신히 만주인 가옥에서 불에 그을린 흔적이 있는 타다 남은 문짝을 긁어모아 들것 대신 사용하였다. 도중에 몇 번이나 수리를 반복하면서 새벽 5시 간신히 오리전자에 도착하였다. 만일 그 때 들것을 가지고 갔더라면 (어떠했을까…역자). 대규모 부대라면 이후 반드시 들것을 가져가야 한다는 생각이다. (아라키)

빛나는 경찰관 공로기장(功勞記章)

1월 19일부로 벽동경찰서 순사부장 코토 카즈마[後藤數馬][86] 외 일곱 명은 국경경비에서 발군(拔群)의 공적으로 조선총독이 경찰관에게 수여하는 최고의 영예인 공로기장을 받았다. 2월 3일 은 벽동경찰서에서, 2월 5일은 위원경찰서에서, 각각 오전 11시부터 훈장 전달식이 거행되었다.

영광스러운 수상을 한 직원은 작년 9월 20일 적의 상황을 내사 중 수십 명의 적과 충돌하여 장렬하게 순직한 위원경찰서 신천출장소 순사부장 고 요시와라 이츠지[吉原齋][87], 당시 중상을 입었으면서도 총기를

---

86 코토 카즈마: 오오이타[大分]현 출신이다. 1932년 평북 창성경찰서 대평(大平)주재소순사, 1937년 벽동경찰서 노장(魯章)출장소 순사부장, 1943년 만포경찰서 경부 등으로 근무하였다. 1936년 10월 9일 20여명의 항일세력이 벽동경찰서를 습격하였을 당시 부하들을 독려하여 이를 격퇴한 공으로 1937년 1월 19일 '경찰관공로기장'을 받았다(『매일신보』 1937년 1월 20일, 「警察官의 龜鑑表彰 十一名에 功勞章 - 인명구조와 비적토벌 공로로 十九日 南總督이 授與」; (『朝鮮警察職員錄(1932·1937·1943)』).

87 요시와라 이츠지: 1937년 1월 평북 위원경찰서 신천(新川)출장소 경찰로 재직하다 항일반만세력과의 전투 중 전사하였으며, 그 해 4월 야스쿠니신사에 배향되었다. 1939년 3월 조선총독부가 만주의 치안유지에 공적이 있는 경관들을 포상하기 위해 실시한 '만주사변 제3차 논공행상'에서 백색동엽장과 금을 하사받았다(『매일신보』 4월 2일, 「殉職警察官-三氏合祀 靖國神社에」;『동아일보』 1939년 3

간도총영사관 연길분관 의란구분서(依蘭溝分署) 경관들이 반만항일세력 지도자 주진(朱鎭)[88]을 체포한 공으로 상을 받은 모습이다(『警華帖』, 207쪽). 경관들 모두가 트로피를 들고 있는 모습이 이채롭다.

사수한 순사 정재범(鄭載範)[89], 그리고 10월 9일 벽동경찰서 노장출장소(魯章出張所)가 습격을 당하였을 때 침착하게 대응하여 적 네 명을 사살하고 적의 계획을 좌절시킨 순사부장 코토 카즈마, 그리고 앞서 언급한 요시와라 부장의 원한을 풀기 위해 고심 중이던 작년 12월 9일 적의

월 23일, 「滿洲事變論功行賞」;『매일신보』1939년 3월 23일, 「滿洲事變論功 朝鮮 警察官行賞 廿二日警務局에서 發表」).

88 주진은 한인으로 1934년 동만주에서 성립한 동북인민혁명군 제2군 독립사의 사장이었다. 제2군 독립사는 1,200명의 병력과 980여 정의 총을 갖고 있었는데, 그 병력의 2/3가 한인이었다. 이 항일부대는 사실상 조선혁명군이나 한국독립군과 같은 민족주의계 독립군과 이념을 약간 달리하였을 뿐 일제 타도라는 목표와 그를 위한 역할 수행은 비슷했다(장세윤, 앞의 책, 2009, 173쪽).

89 정재범: 평북 출신이다. 1936년 12월 9일 평북 초산경찰서 신천출장소 순사로 근무하다 항일반만세력과의 전투 중 전사하였다. 1937년 1월 공로기장을 받았다. 1939년 3월에도 조선총독부가 만주의 치안유지에 공적이 있는 경관들을 포상하기 위해 실시한 '만주사변 제3차 논공행상'에서 백색동엽장과 금을 하사받았다. 1940년 4월에는 종군기장을 받았다(『朝鮮總督府官報(1937·1940)』) ;『朝鮮警察職員錄(1937)』).

위문품을 받은 경관들(『國境警備』, 136쪽)
자루에는 "국경위문대(國境慰問袋)"라고 씌여 있다.

잠복 장소를 습격, 괴멸적 타격을 준 신천출장소 순사부장 요시다 이사무, 순사 야부키 마사토시, 후지자와 분지로, 오병욱, 김찬희 등 여덟 명이다.

영하 30도의 혹한에도 아랑곳하지 않고 세 차례에 걸쳐 표고 1,700미터의 산채에 도사린 비적을 토벌하고, 마침내 비적 17명을 육탄으로 섬멸한 평안북도 자성경찰서 경부보 이치노세 타네토미[市瀨胤美][90], 장렬히 순직한 순사부장 고 타케사코, 순사부장 이사카와 시게루, 이케다 타카오, 순사 아카스지 등 다섯 명의 활약은 각 방면으로부터 격찬을 받고 있다. 미나미 총독은 4월 3일 국경의 용사 다섯 명에게 전국 경찰

---

[90] 이체노세 타네토미:토쿠야마[德山]현 출신이다. 1937년 평북 초산경찰서 순사로 근무하였다. 1939년 3월 만주사변 제3차 논공행상에서 '만주의 치안유지 공적'으로 백색동엽장(白色桐葉章)과 금을 받았다(『朝鮮警察職員錄(1937)』; 『매일신보』 1939년 3월 23일, 「滿洲事變論功 朝鮮警察官行賞 廿二日警務局에서 發表」).

관 최고의 명예인 경찰관 공로기장을 수여하고 크나큰 공적을 표창하
였다. (오오사카아사히[大阪朝日] 조선판)

　29일 천장절에 평안북도 경찰부는 도회의실에서는 노호산사건 당시
분투한 자성경찰서의 고 타케사코 순사부장 이하 다섯 명, 그리고 선비
본거지 섬멸에 특별한 공을 세운 초산경찰서장 야마다 경부 이하 여덟
명에 대한 경찰관공로기장을, 초산경찰서원 두 명에 대해서는 미나미
총독의 감사장 전달식을 각각 거행하였다. 이상 경찰관 15명의 공적은
국경경찰관의 귀감일 뿐 아니라 전국 경찰관들의 살아있는 교본이다.
　특히 타카, 오오쿠리 두 부장과 같은 이들은 이미 공로기장을 수상하
고도 그보다 더 높은 공로를 세워 다시 총독의 감사장을 받았다. 이러
한 사실은 일찍이 반도 경찰계에 없었던 국경경찰관의 커다란 자랑이
다. 이 가운데 초산경찰서의 열 명은 ○(비적토벌) 초산경찰서장 야마다
마노스케[山田俟之助], ○(선비 본거지 박멸) 경부보 호리사부로, 순사
부장 나가오카 우이치[長岡卯市], 동 요시다 세이키츠[吉田淸吉], 순사
몬마료조, 동 황금룡, 동 최일환, 동 스키모토[杉本滿盛], ○(감사장 수
상자) 초산경찰서 순사부장 고피득, 동 오오쿠리 마사오이다. (大阪朝日
조선판)

쇼와[昭和]의 모모타로[桃太郎]

작자 나가노(모모타로)

(앞서 말하기를) 나가노 전 경찰부장이 본 쿄우겐[狂言]에 대한 작사와 편곡을 하였다. 26일 경찰기가 귀환하던 날 밤이거나 사건 후 축하연 등이 개최될 즈음 분주했던 잠깐 사이에 만들어진 명작?일 것이다. 역할과 두 세번째의 가사가 사라진 것은 "고려치(高麗鴙)"가 되었던 후지타 비행사가 마음대로 붉게 가필한 탓에 삭제된 것으로 보인다.

곡은 시노비(전주곡), 큰북이 둥둥둥둥둥, 피리가 삐이삐이삐이, 샤미센[三味線]이 뎅뎅뎅?

"마적"(고등과장이 마적의 모습으로 기세 좋게 등장한다)

우리들이야말로 동변도 산간 오지에 사는 마적입니다. 최근 계속 토벌을 당하여 산채는 불타고 식량은 다 떨어졌습니다. 남은 사람들도 생명이 경각에 몰려 궁지에 몰린 쥐처럼 도리어 고양이를 무는 일도 있을 수 있습니다. 이거야말로 정말 지금 난폭해지려 하는가.

찍찍……

저…저…저기 좋은 돈줄(인질)이 있다.

둥둥……

저것은——(여자의 비명)

"모모타로"(경찰부장이 의기양양하게 등장한다)

 1. 지금 나타난 나야말로 신의주의 소화 모모타로,
    요즘 건너편에서 마적들이 툭하면 출현하여,
    인민들을 괴롭히고 있다.
    얼핏 이러한 사정을 들은 모모타로는 (주민들을⋯역자) 돕기
      위하여
    (마적들을) 정벌하고자 막 나선 참이다.
 2. 산의 고개를 넘어서 계곡을 넘어서 그 놈들이 사는 집을 찾았
    지만,
    좀처럼 눈에 띄지 않는구나.
 3. 저 멀리 바라보니 무엇인가 수상한 사람의 그림자가 있어,
    망원경으로 바라보니 바늘 같은 수염이 나고,
    눈깔을 데굴데굴 굴리는 얼굴이 있다.
 4. 그렇지만 쇼와 모모타로는 눈깔 따위는 아랑곳 않는다.
    준비한 철포를 끄집어 내어 쾅하고 한 발을 쏘았더니,
    뿔뿔이 흩어져 도망간다.
 5. 미처 도망가지 못한 두목의 목덜미를 부여잡고 끌고 온다.
    그 놈의 목을 가차없이 베어서 허리에 달고 껄껄 웃으면서
    의기양양하게 물러났다.

제7장 토벌 이후

제8장
국경의 애환

1936년 2월 자성군 건너편 마을을 방문한 조선총독부 경무국장 이케다[池田] 일행을 환영하는 만주인들이다(『國境警備』, 4쪽). 본문의 조선총독부 경무국장 미하시 코이치로[三橋孝一郎] 는 1937년 2월 11일부터 15일까지 '국경경비상황시찰 및 국경경찰관위문'을 목적으로 함경남도와 평안북도를 시찰하였다. 미하시 일행도 사진과같은 환영을 받았을 것이다.

국경선 종주(縱走)

경성일보 특파원 오오츠 가즈오[大津和男]

1

지난 2월 4일과 5일 이틀간에 걸쳐 만주국 신경(新京)에서는 경무과 장회의가 개최하였다. 이 회의의 목적은 관동군과 협력하여 내선만(內鮮滿) 공동의 적, 드넓은 만주를 횡행하던 토비, 공산비에 대한 초멸(剿滅)을 기하는데 있었다. 이 회의에서는 경무과장회의 단안(斷案)에 따라 올해 안으로 동변도 일대 압록강, 두만강 양안 지대 비적들을 모두 추방하고 철저하게 항일, 반일분자를 궤멸시킨다는 방침을 수립하였다. 다시 말해 관동군, 만주군, 정안유격대(靖安遊擊隊)로 구성된 비적 대토벌대가 행동을 개시하자 녹림의 영웅들과 대표적 인물들은 모두 안주지(安住地)?(원문…역자)인 평안북도, 함경남북도 건너편으로 모여들었다.

미하시 국장(釜山日報:1936.9.6)

의주경찰서 옥강(玉江)주재소의 강변감시소(『國境警備』, 179쪽)

　조선총독부 경무국도 만주국의 적극적 토비공작에 부응하여 서둘러
경비치안 계획을 전환하고, 만선일여 대방침에 기초하여 국경경비선
강화를 도모하였다. 하시모토 조선총독부 경무국장은 올해 국경에서
겨울의 진을 공고히 할 목적으로 10만 엔의 책임지출을 단행하였다. 그
리고 국경제일선의 17개 경찰서에 국경선의 위기상황에 대비하기 위한
특별경비대와 기관총부대를 편성하였다. 조선총독부는 단숨에 이들을
300여리 국경에 배치하였다.

　"올해와 내년 결빙기는 만주국의 토비 공작으로 국경선이 가장 위험
하다. 도망갈 곳을 잃은 토비들은 반드시 조선으로 건너와 횡포를 부릴
것이다"고 한다. 압록강[아리나레, 阿利那禮江, 阿利那禮川](원문…역
자)에 얼음이 얼어감에 따라 국경을 수호하고자 하는 사람들의 투지와
긴장감도 더욱 고조된다.

　미하시 코이치로[三橋孝一郎][91] 경무국장은 만주국의 탄생으로 그 임

---

91 미하시 코이치로: 치바현 출신이다. 1929년 11월 이바라키[栃木]현 경찰서장으

무가 더욱 중요해진 국경경찰관과 그 가족을 격려, 위문하기 위하여 보름간의 일정으로 기원절 2월 11일부터 국경제일선을 순시하기로 하였다. 여기에는 이나다[稻田], 사카토[阪東] 두 속(屬)과 나를 포함한 세 명이 수행하였다. 미하시 국장은 6년 전 조선총독부 경무과장 시절에도 평북 관내의 겨울 국경선을 시찰한 사실이 있었다. 이전에 경무국장 수행한 경험이 있던 이나다 속도 "저는 국경에 있는 친구가 기대가 된다"고 하였다. 압록강과 철조망은 처음 보는 나와 사카토 속은 이나다 속을 부러워하였다.

12일 아침 함흥에 도착한 국장 일행은 그 길로 함남경찰부를 방문하였다. 미하시 국장은 키라[吉良] 경찰부장 이하 부원들에게 "제군들과 제이선 사람들의 연락이 있어 지도, 훈련이 가능하였습니다. 덕분에 국경제일선 치안이 확보될 수 있었습니다. 토비 공작과 손발을 맞추어 활기차게 책임을 다해주었으면 합니다"고 국경제이선을 보호하는 사람들에게 호소하였다.

이어 키라 경찰부장, 우시지마[牛島] 경부의 안내로 12일 오후 10시 함남의 국경제일선 17리 시찰에 나섰다. 12일 새벽 4시 길주(吉州)에서 혜산선(惠山線)으로 갈아타고 시속 3마일이라는 엄청나게 느린 속도로 표고 1,400미터의 백암령(白巖嶺)을 넘었다. 승무원은 "차안 온도가 영하 10도 정도, 차밖은 영하 32.3도 정도입니다. 올해는 비교적 따뜻합니다"고 설명하였다. 스토브를 켜도 얼굴만 따뜻하고 등에는 오싹오싹

로 재직하다 조선총독부 경무과장으로 조선에 부임하였다. 1930년 1월 경찰관강습소장사무취급겸무군속으로 재직하다 의원면직하였다가 1936년 7월 조선총독부 경무국장으로 부임하였다. 재임 기간 중 "적극적인 경찰의 대중화"를 주장하였다. 1936년 3월 항일반만세력 토벌과 밀수 방지를 위한 '국경경비'와 관련하여 관동군과 협의하는 등 전시체제 아래 일제의 침략전쟁에 적극 간여하였다. 1940년 5월 조선경찰협회장조선경방협회장 등으로 재직하다 1942년 6월 퇴임하였다.

한기가 든다. 방한복도 그다지 쓸모가 없다.

6척 정도의 고드름이 발처럼 드리운 봉두역(鳳頭驛)에 도착하였다. 혜산경찰서장 시오타니[鹽谷] 이하 무장한 봉두주재소원들 십여 명의 용감한 환영을 받았다. 덕분에 추위도 말끔히 사라지는 듯 하다. 주재소원 부인들이 정성을 다해 준비한 점심을 먹었다. 미하시 국장은 "제군들이나 가족들이 건강하게 근무하고 있는 것을 보니 안심이다"고 말하면서 주재소 직원들을 위로하였다. 마지막으로 이나다 속에게 귓속말로 "엄동설한에 비적과 싸우고 있는 국경 경관을 위문하러 온 우리가 너무 후한 대접을 받으니 미안하다"고 속삭일 정도였다.

미하시 국장의 결정에 따라 일행은 기차에서 자동차로 갈아타고 작년 10월 탄생한 특별경비대를 선두 삼아 혜산진으로 향했다. 마상령(馬上嶺)에서 국경의 명물 백두산을 바라보니 문득 국경의 정취가 피어올랐다. 혜산진에 도착한 오후 2시 기온은 영하 17도였다. 심부름하는 아이에게 날씨를 물어보니 "오늘은 삼한사온 가운데 사온으로 봄날 같은 날씨입니다"라는 대답이다. 저녁 7시에 장백현공서를 방문하자 기온은 갑자기 영하 27도까지 떨어졌다. 너무 추워서 입도 벙긋하기 하기 싫은 날씨였다.

2

12일 오후 2시 미하시 경무국장이 그리 자랑하던 신선조[新撰組, 혹은 新選組] 트럭의 안내로 국경 제일의 도시?(원문…역자) 혜산진에 도착했다. 서장과 그 가족들은 국장의 모습을 보고 긴장하면서도 활짝 웃는 얼굴이었다. 미하시 국장은 현직으로 근무하는 경관 150명과 그 가족들에게 다음과 같은 위로의 말을 전했다.

"제군들의 바로 눈앞에서 우방 만주국이 탄생하였습니다. 미나미 총독

이케다 경무국장 일행의 기념사진. 뒤의 건물은 의주 통군정(統軍亭)이다(『國境警備』, 5쪽)

각하와 우에다 겐기치[植田謙吉] 관동군사령관 각하가 작년 도문(圖們)에서 선만일여의 굳건한 악수를 교환한 사실은 아직도 새로운 역사적 사실입니다. 도문회견에 따라 선만의 국경경비는 물론, 선만일여라는 대방침을 진행하기로 하였습니다. 여기에 있는 제군들과 가족들의 책임이 무거워질 수 있습니다. 건너편 적 상황 사찰, 강변 경계에 더욱 주의하시어 제국 경찰관으로 활약을 기대합니다. 여러분들은 자신의 몸을 소중히 하고 건전한 체력으로부터 나오는 타오르는 듯한 지성봉공(至誠奉公)의 정신으로 국경을 지켜주십시요"라고 하였다. 아울러 아무쪼록 경찰관들이 건강에 주의하기를 부탁하였다. 마지막으로 남편들이 직무를 무사히 완수할 수 있도록 총후(銃後)에서 남편들의 출진을 돕고 있는 부인들에게도 심심한 위문을 말을 전하였다. 국경의 아이들과 함께 기념사진을 촬영하고, 수비대, 헌병대를 방문하였다. 오후 4시에 즉시 건너편 장백현공서로 차를 달렸다.

200여리 압록강 강폭의 반 정 정도의 지점인 이곳에 조악한 국제교(國際橋)가 가설되어 있다. 눈이 깊게 쌓여 강의 결빙면은 보이지 않았다. 장백현장 적윤전(翟允田)[92] 씨는 얄미울 정도로 일본어가 능통하다. 동북 일대의 일본인조차 무색할 정도다. 그도 그럴 것이 그는 삿포르[札幌]대학 농학사 출신으로 동변도에서도 손꼽히는 일본통이자 인텔리였기 때문이다. 그는 세금 징수에도 발군의 실력을 발휘하여 그 모양새도 바람직하다. 농민들에게 덕망도 있다.

얼마 전에는 적씨가 다른 곳으로 전근할 것이라는 소문이 돌자 현민(縣民)들이 놀라 유임 운동을 일으켰다. 그 운동이 성과를 거둔 모양이다. 우시지마씨도 "장작림(張作霖) 시절에는 이처럼 현민들이 관원 유임 운동을 하는 모습은 절대 찾아도 볼 수 없던 일이었습니다"면서 그의 인격을 언급하였다.

눈에 그을린 활기찬 얼굴의 현장(縣長) 비서 에구치[江口] 참사관이 장백현 일대의 적 상황을 설명하였다. 듣는 사람도 이야기하는 사람 모두 외교사령(外交辭令)이라는 임무를 제쳐놓고 30분 동안 진지하게 회담하였다. 이는 미나미, 우에다 두 장군의 도문회견이 여기서 실천될 수 있기 때문이었다.

서두에 말했다면 분위기가 조금 달라졌을 것이다. 동변도의 카멜레온을 여기 소개한다. (부인들은 방청 금지)

"에구치 참사관의 지휘로 장백현 오지에서 수 십 차례에 걸쳐 토비공작을 감행할 수 있었습니다. 그 때 악운이 다한 비적은 픽픽 쓰러졌습니다. 적의 그림자를 철저하게 추적하고 의기양양하게 돌아온 새로운 전장(戰場)(?)(원문…역자)에 남겨진 비적의 신체에는 분명히 생전에 있

---

92 적윤전(翟潤田)이라고도 한다. 1935년부터 1937년까지 장백현현장으로 근무하였다(『滿洲國官吏錄(1935)』).

었을 간장(肝腸)과 그 소지품이 사라졌습니다. 괴이하다고 생각하여 그 주변을 조사하여 보니 농가 뒤편 여기저기에서 사라진 비적의 간장을 말리고 있었습니다. 비적들의 간장은 최고가의 물건으로 불로불사의 약품으로 둔갑합니다. 농민들은 총소리가 울리기 시작하자 불로불사의 약을 갖고 싶은 마음에 목숨을 걸고 비적들의 사체에 달려듭니다"고 진지하게 이야기하였다. 도중 미하시 국장은 "하, 그렇군요. 그렇다면 오지에는 샤미센이나 뜻하지 않게 아베 사다오[阿部定男]와 딱 마주치는 일도 많겠네요"(원문…역자)라는 말을 덧붙이며 감탄하였다.

오늘은 겨울치고 날씨가 따뜻해서 낮 기온이 영하 17도라는 위로와 같은 인사를 들었다. 장백현에서 돌아와 혜산진 여관에 도착했을 때는 영하 27도로 킨고로[金語樓]가 말하던 풀이 아닌가(원문…역자). 여기저기 가릴 것 없이 춥지 않은 곳이 없다. 그런데 거리의 사람들은 방한구도 없이 한파가 춤을 추는 밤의 혜산진을 걷고 있었다. 우리는 도저히 이해할 수 없는 풍경이다. 여관 욕탕에는 스토브가 빨갛게 타오른다. 유리창에는 손가락 하나 두께 정도의 얼음이 퍼져 있다. 목욕탕에서 스토브를 경험하지 못한 이나다 속(나도 경험이 없었다)은 스토브를 물통으로 오해하고 바짝 다가섰다. 이 때문에 오른쪽 엉덩이에 길이 3촌, 넓이 2촌 정도의 화상을 입었다.

3

혜산진의 밤이 얼어붙어 간다. 시오타니 서장은 영하 37도라고 보고한다. 태어나서 이런 추위는 처음이다. 이렇게 엄청난 추위 속에서 미하시 국장은 수비대, 헌병대, 장백현공서, 세관출장소, 우체국, 읍사무소, 학교 등의 각 대표와 간담회를 개최하고, 국경경비에 참고가 될 만한 귀중한 의견을 청취했다. 당일 초대를 받은 사람들은 "우리가 경무

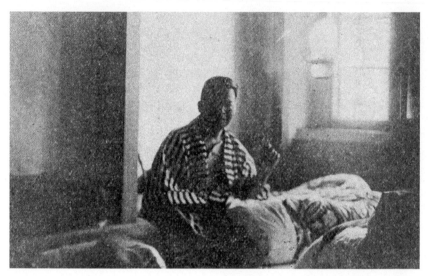
1930년대 온돌이 깔린 여관방(『滿鮮』, 253쪽).

국장 각하 초대를 주최해야 하는데 오히려 초대를 받았습니다. 게다가 우리는 당연한 일을 하고 있을 따름인데 감사의 말씀을 해주시니 송구스럽습니다"고 한다. 혜산경찰서를 아낌없이 후원하는 사람들의 진솔한 이야기를 들었다. 혜산진을 좋은 곳이라 생각하였다.

14일의 여정으로 혜산진에서 호인(好仁)을 거쳐 신갈파(新乫坡)에서 숙박하였다. 오전 9시 코털이 얼어붙는 혜산진을 출발하였다. 추운 날씨에도 불구하고 줄을 지어 늘어선 경관이나 관민 대표는 진심으로 국장 일행을 환송해 주었다. 자동차는 하얀 김을 뿜으면서 강구(江口)주재소에 도착하였다. 그곳에서 처음 망루를 보았다. 이 망루는 국경제일선 각 주재소와 출장소의 망루와 마찬가지로 작년 가을 압록강 건너편의 상황 급변으로 설치되었다.

이는 강구주재소도 마찬가지이다. 그 외 국경 300리 각 망루마다 평균 500엔의 공사비가 들었다. 제일선 경관들은 함남, 평북 두 도의 경찰부 예산이 없다는 사실을 알자 앞을 다투어 지갑을 털었다. 국경의

제8장 국경의 애환

망루는 경관들이 강변 경비를 하는 중에도 틈틈이 시간을 내어 석공이나 목수로 변신하여 쌓았다. 말하자면 경관들의 '애국탑(愛國塔)'인 것이다.

이 망루를 보고 있자니 시오타니 혜산경찰서장의 솔직한 보고가 떠오른다. 그는 "제 부하 242명 한 사람 한 사람의 근태부(勤怠簿)를 정리하니, 망루를 짓기 위하여 한 사람당 평균 15일 휴가를 내었습니다"며 솔직하게 보고하였다. 평균 높이 30척 정도의 망루는 주재소마다 모양이 가지각색이다. 차량에 비유하자면 마치 탱크와 같은 구실을 한다. 이러한 모습은 작년 가을부터 제일선에 갑자기 출현하였다. 망루 때문에 싸울 의지가 줄어든 비적들도 주민들에게 "특별경비대는 도저히 당할 수가 없다"고 하였다고 한다.

망루 때문에 비적들의 투지가 줄어든 것도 그렇지만 높은 곳에서 기관총으로 아래를 노려보고 있는 것은 마치 경매에 생명을 내놓은 것과 같다. 이 때문에 녹림의 영웅 김일성(金日成), 왕봉각 일파가 산채에서 이 망루를 파괴할 방법을 연구하고 있다고 한다. 도시에 근무하는 경찰(국장 일행…역자)도 제일선의 사람들부터 활기차고 규율이 넘치는 강구, 인평(茵坪), 한평(漢坪) 주재소원들과 그 부인들을 격려했다. 얼마 전 시종무관순시(侍從武官巡視)라는 영광을 입었는데, 다시 열흘도 지나지 않아 우리 미하시 국장 각하의 훌륭한 말을 들었다. 감격에 겨운 그들의 감정은 마치 폭발하는 듯 하였다.

부하들의 태도를 살피고 있던 키라 경찰부장의 얼굴에도 기쁨이 넘쳐났다. 차창으로 눈 덮인 산과 얼어붙은 압록강이 보인다. 주재소와 가까워지면서 망루로부터 보호를 받은 농부 한 명이 보인다. 그는 안심하고 생업에 종사하면서 소, 말, 돼지와 함께 사이좋게 햇볕을 쬐고 있다. 그래도 기온은 영하 28도다. 농부와 소 모두 기다랗게 흰 수염이 나 있다. 다가가서 보니 한파에 숨이 수염에 닿자마자 바로 고드름이 되어 버린 듯 하다. 그 모습이 애처롭다. 농부는 특별히 턱밑의 수염에 생긴 고드름을 떼려고도 하지 않고, 소를 끌면서 눈 속을 천천히 걸어가고 있다. 운전사는 통역에게 국경기념 사진으로 수염의 고드름을 찍어달라고 부탁하였다. 사진에 찍힌 국경 사람은 "이런 나의 모습이 이상한 가요"라며 웃는다.

4

14일 정오 호인경찰서(好仁警察署)에 도착하였다. 미하시 국장도 타무라 서장 이하 95명의 건강한 모습에 "경성에서 걱정하던 것과 반대로 제군들과 가족들의 건강한 모습을 보니 안심이다. 조선 통치의 근간은 치안경찰에 있다. 국경제일선을 사수하는 제군들이 그 중추를 담당하고 있다. 크게는 건강에 유의하면서 경찰 정신을 발휘하여 주기를 바란다"고 격려를 위한 훈시를 하였다.

이어 경찰서장이나 부인들의 호의로 차려진 점심을 먹었다. 참새 야키도리와 칭기즈칸 나베도 대접받았다. 호인경찰서 위생주임의 특기는 요리였다. 부산이나 원산을 경유한 회와는 비교할 수 없는 진미였다. 너무 맛있어 보였는지 미하시 국장도 위생국장에게 양(羊) 요리법과 참새 굽는 방법을 물어보았다. 경성 주변 미식가들도 이 모습을 보았다면 부러운 나머지 질투하였을 것이다.

호인경찰서원들과 그 부인들의 정이 담긴 국경 요리 덕분에 진수성찬을 맛보고 기분이 좋아진 국장 일행은 서둘러서 신갈파진으로 차를 몰았다. 미하시국장은 호인경찰서에서 그런 대접을 받고 경관 부인들이나 아이들의 건강을 염려하였다. "아무쪼록 건강에 유의하시고 여러분들의 남편이 안심하고 근무할 수 있기를 바랍니다. 산파(産婆)가 없어

하얼빈영사관 쌍하진파견소(雙河鎭派遣所) 경관의 가족들(『警華帖』, 220쪽)

서 곤란하다고 하니 경성에 돌아가면 저도 그 문제를 진지하게 고려해 보겠습니다. 아이들이 감기에 걸리지 않게 하십시오. 여러 가지로 신세 많이 졌습니다"라고 위로하였다.

부인들은 추위도 잊은 채 국장의 모습이 시야에서 사라질 때까지 감사의 눈물로 환송하였다. 이는 전혀 과장이 아니다. 이는 다만 사람과 사람 사이의 진지한 이야기를 들을 수 있는 국경제일선의 청순(淸純)한 태도이며, 소중한 감정선의 움직임이다. 일행은 도중 제이선의 영성주재소(嶺城駐在所)를 방문하였다. 1922년 동 주재소를 습격했던 토비와의 교전에서 마지막까지 주재소를 지키다 국경에서 산화한 마츠이[松井] 순사부장의 순직비를 참배하였다.

소농주재소(小農駐在所)에서는 '국경의 수염 장군'으로 통하던 신갈

신갈파진 전경(서울대학교 중앙도서관 고문헌 디지털 콘텐츠)

파경찰서장 카사코[笹子] 경부의 환영을 받았다. 거짓말 하나 보태지 않고 카사코씨는 비적 토벌로 수 십 차례나 사선을 넘나들었다. 그의 가슴에는 전국 경찰의 최고 명예인 공로기장이 찬란히 빛나고 있다. 콧수염이 길게 딱 달라붙은 모습은 우에다(植田) 관동군사령관을 빼다 박았다. 국경을 어지럽히던 놈들도 카사코씨의 모습을 조금이라도 보게 되면 "앗 콧수염이 왔다"고 마치 잠자는 사자의 코털이라도 뽑은 이상으로 두려워한다. 6년 만에 그를 만난 미하시 국장도 "외부 사람들 중에는 명함을 받고 나서야 그 이름이 떠오르는 사람도 있다. 그런데 자네는 눈에 확 뜨이는 수염과 공로기장이 있어서 이름이 금방 떠올랐어"라면서 수염 장군과의 대면을 그리워했다고 한다.

호인경찰서-신갈파경찰서 관내의 제일선인 삼보주재소(三甫駐在所)와 사이에 인산(仁山), 지응(地應), 나난보(羅暖堡) 세 주재소가 있다. 건너편 십사도구(十四道溝) 경계를 위하여 신고(辛苦)의 나날을 계속하고 있다. 미하시 국장은 키라 경찰부장에게 반드시 이러한 곳들을 시찰하고 경찰관들의 가족을 위문하고 싶다고 하였다. 하지만 차가 다닐만한 도로도 없는 데다가 눈이 깊이 쌓여서 걸어갈 수 없었다. 소농주재소와 거리는 약 7리 정도이다.

함경남도와 제일선의 경찰들 모두는 입을 모아 국경경비 강화, 본서와 주재소의 연락을 위한 국경도로선 부설을 간절히 바라고 있다. 그렇지만 무엇보다 함경남도 도청에는 공사비 21만엔이 없다고 한다. 오늘날 압록강 건너편의 상황은 더욱 험악해지고 있다. 이러한 상황에도 본서와의 연락이 끊긴 채 경비선을 지키고 있는 경비주 재소원들이나 그 가족들의 마음속을 헤아리자니 비장한 느낌이 든다.

조선에도 정보망을 가진 비적들은 훗날 반드시 이러한 장소를 목표로 습격할 것이다. 이러한 이야기를 들은 국장도 "그것 참 큰일이다. 도로가 없어서 경비를 위한 연락이 끊기는 상황은 매우 위험하다. 도로 부설을 적극적으로 고려하자"고 말할 정도다. 함경남도 관내의 국경선에서 가장 오지인 신갈파진에 도착하니 오후 5시였다. 전등조차 없는 여기에서는 램프가 희미하게 빛나고 있었다.

5

14일 밤 신갈파진 여관 마츠노야[松乃屋]에서 국경경비 좌담회를 개최하였다. 주최자 미하시 국장, 주요 인물로는 키라 경찰부장, 신갈파진 수비대장 토다[戶田] 중위, 타마키[玉置] 재향군인분회장, 사사코 서장 등이 참석하였다. 모두 국경에 대한 지식이 풍부한 사람들이다. 오후 6시부터 오후 9시까지 램프 아래에서 국장을 중심으로 기탄없이 희망 사항을 교환하였다. 매우 귀중한 체험담이었다.

이 무렵 비적들은 토비들과 다른 공산비들 뿐이었다. 이들은 인가를

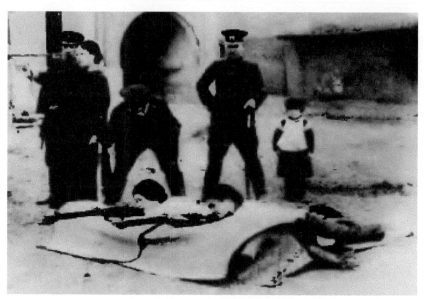

일본 하얼빈영사관 만구파견소(滿溝派遣所) 직원 가족들의 사격 연습 장면이다.
여성들이 총을 겨누고 있다(『警華帖』, 220쪽).

습격하여 약탈을 할 때에도 적당히 상황을 보아가면서 한다. 공산비들
은 나쁜 짓을 일삼아 일반 주민들이 싫어하는 부자들만 노렸다. 저항하
는 자만 죽이고, 교묘하게 공산주의를 선전하였다. 만주인이나 이주 조
선인들은 비적을 싫어하한다. 이에 공산비들도 당장 필요하지 않은 금
품이나 식량은 자기들만 아는 곳에 숨겨두고 가능하면 피해 범위를 축
소하였다.

　장백현과 무송현(撫松縣) 오지에는 김일성 일파가 마을을 이루었다.
여기에는 교련장, 학교, 이발소, 목욕탕, 잡화점 등이 죽 늘어서 있다.
여기에서는 전도가 유망한 사금이나 산금(山金)으로 자급자족을 한다.
관동군이나 수비대도 정보로 짐작만 하고 있을 뿐이다. 해당 지역의 지
도도 제작되지 않아 적극적인 토벌도 불가능하다. 신갈파경찰서는 비
적의 습격을 예상하고 수시로 주민들에게 비상소집 혹은 훈련을 시킨
다. 빈번한 연습에 이골이 난 주민들은 "또 훈련인가"라고 한다고 한다.

동흥경찰서도 훈련하는 시늉만 한다. 좌담회 출석자는 '주민들을 대상으로 어디까지 훈련을 해야만 하는가'라고 질문하였다.

좌담회가 끝나자 밤 9시 반부터 신갈파경찰서원들은 망루를 중심으로 야간 연습을 실시하였다. 미하시 국장은 영하 25도에도 망루에 올라가사코 서장이 다년간 고심 끝에 제작한 수제(手製) 지뢰의 도화선 스위치를 눌렀다. 야간 전투 연습이 장렬하게 시작되자 한파를 비집고 기관총 소리가 울려 퍼진다. 얼어붙은 압록강 옆에서는 조명탄, 수류탄, 뇌명탄(雷鳴彈) 등이 작열한다. 사용하는 무기, 규율, 투지는 군대가 무색할 정도였다. 30분간의 연습이었다. 조명탄이나 지뢰는 평소보다 더욱 보기 좋게 연달아 폭발하였다. 비적들의 습격이라고 지레짐작한 주민들이 호롱불을 들고 튀어나올 정도였다.

15일은 오전 8시에 출발하였다. 우시지마 서장은 여관 주인이 미인인데다 친절하기까지 하다고 하였다. "신갈파에는 보여주고 싶은 것이 세 가지 있다. 서장의 수염과 망루, 그리고 40대 중반의 오마츠[お松]상이다"면서 자신이 국경통(國境通)이라고 조금 과시하였다.

국장 일행은 평안북도 카노 경찰과장의 안내로 관내 동흥경찰서로 향하였다. 여기서부터는 키라 경찰부장이나 우시지마씨와 헤어졌다. 정오에 송전주재소(松田駐在所)에서 김치를 대접받았다. 십이도구(十二道溝) 상황에 대한 설명을 듣고, 상연평(上蓮坪)을 거쳐 오후 4시 동흥경찰서에 도착하였다.

카미우치[上內] 평남지사를 닮은 토미이시[富石] 서장의 바램으로 서원들에 대한 임시 점검을 실시하였다. 국경은 저녁에 기온이 떨어진다. 영하 29도를 밑도는 기온에도 미하시 국장은 모자도 쓰지 않고 서원들을 한 명, 한 명 친절하게 점검하였다. 교련은 기병대 출신 쿠라치[倉知] 사법주임의 엄격한 호령에 따라 일사분란하게 진행되었다. 도시 경찰

부임하는 일본 경관 (『國境警備』, 111쪽).
가운데 한복을 입은 이가 노새를 끌고 뒤에 일본이 여성이 따르고 있다.

은 도저히 볼 수 없는 귀중한 교련 광경이었다.

6

동흥경찰서원들은 규율과 태도에 활기가 넘쳤다. 야간 연습은 토미
이시 서장이 지휘하였다. 투지가 타올라 순식간에 끝났다. 무엇이 저들
을 이처럼 확실히 경관다운 경관으로 만든 것일까?—1936년 2월 13일
새벽 0시 반경 공산비 동북인민혁명군 제1사령 이홍광(李紅光)[93] 이하

---

93 이홍광(1910~1935): 경기도 용인군 단삼동에서 농민의 아들로 태어났다. 1926
년 길림성(吉林省) 이통현(伊通縣)으로 이사하여 소작농이 되었다. 1927년 재만
농민동맹회에 가입했다. 1930년 이통현 삼도구(三道溝)에서 중국공산당에 입당
해 이통현 당지부 서기가 되었다. 1931년 만주사변 후 중공 磐石中心縣위원회 위
원으로 '개잡이대(打狗隊)'라는 명칭의 적위대를 결정하여 대장이 되었다. 1932
년 1월 중공 만주성위의 지도 하에 적위대를 반석노농유격대로 개칭하고 대장
이 되었다. 봄 합마하자(蛤蟆河子)에서 반일·반지주 봉기에 참여했다. 5월 만주국

경관들과 그 가족들까지 동원된 주재소 방어훈련(『國境警備』, 121쪽). 주변에 경관들이 가상의 적 역할이며, 안쪽에는 경관 가족들로 보이는 여성들이 방어자세를 취하고 있다.

200명이 건너편 이단류(二段流)에 출현하였다. 이들은 경기관총 두 정을 선두로 삼아 세 개의 부대로 나뉘어 포위 대형을 지어 동흥경찰서를

군 내 반란군을 받아들여 반석노농의용군(만주노농의용군 제4군 제1종대)을 설립하고 제2분대 정치위원이 되었다. 여름 일본군의 유격 근거지 소탕에 맞서 흑석진(黑石鎭) 전투에 참여했다. 겨울 반석유격대를 중국 노농홍군(勞農紅軍) 제32군 남만유격대(南滿遊擊隊)로 재편성하고 교도대 정치위원이 되었다. 이후 양정우(楊靖宇)와 함께 반석·쌍양(雙陽)·이통화전·화전(樺甸) 등지에서 항일유격전을 전개했다. 1933년 일본군의 반석지구 토벌에 맞서 육도강(六道江)전투, 십칠대방(十七大房)전투, 호란진(呼蘭鎭)전투에 참전했다. 9월 남만유격대를 동북인민혁명군 제1군 독립사(獨立師)로 조직하여 참모장이 되었다. 10월 동변도치안숙정공작에 나선 만주국군 사령관 소본량(邵本良)의 부대를 격파하고, 삼원포(三源浦)전투, 대황구(大荒溝)전투, 량수하자(凉水河子)전투에 참전했다. 1934년 4월 몽강현(濛江縣) 천가탕자에서 남만지구 17개 항일무장대를 결속하여 항일연합지휘부를 결성하고 참모장이 되었다. 11월에 인민혁명군 제1군 제1사 사장 겸 정치위원이 되었다. 그해 말 압록강을 건너 국내진공작전을 지휘했고, 1935년 평북 동흥성을 점령했다. 그해 5월 환인현(桓仁縣)과 흥경현(興京縣)의 접경지 노령(老嶺)에 이르러 일본군과 마주쳐 싸우다가 부상을 입고 환인현 해청화락(海靑火絡) 밀영(密營)에서 치료를 받다가 사망했다(강만길·성대경, 『사회주의운동인명사전』, 창작과비평사, 1996, 390~391쪽).

습격하였다. 입초를 서다 그들의 선발대를 발견한 경찰서원이 즉시 응사했다. 뜻밖의 총격으로 적단의 내습을 알게 된 서원들은 부서로 나아가 교전하였다.

경찰관 부인들도 기총(騎銃)이나 모젤식 20연발 권총을 조준하면서 응전하였다. 어두운 밤을 가르며 적탄은 동흥경찰서 건물에 집중되었다. 다른 적의 부대는 읍내 자산가인 장영록(張永祿)씨 집을 방화하고 약탈하기 시작하였다. 인접 경찰서의 응원을 알아차린 적들은 세 시간의 교전 끝에 나팔을 불고 건너편으로 퇴각하였다. 이 전투에서 경찰대는 적 여덟 명을 사살하고 18명에게 중상을 입혔다. 경찰관 세 명도 부상하였다. 주민은 사망 셋, 부상 다섯에 16명의 인질이 발생하였다.

이러한 결과로 보아 전투가 얼마나 치열한 백병전이었는가를 알 수 있을 것이다. 동흥경찰서는 읍민 16명이 납치된 사실을 확인하자 수비대와 협동전선을 전개하였다. 국경을 넘어 대토벌을 실시하여 간발의 차로 인질들을 탈환하였다. 용감하게 적을 격퇴시켰다고 하여도 주민 가운데 사상자나 인질이 발생한 사실에 우리는 깊은 책임감을 느꼈다.

이 사건 이후로 설욕할 날만을 기다렸다. 동흥경찰서원들은 신선조를 중심으로 적단 섬멸을 위해 눈을 부릅뜨고 있었다. 이러한 경찰관들의 투지는 400호의 주민들에게도 전달되었다. 여관 앞 광장에는 12~13명의 아이들이 군대놀이가 아닌 경관 놀이를 한다. 경관 역할도 있다. 여기서도 비적 역할하는 아이들이 따돌림을 당한다. 시간과 장소에 따라 다른 풍경이다. 이를 지켜보던 미하시 국장은 배꼽을 쥐고 웃었다. 아이들의 모습이 믿음직스럽다는 듯이 "우리가 어렸을 때는 군대놀이를 했는데"라고 말할 정도였다.

미하시 국장이 경성을 출발할 무렵 만주에서는 티푸스가 유행하고 있었다. 미리 접종한 예방주사의 약효가 너무 잘 들어 배탈이 났다. 신갈파를 출발할 때 백금 손난로를 배에 집어넣었다. 밖이 너무 추워 배꼽 주변이 타들어 가도 몰랐다. 여관에 도착하여 목욕탕에 들어가고 나서야 배꼽이 이상함을 느꼈다. 나도 즉시 국장의 배꼽을 치료할 작정으로 "국장님 배꼽이 화상 때문에 탈장된 것 같습니다"라는 말이 입까지 나왔다. 하지만 애교 넘치는 배꼽을 생각하니 불쌍하다는 생각이 들어서 치료는 나중으로 미루었다. 나도 같은 처지가 되었다. 상하관계의 두 사람 모두 사이좋게 화상을 입은 셈이다. "사카토씨 서로 조심합시다"라며 배꼽과 엉덩이를 쳐다보았다.

동흥에는 치요지[千代女]라는 카페가 있었다. 단발의 여급 한 명이 있는 카페였다. 메뉴라고 해야 술, 오야코덮밥[親子丼] 그리고 카레라이스가 전부였다. 여급은 등불 아래에서 겨울에는 목재업이 휴업으로 벌목공들이 강을 오르내리는 일도 없어 "사방이 말라붙어 쓸쓸하다"고 한다.

7

16일에도 날씨가 좋았다. 오늘 일정은 24리이다. 일정의 반은 얼음 위를 달리는 것으로 되어 있다. 활기찬 동흥경찰서원들과 헤어져 숙박지인 부흥주재소(富興駐在所)로 향했다. 도중 응평(應坪), 나죽(羅竹), 무창(茂昌), 포동(葡洞)의 제일선 주재소와 출장소, 그리고 감시소를 시찰하였다. 미하시 국장은 용사들과 가족들을 위로하고 경성의 조선신궁에서 일부러 가져온 고후[御符][94]와 위문품을 전달하였다. 숙소와 사무소도 시찰하였다. 주재소 건물들은 하나 같이 모두 이루 말할 수 없을 정도 조악하다. 볼품없는 오두막 같았다.

---

94 부적의 일종.

벽동경찰서 간하출장소(干下出張所) 경관들의 휴식 시간(『國境警備』, 95쪽).
바둑을 두는 경관 주변에 부인과 아이들이 모여있다.

카노 평북경무과장이 설명하기를 경찰관들 숙소는 지금으로부터 10년 전 독신 경관용으로 지어졌다고 한다. 내가 혜산진을 출발하여 시찰했던 주재소의 경관 부인들이나 아이들도 가족 모두가 독신자용 숙소에서 함께 먹고자고 하였다. 건물은 조잡하고 좁아터져 곤란한 모양이었다. 평안북도에서는 경찰후원회의 지원을 받아 제일선의 숙소부터 순서대로 개축에 들어갔다고 한다. 이거야말로 정말 너무 늦은 감이 있다.

대의사(代議士)나 귀족원에 있는 높은 분들도 이런 가련한 모습을 있는 그대로를 둘러 보았으면 한다. 높으신 분들이 국경에서 폐하의 경찰관으로 근무하는 사람들을 대우하는 방법을 의회에 제출하여 경관들이 마음껏 활약할 수 있게 정부를 편달(鞭撻)하는 것은 어떤가. 의옥사건(疑獄事件)만 발생하는 대의사 여러분들도 귀가 따가울 것이다. 차는 쑥쑥 올라간다.

눈 덮인 산과 얼어붙은 압록강이 눈 아래 펼쳐진다. 자동차는 지금 발버둥치듯 오구배령(伍仇俳嶺)를 지나간다. 오구배령은 압록강에서 직각으로 1,200척이나 솟아오른 깍아지른 듯한 절벽이다. 이곳은 국경에서도 가장 험난한 길이다. 이미 압록강은 백색 띠처럼 보이기 시작한다. 우리 자동차가 비행기로 변신한 것이 아닐까라는 생각이 들 정도이다. 나는 "나와다씨, 사카토씨 여기서 차가 굴러떨어지면 두 분은 명예로운 순직자가 되겠습니다. 저도 회사장이라는 영광을 입고 서로 '아, 슬프구나'라며 조사를 듣는 입장이 되겠지요"라고 하였다. 그리고 부디 사고가 일어나지 않게 해 달라고 기도하던 나와다 씨의 얼굴을 쳐다보았다. 나와다씨는 "재수 없는 소리 하지 마세요. 어이 운전수 나는 신경 쓰지 말고 운전에나 신경 써요. 나는 지금 조금이라도 더 오래 살았으면 합니다"고 한다.

오후 2시 반경 후창경찰서에 도착했다. 6년 전에도 미하시 국장은 여기에 온 적이 있다. 미하시 국장은 나카하라[中原] 서장 이하 경찰서원들에게 훈시하였다. 나카하라 서장은 "국장님께서는 이 엄동설한의 시기에 벽지를 순시하시고 분에 넘치는 위문품과 격려의 말씀을 해주셨습니다. 경찰서원은 깊이 감격하고 있습니다. 국장 각하의 말씀을 지켜 반드시 죽음으로 국경경찰관이라는 임무를 완수하겠습니다"라는 용감한 각오의 말을 들려주었다. 나가하라 서장은 기자에게 기념으로 후창 특산의 갈메나무 스테이크 하나를 주었다.

국장 일행의 자동차가 얼음 위를 달리기 시작한다. 나는 선배뻘인 이나다 씨에게 "저는 처음으로 얼음 위를 달려봅니다. 얼음이 꺼지면 자동차가 압록강에 빠져 죽는 게 아닙니까. 혹시 그렇게 된다면 순직할 마음의 준비는 되어 있습니까"라고 의견을 물어보았다. 그는 "선두의 신선조 트럭이 얼음을 지나기 전에 미리 발을 디뎌보고 있으니 얼음은 절대 꺼질 리 없습니다"고 한다.

얼음 위 감촉에 익숙해지면 아스팔트 위를 달리는 이상으로 기분이 좋다. 사람도 개도 없으므로 속도는 50마일 정도이다. 도쿄-요코하마[京濱]나 오오사카-코오베[阪神] 국도는 정말 개판이다. 대개 도로가 좋지 않은 국경에서 겨울에 가장 좋은 도로는 얼음 위가 틀림없다.

미하시 국장은 오후 4시 얼음 위에서 후창경찰서 금창주재소원(金昌駐在所員)들을 위문하였다. 국장은 얼음 위에 놓인 책상 앞에서 국경 치안경비의 중요성을 역설하였다. 이어 24시간 비적의 위협이 도사리고 있는 주재소원들을 진심으로 치하하였다. 주재소 주석 츠치야 시게히사[土谷重久] 순사부장은 열혈한이었다.

그는 영하 27도의 얼음 위에서 당당하게 다음과 같이 인사말을 하였다. "처음으로 국장님의 얼굴을 뵙고 용기백배하였습니다. 우리는 국경경비를 위해 모두 지원하여 이곳에 왔습니다. 이렇게 말하면 실례가 될지 모르겠습니다만, 살고 싶은 생각이 있는 비적이라면 조선으로 한 발자국도 들어올 수 없을 것이니 안심하셔도 좋습니다. 우리 가족 일동은 각하의 경성으로 무사 귀환을 기원합니다" 이 말을 들은 국장의 눈에는 흰 무엇인가가 반짝 빛났다.

8

후창경찰서 신선조를 선두로 얼음 위를 미끄러지듯 지나 16일 오후 5시 부흥주재소(富興駐在所)에 도착하였다. 일정 중 주재소 숙박은 이곳이 마지막이었다. 부흥 건너편 임강현 육도구(六道溝)에는 1932년 7월경부터 대도회(大刀會)라는 비적이 출몰하였다. 이들은 툭하면 주재소를 향하여 총질을 하고, 조선으로 침입을 시도하였다. 그 때마다 경관대는 이들을 모두 격퇴시켰다. 후창경찰서 특별대원들은 만주사변 당시 국경경찰관으로 활약하였다. 아마노 이사오[天野勳][95]씨는 이 공로로 훈8등에 서훈되었다. 그는 해가 저무는 건너편 육도구를 가리키면서 당시 상황을 다음과 같이 말하였다.

"보시는 바와 같이 육도구를 걸어 다니는 사람들은 알 것입니다. 1932년 7월경 출몰한 비적 대도회는 창과 총을 들고 이쪽을 향하여 건너올 기회만 엿보고 있었습니다. 저녁이 되면 비적들은 '잇, 얏'이라고 고함을 지르면서 창으로 연습을 합니다. 이러한 것들은 모두 우리의 약점을 잡기 위한 연습입니다. 비적의 간부들은 자신의 부하들에게 '허튼 짓거리 하지 마라. 일본 경관이나 군대는 가슴에 철판을 대고 있으니, 싸울 때는 발을 노려라'고 훈련을 시키는 것을 보면 이를 알 수 있습니다.

비적들은 뗏목을 탄 사람들이 중국 복장이면 발포를 하지 않습니다. 그러나 한복이면 발포합니다. 벌목공도 이곳을 지날라치면 목숨을 걸고 지나갑니다. 상류의 주재소에서 전화로 뗏목이 내려온다는 사실을 알리면 주재소원들이 선수를 쳐서 육도구를 향하여 발포합니다. 이렇게 하여 적들이 침묵하는 틈을 타서 뗏목을 흘려보냅니다. 삿대를 잘못 놀려 건너편으로 뗏목이 떠내려가는 경우가 종종 있습니다. 이쪽에서 그런 장면을 보고 있자면 가슴이 조마조마합니다"

이시마츠[石松] 주석을 비롯한 젊은 경관들과 그 부인들까지 총동원되었다. 이들은 일행을 진심으로 환영하였다. 처음 겪어보는 영하 35도 한파 속에서도 경관들과 그 부인들은 모두 웃는 얼굴로 목욕물을 데운다거나 저녁 식사 준비를 하는 모습을 보자니 저절로 고개가 숙여진다. 우리가 경관의 얼굴을 보았더니 그들은 "죄송합니다, 죄송합니다"고 한

---

[95] 아마노 이사오: 히로시마현 출신이다. 1928년 오오사카의대에서 박사학위를 받았다. 1930년 평북 희천경찰서, 1932년부터 1937년까지 후창경찰서, 1943년 만포경찰서 등에서 순사부장으로 근무하였다(『朝鮮警察職員錄(1930·1932·1937·1943)』).

임강현의 전경
(亜細亜大観 07 022 "青黛の山を負ふて (臨江縣)" – 亜細亜大観/07 – Wikimedia Commons 大観)

다. 식사가 도착하였다. 미하시 국장은 "여러분들에게 폐가 될지 모르
겠습니다만, 우리를 여관보다 주재소에 묵게 해준 덕분에 여러분들과
함께 대화를 나눌 수 있는 것이 가장 즐겁습니다"고고 감격하면서 젓가
락을 들었다.

키노시타 겐지로[木下謙次郎]의 "미미구진(美味求眞)"에라도 나올 듯
한 맛있는 국경 요리다. 여관 따위의 음식은 발끝에도 미치지 못한다.
너무 맛있어서 국장은 나카하라 서장에게 요리 방법?을 물어보고 나서
야 사도하라[佐土原] 순사가 급히 주방장 역할을 하였음을 알았다. "사
도하라군. 군은 훌륭한 요리 솜씨 비결이 무엇인가"라고 물어보았다.
사도하라씨는 머리를 긁적이면서 "예, 저 실은 경관 부임에 앞서 일본
에서 요리사를 하였습니다. 그렇지만 요리사로는 성이 차지 않아 지원
해서 국경에 오게 되었습니다"고 진지하게 보고하였다. 일동은 "과연"

제8장 국경의 애환

대도회(大都會) 단원들이 소지한 총탄 막는 부적(『國境警備』, 145쪽)

이라며 고개를 끄덕였다.

처음에는 국장 앞에서 각자 대기하던 나카하라 서장 이하 경관들도 국장의 허물없는 말 덕분에 분위기가 매우 화기애애해졌다. 이 때부터 맹렬한 술마시기 시합부터 노래자랑까지 벌어졌다. 그렇지만 국장은 혼자서 나카하라 서장의 안내를 받아 독신 경관의 합숙소 방에서 호롱불 아래에서 새벽 3시까지 젊은이들을 상대로 이야기를 나누었다.

이시마츠씨의 부인은 매우 친절한 사람이었다. 독신 경관들도 누나 이상으로 그녀를 존경한다. 이시마츠씨가 국경제일선에서 조선인 부인과 사이좋게 내선융화(內鮮融和)의 결실을 맺고 있다는 이야기를 들었다. 이러한 이야기를 듣자니 국경선이 더욱 강고해지는 듯 하다.

감사의 말을 연발하고 17일 아침 9시 부흥을 출발, 서둘러 중강진으로 향하였다. 정오에 신의주를 지나 140리 떨어진 상류 임강현공서를 방문하였다. 임강현공서는 인구 2만의 모아산(帽兒山)(인구 2만명)에 위치하였다. 압록강 일대에서 안동현 다음의 도회지가 모아산이다. 임강현장 풍석번(馮錫藩)씨의 호의로 현공서에서 점심으로 중국요리를 먹었다. 때마침 설이어서 시내 식당은 모두 휴업이었는데, 현장 이 국장 일행을 위해 직접 요리를 하였기에 더욱 감격하였다.

나는 여기서 만주인을 상대로 열심히 타이프오르간을 연주 중인 아름다운 일본인 여성 한 명을 발견하였다. 그녀는 호리에[堀江] 지도관의 동생 스기지마[杉島]라고 하였다. 양장(洋裝)이 아름다웠다. 토쿄 시부타니[澁谷] 토키와마츠[常盤松] 여고 졸업 후에 언니에게 의지하여 머나먼 모아산으로 와서 타이피스트로 근무하고 있다는 사실만 알 수 있었다. "카나로 변경되는 경무 관계 문서는 재미있습니다. 다만 만주어만은 타이프로 쳐도 보기 좋은 문서가 되지 않아 골치가 아픕니다"라고 내 질문에 대답하였다. 나이며 이름은 자세하게 말하여주지 않았다. 젊은 만주인 관리가 내 귓가에 대고 "그녀는 아직 독신입니다"라며 속삭인다. 누군가 프로포즈를 하지 않았을까. 나이는 23세 정도이다. 일본(원문…역자)에서 제일 추운 지방이라고 하는 중강진에는 17일 오후 4시 반에 도착했다.

9

사흘 만에 도착한 중강진은 전기가 들어왔다. 이곳의 전등은 건너편 모아산으로부터 전기를 받고 있다. 18일 밤 미하시 국장은 중강진 각 분야 대표자와 임강현장 풍석반씨, 그리고 마츠다[松田] 지휘관(조선경찰관 출신) 등을 여관 앞 요리집으로 초대하여 멧돼지 스기야키로 국경 좌담회를 개최하였다. 재향군인분회장 오오모모 군지로[大桃軍次郎]씨 등은 "만주사변 당시 우리 재향군인분회원 145명은 중강경찰서와 협력하여 중강진의 치안을 지켰습니다. 그 덕분에 전에 군부대신으로부터 표창장까지 받았습니다. 이것도 국경의 재향군인이기 때문에 누릴 수 있는 영광입니다"라면서 감격하였다.

이야기가 무르익자 국장 일행과 현지 대표는 합동으로 즉석에서 연예

자성군을 방문한 조선총독부 이케다 경무국장 일행의 기념사진.
오른쪽 하단은 동사한 멧돼지라고 한다.(『國境警備』, 153쪽)

대회(演藝大會)를 결의하였다. 와타나베[渡邊] 서장 다음으로 나도 레코
드 한 장 분량의 조잡한 나니와부시[浪花節, 혹은 難波節][96]를 하였다. 이
를 본 요리집 주인 노파나 현지의 사람들은 "미하시 각하는 상당히 재
미있는 분이시네요. 우리 국경 사람들을 위해서 나니와부시를 가져와
주셨네요"라고 한다. 국장이 이 이야기를 하니 얼굴이 화끈거렸다.

중강진에서는 1932년 6월 10일 건너편 고개에서 출현한 비적 대도
회가 추격포(追擊浦) 혹은 소총으로 읍내를 향하여 사격하였다. 이 때
문에 노파의 집이나 초등학교에도 탄환이 명중하였다. 수비대가 경찰,
재향군인들과 협력하여 이들을 격퇴하였다. 이 전투로 순사 한 명이 순

---

96 에도시대 오오사카에 시작되었다. 샤미센을 연주하면서 여러 사람들 앞에서 하는
이야기이다. 메이지시대 이후 대중화되었으며, 설경제문(說經祭文)에서 변화하여
촌가레세츠, 우카레세츠라고도 불렸다. 주된 내용은 군담(軍談)·강석(講釋)·전기
(傳記) 등이다.

직하고 읍민 두 명이 중상을 입었다. 건너편 고지와 비교하여 평지였던 중강은 위치가 매우 불리하였다. 건너편 적의 상황 조사와 읍내 치안에 온 몸을 던지는 와타나베 경시나 서원들의 노고는 상상 이상이었다.

18일 중강을 출발하였다. 오늘도 하루 대부분은 얼음 위를 지난다. 상중(上中), 건하(乾下), 호하(湖河), 장성(長城), 토성, 노동(蘆洞)의 각 주재소와 출장소를 방문한 미하시 국장은 용사들을 친절하게 격려하였다. 연풍주재소에서는 점심을 대접받고, 상구배(上仇俳)·법동(法洞)주재소를 거쳐 자성경찰서에 도착하니 저녁이었다.

국경제일선의 경관들과 그 부인들은 서로 격려위문하면서 비적에게 잠깐의 틈도 주지않는 강력한 경비 대형을 이루고 있다. 반면 아이들은 유치원이나 라디오에 아동 프로그램이 없어 외로운 듯 하다. 낮에는 주재소에서 기르는 경비견이나 전서구를 친구 삼아 아버지가 토벌에서 무사히 돌아와 얼굴 보기만을 기다린다. 상구배주제소를 방문하였을 때에도 앞마당에는 누나 뻘인 여섯 살 나카무라 요시코[中村悅子]를 가운데 놓고 다섯 살인 동생인 코치와 여섯 살인 하라토 미히사[原富久], 다섯 살 요시모토[吉本] 이쿠 등 다섯 명이 전서구를 상대로 천진난만하게 뛰어다니고 있었다.

"아빠가 없을 때에는 심심해요. 그래도 저는 엄마하고 자고 코치는 아빠하고 자요. 아빠가 없을 때에는 그 반대로 엄마하고 자니 더 좋아요"라고 한다. 국경 경관을 아버지로 둔 요시코라는 그 아이도 마음으로 국경의 부자유함을 각오하고 있다. 국경 제일선의 아이들은 학교에 갈 나이가 되면 부모와 헤어져 20리 정도 떨어진 학교에 입학한다. 백만의 비적이나 한파에도 끄떡없는 용사들이라도 아이들의 학교 문제에 대해서만은 마음 아파한다.

창성경찰서 묘동(廟洞)출장소 경관들과 이를 지켜보는 일본인 여성과 아동이다.
원문 제목은 "남편은 경비를 하러"이다(『國境警備』, 100쪽)

10

18일 밤 자성(慈城) 여관에서 미하시 국장을 좌장으로 나카가키 서장, 이치세 경부보, 그리고 여기에 수행한 카노 경무과장, 야마다 경부가 모였다. 이들은 세 차례에 걸쳐 진행된 건너편 집안, 임강 두 현의 대표적 비적인 해산 일파에 대한 경험담 발표회를 개최하였다.[97]

제1차전

금년 1월 30일 오전 1시경이었다. 원동출장소 석탄구에 출현한 해산 일파가 조선 방면으로 공격을 계획하고 있다는 정보를 파악하였다. 즉시 이치세특별경비대는 가마소주재소 이케다 반과 협력하여 적에게 선수를 쳐서 적이 머물던 지점에 기관총을 퍼부었다. 불의의 일격을 당한 적은 어두운 계곡 을 따라 오지로 도주하였다.

---

[97] 경험담 발표회는 경어를 사용하였을 것이나, 내용상 경어는 생략하였다.

제2차전

지난 2월 4일 아침 신선조대장 이치세 경부보는 석탄구 오지의 눈 속에서 적의 발자국 같은 것을 발견하였다. 이에 대원 23명을 이끌고 압록강을 건너 발자국에 의지하여 적단을 추적하였다. 적들도 경관대의 추적을 알고 있었는지 도주에 도주를 거듭하였다. 마침내 건너편에서 약 2리 들어간 오지의 표고 1,418미터 노호산까지 적들을 추격하였다. 여기서 장렬한 백병전이 전개되었다.

적단 해산 일파는 참호에 의지하여 사격하였다. 경관대도 쓰러진 나무 그루터기(높이 약 3척 정도)를 방패 삼아 맹렬한 사격을 퍼부으며 돌격하였다. 총성이 격렬해지는 가운데 투지에 불타는 경관대는 전진 혹은 돌격을 거듭한 끝에 적 바로 50미터 앞까지 돌진하였다. 이 때 우익 전선에서 활약하던 타케사코 군이 "건방진 해산 놈들"이라며 한 발 전진하려는 순간, 적탄이 그의 가슴을 관통하였다. 그는 총을 쥔 채 120척 절벽 아래로 굴러 떨어져 장렬하게 순직하였다.

이사카와, 이케다, 아카스지 세 명의 경관은 아군 희생자가 나온 사실을 알게 되자 갑자기 투지가 타올랐다. 그들은 눈 속을 구르면서 전선의 가장 선두에 섰다. 문자 그대로 '육탄 삼용사'가 되어 중상을 입었다. 기관총반 오오자키 순사는 아군의 악전고투를 알고 대담하게 높은 곳으로 뛰어 올라갔다. 그는 겹쳐진 적의 사체 두 구 위에 기관총을 올리고 총구가 터질 듯 맹렬한 사격을 퍼부었다. 완강히 저항하던 적도 경관대 최후의 돌격을 견디지 못하고 나팔을 불고 오지로 달아났다.

영하 32도의 눈 속에서 실로 세 시간 반에 걸친 교전이었다. 해질 무렵이 가까워졌다. 순직자나 부상자가 나온 우리도 전투력이 소진되었다. 이치세 대장은 추격을 멈추고 타케사코 순사의 유해를 등에 업고 저녁 8시 반 본서로 퇴각하였다.

제8장 국경의 애환

제3차전

2월 9일 아침 건너편에 풀어놓은 밀정은 해산파가 다시 노호산 산채에 출현하여 설날 준비와 망년회로 한바탕 놀고 있다는 유력한 정보를 전해왔다. 나카가키 서장은 "제군들 타케사코군의 복수전이다. 적의 상황도 확실하다. 이번에야말로 한 놈도 남김없이 해산 일파를 사살한다"면서 17명의 서원들 을 이끌고 노호산으로 돌진하였다. 지리에 밝은 신선대 이치세 대장이 선두에 서서 계속 진군하였다. 하늘의 도왔는지 도중 감시소에는 적이 없었다. 덕분에 경관대는 쉽사리 전진할 수 있었다. 적 50미터 앞에서 부대를 셋으로 나누고 우익에 기관총대를 배치하였다. 세 방향에서 조금씩 적에게 다가갔다.

이시가키 서장은 아직 발포 명령을 하지 않는다. 이치세 대장은 서장의 명령에 따라 혼자 몰래 산채로 다가갔다. 중국식 온돌 유리창을 통해 보니 남녀 비적 40명 정도가 모여 망년회가 한창이었다. 이들 뒤에서 방아쇠에 손가락을 걸고 기다리던 토벌대에게 '있다'고 신호하였다. 그런데 비적 한 명이 놀라면서 "일본 놈들이 왔다"고 소리를 질렀다. 이 때 대담한 이치세 대장은 20연발 모젤권총을 유리창으로 밀어넣고 사격하였다. 비좁은 연회장은 순식간에 아수라장이 되었다. 중국어 비명소리가 났다. 이치세 대장은 다시 장전한 실탄 20발을 모두 사용하였다. 피투성이가 된 적단은 앞을 다투어 집 밖으로 달아났다.

11

나카가키 서장은 이치세 경부보의 20연발 모젤 권총의 세례를 받고 적이 피투성이가 되어 튀어나오는 것을 보고서야 "사격" 명령을 내렸다. 복수심이 불타오른 토벌대는 너나 할 것 없이 모두 총을 마구 쏘아댔다. 기관총에 당황하여 어찌할 바를 모르던 적단의 분대장급 한 명이

경비를 서는 마적(『滿鮮』, 331쪽)

"야, 이놈들! 이제 끝장이다. 일본 경관대에게 생포 당하여 총포나 권총을 빼앗긴 놈들은 수치스러운 줄 알아야 한다. 뒤쪽 절벽에서 떨어져 죽는거다. 나를 따르라"고 하였다. 이에 약 30명의 남녀 비적은 500척 절벽에서 차례로 투신자살하였다. 이로써 이들의 오랜 녹림 생활도 끝장나 버렸다.

이를 말하던 나카가키 서장도 듣고 있던 미하시 국장도 숨소리를 죽였다. 밤의 정적을 깨뜨리는 괘종시계가 열 한번 울렸다. 국장은 이체세 경부보에게 "이치세군. 자네가 유리창으로 모젤 권총을 쏠 때 비적의 모습이나 산채 근처 상황을 보다 자세히 말해주겠는가"라고 주문하였다.

"창문으로 적을 엿보니 적은 적잖이 당황하여 모든 총구가 제가 아닌 천정을 향하고 있었습니다. 그 찰나 저는 절대로 적탄에 맞을 리 없다 생각하고 유리창을 깨고 조준하여 스무 발을 쏘았습니다. 탄환이 불충분하였으므로 다시 장전하고 방 가운데에 총을 난사하였습니다. 산채

제8장 국경의 애환

주변에는 400미터의 교련장이 있었습니다. 앞서 각하께서 보셨듯이 적들도 보병조전(步兵操典)에 기초한 전술을 본격적으로 익히고 있는 것 같았습니다. 일본군도 사용하는 보병조전의 내용 일부를 받아들이고 있습니다.

적들은 야간에 이동하고 이틀 후 설날 준비로 정신이 없었으므로 토벌대의 접근을 알아차리지 못한 것 같습니다. 그 증거로 세 번째 토벌 전날 적들은 원동주재소 건너편 석탄구 부근에서 소 세 마리를 90엔에 샀습니다. 그 소는 도살된 채 산채에 있었습니다. 비적 가운데 일곱, 여덟 명의 여성은 대장급 인물들의 부인이나 첩입니다. 게릴라전에 익숙한 적은 절대 교전 중에는 머리를 내밀지 않습니다. 대장급 인물들이 산채의 총안(銃眼)으로 우리가 머리를 내민 것을 발견하면 이를 신호로 사격합니다. 두 번째 토벌에서 이런 전법을 만나 고심하였습니다"

이 장면에서 이케다 부장은 "어이 제군들 내가 바위 위에 서 있으면 적은 반드시 (사격을 위해…역자) 산채에서 머리와 총을 내밀 것이다. 그 때 일제사격을 해주게나"라면서 튀어 나가 부상을 당했습니다. 눈물이 나올듯한 이케다 군의 용기 덕분에 우리도 몇 명의 적을 쓰러뜨렸습니다. 주제넘은 소리 같지만 살을 내주고 뼈를 취하는 전법이 아니고서는 적을 쓰러뜨리기가 매우 어려웠습니다. 용사는 긴장한 태도로 토비 공작에서의 고민이나 산채 생활의 있는 그대로 국장에게 말하였다.

국장은 열심히 듣다가 "여러분들의 노력으로 노호산에 산채가 있다는 사실을 처음 알았다. 그런데 지금까지 (그것을 찾아내지 못한 것은…역자) 어떻게 된 것인가"라며 질문을 계속하였다. 이치세 경부보는 "옛날부터 노호산에는 산적 같은 자들이 있었습니다. 그들이 산모퉁이를 다니는 밀수업자 우에마에[上前]를 처치했다는 소문도 들립니다. 아마도 건너편 주민들은 바로 그 사실을 알았을 것입니다. 하지만 그러한 사실을 입에 올리기라도 한다면 억지로 길안내가 되거나, 비적에게 살해당했을지도 모른다는 소문입니다" 솜씨 좋은 미국 갱들도 배짱을 자랑하는 모로코 병사들도 "몰라뵈었습니다"면서 (비적들의 이러한 수완에…역자) 경의를 표할 정도였다. 미하시 국장은 생생한 토비 실화에 감격하였다. "좋았어! 이제 제군들이 피로써 지킨 석탄구 격전지를 시찰합시다. 나카가키군 안내를 부탁하네!"

이리하여 일정에 전혀 없던 석탄구 오지 시찰이 급하게 논의되었다. 마지막으로 나카가키 서장은 "각하, 여러 가지로 우리의 이야기를 경청해주셔서 감격해 마지않습니다. 우리는 결코 비적을 두려워하지 않습니다. 다만 국경에 의료기관이 없어 곤란합니다. 강계도립병원의 의사를 부르면 왕복에 일주일이나 걸립니다. 하찮은 병에 걸려도 2~300엔이 필요합니다. 경찰서원들이 한 달에 2엔씩 돈을 추렴하여 의사를 초빙할 계획을 추진 중입니다. 영림서(營林署)에서 엄격하게 단속하지 않은 탓도 있습니다만, 신의주보다 연료가 비쌉니다"고 한다. 이로써 명암이 엇갈리는 국경 생활 보고의 좌담회를 마쳤다. 시계는 어느덧 새벽 1시를 가리키고 있었다.

19일 나카가키 서장의 안내로 압록강 건너편에서는 말이 끄는 썰매로 갈아탔다. 얼음이 얼어붙은 석탄구 계곡 약 1리를 달려 오지로 향하였다. 종종 지나가던 만주인도 조선인도 모두 비적의 밀정처럼 보여 기분이 너무 으스스했다. 이윽고 비적 두목 해산 일파가 점거했던 산채를 시찰했다. 서장은 지난 1월 20일 오전 1시 반 야간에 자성경찰서원들이 세 방면으로부터 이 산채를 공격했던 맹렬한 전투 상황을 들려주었다. 산채는 평평한 지붕에 세 칸 규모의 방이었다. 모두 중국식 온돌이었다. 부근에도 비슷한 집 한 채가 있었다. 사흘 전에도 만주군이 와서 "이런 집을 그대로 둔다면 다시 비적이 들락거리게 된다"면서 소각해 그 흔적만 남았다. 중국식 냄비나 가마가 여기저기 흩어져 있었다.

12

석탄구의 산채를 시찰한 미하시 국장은 19일 정오 설봉주재소(雪峰駐在所)에서 만포경찰서장 카타야마 경시의 환영을 받았다. 신갈파경찰서장이 수염으로 유명하다면 카타야마 서장은 얼굴로 유명하다. 카타야마 서장은 얼굴 주름이 매우 깊고 눈이 커서 역사교과서에 나오는 토요토미 히데요시를 꼭 닮았다. 국경 사람들은 카타야마 서장을 도코지로[藤古郎]라고 불렀다. 자신도 이러한 사실을 알았다.

만포경찰서 관내로 들어섰다. 만주인과 조선인들이 국장 일행의 차를 보더니 두 방향에서 양손을 올렸다. 이는 환영의 의미가 아니었다. 얼음 위에서 경관과 마주치면 수상한 자가 아니라는 증거로 반드시 손을 올려야 한다는 사실을 알았다.

오후 5시 만포경찰서에 도착했다. 경찰서원들과 그 부인들이 얼음 위에서 합동 토비(討匪) 연습을 보여주었다. 경관 부인들이 분주하게 부상자를 치료하는 모습과 경찰견이 탄약을 운반하는 모습에 고개가 숙여졌다. 올해부터 만포에서는 만선일여 대방침에 따라 압록강 건너편과의 사이에 국제교(공사비 100만엔)가 가설되었다. 가까운 장래에 철도도 부설될 예정이었으므로 만포시가는 공사 경기로 활기를 보인다.

20일에는 집안현공서에서 현장 왕류창(汪琉昌)씨를 방문했다. 정오에는 고산진주재소(高山鎭駐在所)에 도착했다. 고산진에는 전교생 30명의 소학교가 있다. 1년에 아동 한 명당 필요한 경비는 200엔이다. 매년 적자인 학교조합은 비용 부담이 어렵다고 한다. 오후 1시 반 마사(馬嘶)출장소 미나미자키[南崎] 수석 이하 경관들은 일행을 환영하기 위해 눈이 쌓인 표고 2,00여 미터의 노동산령 고개를 올라왔다. 오후 2시 반

일본의 "봉천충혼탑". 자료 원문에는 "봉천 신시가 동남부에 있다. 1905년 3월 10일 러일전쟁 봉천대회전에서 전몰한 충용스러운 동포 장료 307명, 하사졸 1만 818명의 유골을 봉안한 납골당"(『全滿洲名勝寫眞帖』, 15쪽)이라는 설명이 있다. 일본은 만주 곳곳에 이런 기념물을 세웠다.

위원경찰서에 도착했다. 사카모토 서장 이하 서원 150명을 훈시하고 위문품을 전달하였다. 감정에 약한 부인들은 국장의 친절한 말에 훌쩍이고 있었다.

부인들은 솔직하게 "저희도 처음에는 남편들이 토벌을 갈 때마다 이제 두 번 다시 만날 수 없는 것이 아닐까 걱정하면서 석별의 잔을 나누었습니다. 하지만 언제까지 성급하게 그런 아녀자 같은 행동을 해서 남편의 근무에 영향을 줄 수 없으니 지금은 그만두었습니다. 이제 우리도 다시 마음을 가다듬을 수 있습니다"라며 속마음을 털어놓는다.

미하시 국장도 근심스런 얼굴로 "저는 결코 서원들이나 부인들을 마음을 약하게 하려고 이곳에 온 것은 아닙니다. 하지만 아이들이 교육기관이나 의료기관의 불편함을 참고 근무하는 모습을 보니 안되었다는

제8장 국경의 애환

안동(현재 중국 단동시)의 일본군 러일전쟁전사자 표충비(安東縣商業會議所,『安東誌』, 井上源之丞,1920, 331쪽)

길림성 교하(蛟河)의
일본 경관 충혼비(『警華帖』, 243쪽)

생각이 듭니다. 훈시하는 저 자신도 경찰관으로 얼굴을 들 수가 없습니다"며 수행한 사람들과 이야기하였다.

오후 5시 위원경찰서 관내 신천출장소에 도착하였다. 출장소원 9명 가운데 요시다 이사무, 후지와라 분지로, 야부키 마사토시, 김찬희, 오병욱 등 경관 5명의 가슴에는 군인의 금치훈장(金鵄勳章)에 해당하는 경찰관 공로기장이 빛난다. 출장소 한 곳에서 다섯 명이 공로기장을 받은 사실은 전국적으로 찾아보기 힘든 일이다. 이 공로기장의 행렬의 뒤에는 다음과 같은 장렬한 이야기가 있다.

1936년 9월 20일 신천출장소의 요시와라, 정 두 순사가 적탄에 순직하였다. 신천출장소는 복수전의 기회를 기다렸다. 복수전을 위하여 달마다 10엔의 밀정사용비를 갹출하고 이를 모아 비적에 대한 확실한 정보 수집을 위해 노력하였다. 작년 12월 요시다 부장 이하 14명으로 편성된 토벌대는 건너편 제3구 황차의 이주 조선인 강승홍(姜承洪) 집에 있던 만선합류비 26명에게 돌격하였다.

오후 1시부터 4까지 교전으로 여섯 명을 사살하였다. 선두의 다섯 용사 요시다, 후지자와, 야부키, 김, 오는 총탄이 쏟아지는 와중에도 착검하고 적의 무리로 뛰어들었다. 경관 한 명이 적 한 명을 쓰러뜨린다는 각오로 순식간에 비적 다섯 명을 찔러 죽이고 요시와라의 복수전을 마무리 지었다. 그렇지만 이 전투에서 우리 편은 부상자가 한 명도 발생하지 않았다고 한다. 미하시 국장은 감격에 벅찬 얼굴로 공로기장을 받은 경관 다섯 명이 있는 신천주재소원들을 격려하였다. 20일 이른 아침에는 초산경찰서에서 국경경비를 위해 산화한 '20용사'의 영용(英勇)을 기리는 경찰관충혼비에 참배하였다.

초산경찰서에는 야마다 서장 이하 83명이 근무한다. 경찰서에는 참고품으로 적의 살점 조각이 붙어있는 장총이나 권총이 진열되어 있다. 이곳의 호리 특별경비대장은 신장 5척 7촌, 검도 2단의 맹장이다. 3월 4일에도 겨우 25명의 토벌대로 장단장(張團長) 일파의 17명을 토벌하여 여섯 명을 사살하고 열 명을 생포하였다. 우리 편에서는 부상자 한 명만 발생하였다. 계속된 토벌전에서 만점의 호성적을 올리고 있다.

호리, 카미카와 두 용사는 "건너편에 대한 정보를 확실하게 파악했다면 상대의 숫자 따위는 문제가 되지 않습니다"라면서 의욕에 넘친다. 오후 4시 반 벽동경찰서 관내 노장출장소에 도착하였다. 작년 10월 9일 오전 8시 50분경 선비결사대 제3중대 소속의 소대장 김병하(金秉河) 이하 5명이 부상한 노무자로 변장하여 노장출장소를 습격하였다. 야나기이, 타케무라, 스지 세 경관은 응전 끝에 순직하였다. 구내 숙소에서 이 급변을 접한 코토[後藤] 부장 이하 다섯 명은 용감하게 싸워 적 네 명을 쓰러뜨리고, 한 명을 생포한 전투 상황을 들었다. 국장이 순직자 위패

공격을 받고 응사하는 창성경찰서 갑암주재소(甲岩駐在所) 경관들(『國境警備』, 161쪽)

에 조문하고 다시 얼음 위에서 기다리고 있던 자동차에 오르려 하였다.

그 순간 오이카와[及川] 순사가 눈과 얼음으로 둘러싸인 압록강 위를 달려오는 것이 보였다. 이어서 3,000미터 상류 건너편에서 총성이 들렸다. 벽동경찰서 신선조 대장 곤도[權藤] 경부보 이하 10명은 여기저기 흩어져 국장 일행의 주변을 둘러쌌다.

오이카와 순사는 식은땀을 흘리면서 야마다 서장에게 "서장님 국장 각하께서 통과하신 직후 용연주재소와 노장출장소 사이의 고지에 왕봉각 일파로 보이는 비적 50명이 출몰하여 우리 경계원 세 명에게 발포하였습니다. 우리도 총성이 나는 방향으로 발포하여 응전하였습니다. 국장 각하의 신변에 이상이 발생하였다고 생각하여 보고해야 할 분들에게 연락하였습니다. 뒤에 남은 후지카와[藤川], 가토오[加藤] 두 순사는 "현재 교전 중입니다"라는 국경선의 급변을 보고하였다.

곤도 경부보는 야마다 서장의 명령을 받은 즉시 흰 손잡이의 일본도를 빼어 들고 대기 중이던 트럭에 튀어 올랐다. 응원을 위해 기관총반도 탑승하여 출동한다. 나머지 경비대는 적의 십자포화를 예상하고 국장을 보호하면서 건너편을 향하여 기관총을 겨눈다. 코토 수석 이하 노장출장소원 여섯 명도 신속하게 가벼운 복장으로 갈아입었다. 이들은 야마다 서장의 지휘를 받으면서 선발대보다 4분 늦게 교전지로 출동하였다. 국장의 신변을 염려한 출장소 부인들도 코토 수석의 명령에 따라 출장소 전화로 달려가 강변 제일선 주재소에 비상사태를 급히 보고하였다.

총성은 여전히 계속된다. 국장은 후지카와, 카토오 두 순사의 신변을 염려하여 망원경으로 전투를 관전하고 있다. 나도 망원경을 빌려서 보았더니 아군이 3,000미터 상류에 산병선(算兵線)을 펼치고 응전하는 모습이 비친다. 산 위에 적 그림자는 보이지 않는데 총성은 들린다. 카노 경무과장은 미하시 국장의 신변에 만일의 사태를 염려하여 "각하, 출장소 망루로 들어가시는 것이 어떻습니까"라면서 권하였다. 하지만 국장은 "고맙네. 하지만 불쌍한 부하들의 무사 여부를 알 수 있을 때까지는 여기 있겠네"라고 하였다. 그는 얼음 위에 우뚝 서서 망원경에서 손을 떼지 않는다. 30분간 교전 끝에 비적은 침묵했다. 아마도 적은 사전에 국장이 오는 것을 알고서 계획적으로 발포한 것 같다.

14

미하시 국장은 출발 전 나에게 "오오츠군, 자네는 나와 함께 국경에 가도 좋다. 하지만 이번에는 훌륭한 유흥이 조금 밖에 없을지도 모른다. 그 점 미리 각오해야 한다"고 말하였다. 노산출장소에서 이것은 현실이 되었다. 총소리를 듣는 순간 가슴이 뛰는데 어쩔 수 없었다. 최대한 침착하게 전투 개시 장면을 촬영하였다. 이번에 기고란에 사진을 소개하고자 사진을 인화(印畫)해서 보았더니 세 겹으로 겹친 괴물 사진이 튀어나와 당황스러웠다.

"온천 마을"이라 불리던 삭주군 온양동(溫陽洞)
(亜細亜大観 07 043 "溫泉の村 (朔州)" – 亜細亜大観/07 – Wikimedia Commons)

이런 나와 달리 국장은 얄미울 정도로 침착을 유지하였다. 이전이었다면 "총의 파편을 두려워하는 것은 이름에 먹칠하는 것이다"라고 했을 장면이다. 작년 3월 비적의 습격을 받은 창성경찰서 대길주재소를 위문하였다. 이곳에서는 창성경찰서에만 있는 토벌용 휴대무전반의 훈련을 견학하였다. 코시로[小代] 서장은 토벌대가 이 무전기를 가지고 몇 차례의 출동에도 불구하고 본서에 적의 상황 보고, 토벌대원들과 연락 등 중대한 임무를 완수하여 좋은 성적을 거두었다고 설명한다. 이에 다른 경찰서에서도 무전기를 구입하여 제일선에 배치할 계획을 추진 중이라고 하였다.

평창주재소도 활기차다. 수석 카노 부장 이하 11명의 용사는 1935년, 1936년 2년 동안 26차례 토벌에 출동하여 건너편의 치안, 국경의 수비에 정진하고 있다. 실전에 밝은 용사들이라 이 기간에 한 사람의 희생자도 나오지 않았다. 삭주경찰서 관내로 들어서자 강폭과 도로의 폭도 넓어진다. 인가도 많아져 국경선의 중압감도 줄어들고 마음도 가벼워졌다. 아마도 험악한 분위기의 상류지방부터 시찰하면서 내려왔기 때문일 것이다. 삭주경찰서에서 나가노 경찰부장과 우연히 만났다. 그는 커다란 몸집에 비해 샹냥하다는 평판에다 얼굴도 동글동글해서 동안이다. 국경의 1,770명 경관은 그를 "소화의 모모타로상"이라며 '비적 토벌 지휘관으로 안성맞춤'이라는 별명도 있다.

오후 5시 반 삭주온천에 도착하였다. 그 순간 앗차하는 생각이 들었다…애교가 넘치는 미인들이 현관에 죽 늘어서 있는 모습을 보았다. 이를 보고 내 자신이 너무 일찍 결혼한 것이 아닌가라고 생각하였다. 망루, 철조망만 보아 오던 눈에 내온각(萊溫閣)은 영주의 저택이라 하여도 무방하였다. 국장도 "오늘 틀림없이 여기서 숙박하는 것이지"라고 말하고 있다. 국경에 이렇게 분위기 좋은 온천이 있으리라고는 상상하지 못했다.

나는 함경북도 주을온천(朱乙溫泉)이 훌륭하다고 알고 있다. 그래도 삭주온천에서는 물심 양면으로 친절함이 넘쳐난다. 국경의 거물 오오타[多田][98] 씨가 이러한 호의를 베풀어 주었다는 사실을 알고 깊이 감동

---

98 오오타 에이키츠[多田榮吉](1879~?):오오사카 출신의 기업인이다. 1906년 3월 오오바야시구미[大林組] 신의주지점장 대리로 신의주제재공장 사업을 주관하였다. 러일전쟁 당시 임시군사용철도감부(臨時軍用鐵道監部)에서 건설 중이던 安奉철로 군용 침목과 교량의 생산·공급에 참여하였다. 1909년 4월 이후 신의주에 거주하면서 오오타상회를 설립하고 미곡 거래, 임업, 토목건축, 자동차 영업, 관염(官鹽) 특약 판매 등 각종 사업을 벌였다. 1911년 3월 기계정미공장(機械精米工場), 1922년 압록강윤선공사(鴨綠江輪船公司), 1923년 오오타임업합자회사 등을 설립하였다. 1929년 8월 국경임업조합장(國境林業組合長)에 취임하였으며, 1933년 6월 압록강목재산업조합(鴨綠江木材産業組合)을 설립하였다. 이외 1911년 신의주거류민단 의원, 1914년 학교조합의원, 민선 부협의원, 1915년 지방토지조사위원, 1920년 평북도평의원, 1932년 신의주부회 부의장, 1933년 평북도회 부의장 등을 역임하였다. 또한 1914년 신의주미곡상조합장, 1917년 일본목재업연합회 이사, 1919년 신의주목재상조합장, 1920년 조선수산협회 이사, 조선미곡상연합회 간사, 1924년 평북곡물협회장, 1934년 신의주금융조합장, 조

제8장 국경의 애환

하였다. 국경선을 지키다 다친 경관의 요양소가 있다는 사실도 정말 기쁘다. 의료기관의 혜택을 받지 못하는 국경이다. 지금이라도 온천요양소를 조금 확대하여 다수의 경관 가족이 이용할 수 있다면 더욱 좋다고 생각한다.

미하시 국장은 의주, 신의주 두 경찰서 순시를 마지막으로 국경선 100리에 걸친 위문과 격려라는 중요한 임무를 마쳤다. 24일에는 도청을 비롯한 각 관청과 안동성(安東省)을 방문하여 감사의 뜻을 표하였다. 신의주수비대를 방문하였을 때 감격거사(感激居士) 시로하마[白濱] 중좌는 일필휘지(一筆揮之)로 자신의 심정을 표현하여 미하시 국장에게 증정하였다.

◆ 있다면 지옥과 극락이 있으며, 경계가 있다면 고려에는 귀신은 없고 신불(神佛) 뿐이다
◆ 오늘은 귀신과 함께 언 손을 녹여가며 몸이 얼어붙은 방문객이라는 부처에 모여들어 기쁘다.
◆ 너를 위하여, 국가를 위하여, 또한 다른 사람을 위하여 정성을 다하는 것이야말로 정성이 아니겠는가.
정축년 봄 시로하마

마지막으로 미자 지사, 시로하마 대장 등의 환송을 받으며 25일 무사히 경성에 도착하였다. 여행의 피로가 온몸을 파고드는 것 같다. 하지만 그 후부터 그리운 국경 용사들의 얼굴들이 잇따라 떠오른다. 지금 등잔 밑에서 남기고 싶은 이야기를 다시 한번 이야기하고 싶다는 생각이 든다.

선금융조합연합회 참여 등 22년에 걸쳐 각종 산업단체와 금융기관에도 관여하였다. 1914년 재향군인후원회 평의원, 1918년 신의주재향군인분회 부회장, 국민비행협회지부(國民飛行協會支部) 이사, 1920년 조선교육회 대의원, 조선산림회 평의원, 1922년 다사도축항기성동맹회장 등을 역임하였다.

경비의 전통

경무과 노리타케 가즈오[則武三雄][99]

새 한 마리 없는 낯선 하늘이다. 얼어붙은 강물 위로 펼쳐진 얼음 위로 바람이 불어 모래가 흩어진다. 키타가와 후유히코[北川冬彦]도「북

---

99 노리타케 가즈오(1909~1990): 돗토리[取鳥]현 요나고[米子]시 출신 문인이다. 1926년 11월『대판시사신보(大阪時事新報)』에 입사하여 교정부에 근무하다 1928년 9월 신의주로 건너왔다. 1928년 10월 5일부로 조선총독부 촉탁으로 신의주에 있는 평북 경찰부 근무를 명받고 동 기관지『평북경종(平北警鐘)』편집부에서 근무한 것으로 보인다. 1935년 친구 임성성(林聖筬), 진명섭(秦明燮)과 함께 동인지『국경』을 발간하였다. 1936년경에는 자신이 근무하는 평북 경찰부에서 경험을 바탕으로 국경경비의 상황을 NHK에 방송하거나(『나의 압록강』)『아사히그라프(アサヒグラフ)』에 게재하기도 하였다. 1938년 6월에는 3개월에 걸쳐 압록강 상류지역을 시찰하였다. 1939년 6월부터 조선총독부 촉탁으로 경무국 보안과에 근무하면서 국방협회 기관지『국방의 조선』편집장을 맡았다. 같은 해 12월 21일 서울 부민관에서 조선총독부의 어용문인단체 조선문인협회가 개최하는 '문학인의 밤' 행사에 참석하였다. 1942년 5월에는 서울에서『鴨綠江』을 발간하여. 1943년 4월 조선문인협회가 조선문인보국회로 확대개편되자 시부 간사가 되었다. 1940년대에는 조선총독부 경무국 보안과 촉탁으로 일제의 식민지 정책을 선전하는 글을 썼다. 1944년 4월에는 국민보충역 을종으로 용산23부대에 입영하였다가 6월에 제대하였다. 그 해 8월 귀국하였는데, 친분이 있던 서정주에게 서울 '공덕동 301번지' 소재 자신의 집을 주고 떠났다(『朝鮮警察職員錄(1937)』; 장인수, 「노리타케 가즈오(側武三雄)와 식민지 조선의 문단」, 『한민족문화연구』47, 2014; 와타나베 기이치로, 심종숙 역, 「일본의 한 지방시인과 식민지 한국 체험―노리타케 가즈오의 경우」, 『일본근대문학―연구와 비평』1, 2002).

초산군. 초산군의 맞은편은 집안현 차구문(岔溝門)이다(亜細亜大観 07
038 "舞樓を中心に （楚山） " - 亜細亜大観/07-Wikimedia Commons)

방」등 일부 작품에서 조선 북녘의 가을을 묘사하였다. 황막한 이 땅에
도 5월이 되어 다시 늦은 봄이 찾아들면 가로수 그늘을 걷거나, 강변의
마른풀에 누워서 쐐기풀의 아픔도 느낀다. 까치 깃털이 엷어지고 말라
붙은 가지에서 가지로 줄무늬가 생기는 날씨가 되니 여러 가지 일이 있
었던 결빙기를 무탈하게 지내왔다고 생각한다.

　작년 3월 이래 신의주로부터 30리 상류에 있는 창성경찰서 관내는
그 험악한 분위기가 최고조에 달하였다. 이곳은 압록강을 사이에 두고
만주국의 영전하구(永甸河口)를 앞에 두고 인접하면서 삭주와 경계가
맞닿아 있다. 마치 만주국 영토가 깊숙히 조선 방면으로 들어와서 목구
멍을 누르고 있는 듯한 지역이다. 마비적들은 자신들의 자유를 억압하
던 압록강변 토벌사령부가 군사제도 개혁, 그리고 그밖의 다른 사정 때
문에 퇴각하자 다가오는 녹음기 활동 준비와 당장 눈앞의 생활에 필요

한 양식을 얻기 위해 사지를 뻗어 독아를 갈고 있었다.

그런데 1936년 3월 25일 갑자기 오전 3시 40분 공산비 150여 명이 야음을 틈타 창성경찰서 관내 대길주재소를 습격하였다. 대길주재소원 여섯 명은 죽기 살기로 펼친 방어전에도 불구하고 아군은 중과부적으로 나카니시[中西](나카니시 야스비토[中西康人]…역자), 오오하라[小原](오오하라 스스무[小原勉]…역자) 두 순사가 순직하고 자위단원 한 명이 적탄에 쓰러졌다. 4월 25일까지 한 달간 사이에 네 건의 사고가 발생하여 각각 희생자를 내었다.

이 가운데 세 번은 압록강을 건너다 건너편에서 일어난 교전이었다. 조선 경관들도 적극적이었다. 실제 우리가 건너편을 내사하다 나무 사이 혹은 민가에 잠복한 적을 발견하고 수하를 하면 적이 즉시 발포한 사건이 몇 건인지 모른다. 다만 저들은 자신들이 소지한 총기의 수가 적고 탄약 입수가 쉽지 않기 때문에(저들 사이에서 소총탄 한 발당 30전 정도) 무턱대고 발포하지는 않는다. 그렇지만 최근 비적들도 공산비군의 지도로 조직 편성되어 총기와 탄약이 매우 풍족해졌다.

이에 평안북도 건너편 일대까지 현재 왕봉각, 장전영(張殿英), 홍군 양사령(楊司令), 좌사령 등과 같이 200명 내지 300명으로 구성된 부대들이 마치 군웅이 할거하듯 각지에서 흉폭 행위를 저지른다. 몇 차례에 걸친 일만군(日滿軍)의 대토벌에도 불구하고 저들은 토벌대와의 충돌을 피해 흩어져 군대가 퇴각한 후에 다시 집결하여 준동한다. 그 외에 소수의 비적들도 토벌대와 마주치기라도 하면 사방으로 흩어져 그 소재를 감추어 버린다. 군대 퇴각 후에는 10명 내지 30명의 소부대로 나뉘어 각지를 횡행한다.

지금 프로펠러선이나 합승 버스를 타고 압록강을 거슬러 올라가다 보면 군데군데 주재소의 망루, 돌담, 엄폐호, 철조망 등이 강변을 따라 조

선의 촌락들을 에워싸고 있는 모습을 볼 것이다. 평안북도 관내 압록
강은 약 300마일, 180여리에 달한다. 이 사이에는 주재소와 출장소가
102곳, 약 1,300명의 경관이 예닐곱 내지 열명 비율로 주재소마다 할
당되어 관내외 경계, 강변 경계, 인접소와 연락교통 사무, 강변 도선 단
속, 야간 선박에 대한 임시 검문을 담당한다.

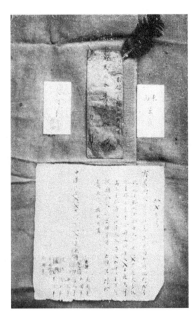

일가전(『國境警備』, 108쪽)

건너편 지역에 적이 보이지 않는 이
상 경관들에게 휴식의 틈이란 없다.
신의주—안동간 압록강철교는 연장
3,098피트이다. 상류까지 가고자 한
다면 겨우 갈 수 있을 정도의 강폭이
다. 그렇지만 강폭은 좁고 강바닥이
얕다. 특히 물이 줄어드는 시기와 결
빙기 사이에는 서로 마주 보고 대화가
충분히 가능할 정도로 가까워진다. 더
욱이 상류는 대삼림 지대이며, 동변도
산악지역 각지는 저들이 활동하기에
적합하다. 압록강을 사이에 두고 상류
로 침입하려는 적과 교전이 자주 발생
하는 시기도 여름이다. 장소에 따라서는 이러한 사건이 하루에도 몇 차
례나 발생하였다.

상당수의 비적 부대들이 조선측 감시의 눈을 피하여 침입하거나 주재
소 주둔지를 습격한다. 하지만 주재소와 출장소에 따라서는 실제 이러
한 사건이 발생할 확률은 2년이나 3년에 한 번이 될까 말까 하다. 심지
어 10년에 한 번도 이러한 사건이 없는 출장소도 있다. 저들은 끊임없
이 밀정을 파견하고 조선측 경비의 빈틈을 노려 방화, 살인, 약탈, 인질

동흥경찰서 무창출장소(茂昌出張所)의 자위단원들(『國境警備』, 196쪽). 단원들 뒤의 간판에는 창동자위단힐소(昌洞自衛團詰所)라 씌여져 있다. 츠메쇼[詰所]는 임시사무소라는 의미이다.

납치를 감행하기 위하여 각지를 횡행한다. 만주국 치안이 계속하여 정비되고 있음에도 아직 완전한 수준에는 이르지 못했다. 아직 촌락을 지키는 자위 수단에 불과한 압록강 건너편 경찰분주소는 대규모의 마비적에게 습격을 당하여 총기를 빼앗기기도 한다.

경찰의 존재에도 불구하고 적단이 강변으로 쉽게 접근하여 출몰한다는 사실에 대해서는 의구심이 들기도 할 것이다. 이는 저들이 조선을 습격할 때 중간에 있는 주민들은 비적의 피해를 두려워한 나머지 자발적으로 식량을 공급하여 비적들은 식량을 휴대할 필요가 없기 때문이다. 비적들은 촌락에 물건과 금품을 강요할 때 마을 한 구석에 '일가전(一家傳)'이라는 검은색 새깃털을 동봉한 협박문을 던져넣는다. 주민들은 체념한 듯 이를 돌려보고 모여서 비적들이 지정한 식품과 금품을 갹출할 방법을 강구하여 비적들이 지정한 기한 안에 식량과 금품을 건내 준다. 만주족은 학대를 당하면서도 토지에 정착하여 더욱 악착같이 자치를 하면서 살아간다. 이들에게 마적이라는 존재는 일종의 직업처럼 되어 버린 것 같다. 특히 최근 이주 조선인들도 만비의 협박을 받는다. 조선혁명군과 같은 선비도 저들 이주민들에게 의무금이라고 하여 강제 징수하는 등 현재 이주 조선인들은 아직도 곤란한 처지를 못 벗어난 듯 하다.

현재 각 주재소와 출장소 대원들은 건너편 오지 적 상황에 대한 정보를 얻기 위하여 돈을 갹출하고 이른바 '밀정'을 파견한다. 만주인 밀정들 사이에서는 '단순히 적 동정을 살피는 것만으로는 생명이 위험하다'는 말이 있다. 조선 관원들은 상세한 정보가 아니면 상금을 주지 않는다고 한다. 이 때문에 적에게 상세한 조선측 상황을 누설하고 우리에도 비적들의 자세한 상황을 떠벌리는 이중 첩자가 적지 않다고 한다.

유빙기(流氷期)와 홍수기 두 시기를 제외한다면 두 명 내지 세 명의 만주어에 정통한 주재소원이 매일 한 차례 압록강을 건너 저들의 내정 정찰을 담당한다. 조선측 경관들은 종종 대규모의 적 부대와 맞닥뜨려 어이없이 목숨을 잃기도 한다. 이러한 사건들은 압록강 건너편을 내사할 때 발생한다.

재작년 겨울 상류의 수은주는 영하 25도부터 30도까지 오르락내리락 하였다. 이 기간에 각 주재소원을 둘로 나누어 이틀에 한 번 야간 경계를 하였다. 야간 경계는 한 시간만 보초를 서도 거의 동상에 가까운 타격을 입는다. 주민들은 주재소원들의 경계를 보조하기 위하여 벽돌로 자위단원 대기소를 건설하였다. 아울러 마을마다 교대로 청장년 몇 명을 파견하여 심야의 빙상을 뚫어지게 쳐다본다. 사람 그림자도 없는데 밤새 저들은 조선어로 "누구요, 누구요"라고 수하를 한다. 이러한 목소리를 듣자니 애처롭기만 하다.

의주경찰서 서호출장소(西湖出張所)의 밀수 단속(『國境警備』, 93쪽). 주변의 복장으로 보다 상당히 추운 날로 보인다. 반면 가장 오른쪽 소년은 주변 인물들과 달리 짧은 소매에 방한모나 장갑조차 없다.

이는 다름 아니라 비적이 한 발자국이라도 조선 내로 들어온다면 이는 저들 마을 청년들에게 부끄럽기 때문이었다. 각지에 설치된 자경단 혹은 간이소방반 등은 계속 철저한 훈련을 받았다. 동절기의 흉폭잔인한 적도에 대한 만전을 기하고자 경찰은 각 수비대, 헌병대와도 협조하는 동시에 건너편 중국 관원들과도 충분한 연락을 취한다.

동절기 보초는 몇 시간도 견딜 수 없다. 양이나 개의 모피로 된 외투를 입는다 하더라도 순모 외투 안의 셔츠는 죄다 흘러내린다. 총을 쥔 손가락도 조금씩 그 감각을 잃어버린다.

1936년 겨울 상류 동흥경찰서(東興警察署) 관내에서 얼어 죽은 개가 120마리, 닭이 194마리, 집오리가 두 마리, 돼지와 소가 네 마리였다. 이렇게 추운 날 깊은 밤에 경비견은 수상한 자가 있어도 짖지 않는다. 너무나 추워 꼼짝도 하지 않기 때문이다. 영하 25도 이하로 떨어지면

제8장 국경의 애환

소총과 기관총도 얼어 붙는다. 긴급 사태가 발생하면 사격이 불가능하다. 이 때문에 경찰서 총기실에 스토브를 비치하고 위험한 상황에서도 온기가 사라지지 않게 한다. 자동차도 엔진은 얼어서 발화가 되지 않은 경우도 있으므로 차고에 온실 장치가 있다.

일찍이 임강현 모아산(帽兒山)(비적 소굴로 유명, 만주사변 이후 인구 약 2만 5,000명의 도시가 반만 항일의 비적 거점이 되었다)이 있는 중강진에서 있었던 일이다. 산길을 경계하던 중강경찰서 경부보 한 명과 형사 두 명이 커브를 돌아서면서 바로 코앞에서 비적과 딱 마주쳤다. 양쪽 모두 동시에 권총을 꺼내 동시에 발사하려는 순간이었다. '철컥'하는 둔탁한 소리가 나면서 권총이 발사되지 않았다. 하는 수 없이 조금 뒤에 있던 형사가 품속에 있던 소형 권총을 꺼내 발사하여 상대를 쓰러뜨렸다. 이러한 일화로만 보도라도 겨울에 치루는 전투가 얼마나 곤란한지 상상이 갈 것이다.

신의주 주변 얼음은 갈색으로 뒤덮여 있다. 상류로 가면서 십 몇 척이나 되는 절벽 아래로 보이는 얼어붙은 강의 표면을 내려다본다. 흰색 가운데 푸른 빛을 띤 무엇인가가 기다랗게 반짝인다. 이는 하나의 더러운 흉터에 지나지 않는 듯 하다. 밀수 등을 하던 이들이 밤중에 세관 관원에 쫓기다 얼음이 얇은 곳에서 경관과 딱 마주쳤을 때 얼음이 꺼져 강물에 빠지면 출구를 찾지 못하고 그대로 익사한다. 이렇게 죽으면 다음 해 해빙기가 되어도 사체를 찾지 못한다. 이는 겨울밤에서 지나가듯 하는 이야기처럼 들릴 수 있다. 이렇게 세상을 등진 원혼 수 십명이 압록강변을 떠다닌다고 한다.

그래도 3월 하순이나 4월 상순이 되면 따뜻한 바람이 불어온다. 하류로부터 올라오는 봄의 조수(潮水)에 압록강 결빙도 눈사태처럼 한꺼번에 흘러 내려간다. 만가(挽歌)를 연주하는 듯 삐그덕거리는 이상한 소리

초산군 맞은편 차구문
(亜細亜大観 07 036 "町には町の風 (岔溝門)" - 亜細亜大観/07 – Wikimedia Commons)
중국인 결혼식 행렬 가운데 한복을 입은 한인 여성과 아이의 모습이 보인다.

를 내면서 결빙을 파괴한다. 결빙은 마치 수채화 속 면양(綿羊)들이 이동하는 것처럼 흘러간다. 일년 중 제일선 근무자들이 근무하기에 편안한 날인 2월과 3월은 즐거운 시간처럼 빨리 지나가는 듯 하다.

결빙기가 지나면 바로 녹음기이다. 이 시기 비적들은 버드나무 사이 등 요지에 매복한다. 그리고 해빙과 동시에 출항하는 압록강윤선공사(鴨綠江輪船公司)의 비함선(飛航船)(수심 및 수류의 관계상 배 뒷편에 비행기용 프로펠라 부착)을 요격하여 금품을 강탈하고 인질을 납치할 기회를 엿본다. 이러한 위험을 미연에 방지하기 위하여 선박에는 경관 네 명 내지 다섯 명이 탑승한다. 경관들 가운데에는 아파도 무리해서 근무하다 총을 쥔 채 그대로 배 뒷편으로 떨어지는 사고도 있다. 아무리 수색하여도 찾을 수 없다가 실종 사흘째 되는 날 조난 현장에서 약 1리 떨어진 하류에서 실종 경관의 사체가 발견되기도 한다. 가슴 아픈 기억이다.

만족을 모르는 비적들을 상대하는 경비원들에게 이러한 사고는 일상생활이라 할 만한 일이다. 현재 강변 제일선의 많은 주재소원들은 이제막 제대한 독신자들이다. 가족을 데리고 온 사람들은 자식 교육을 위하여 처자를 일본에 있는 부형(父兄) 곁에, 혹은 경찰서 소재지 지인들에게 맡겨둔다. 많은 주재소가 합숙제(合宿制)를 채택한다. 조선의 '코사크 기병'이라 할 만한 특별경비대는 부대 하나가 10명, 12명이다. 이들은 한옥에 생활하면서 생사를 같이 한다. 사흘 내지 나흘 간에 걸쳐 끊임없이 연속 행군을 실시하기도 한다.

그렇지만 한식(韓食)은 일본과 밥맛이 조금 다르다. 조선이라는 특색이 있다고 하나, 변변한 부식도 없다. 돗자리가 깔린 온돌에서 빈대에게 물려가면서 하룻밤 선잠을 잔다. 다음 날 아침 퉁퉁 부은 눈으로 다시 출동 상황이다. 토벌에 나서면 수면 시간은 하루에 세 시간에서 네, 다섯 시간이다. 토벌에 나서지 않으면 사건이 발생한 지역의 주재소를 응원한다. 이것도 아니면 60도 이상의 경사진 산길을 무릅쓰고 적의 흔적을 수사한다. 두 끼 식량을 분실하면 이주 조선인 집에서 먹을 것을 구한다. 이주 조선인들이 식량을 내놓지 않으면 겨우 피나 조밥에 절임과 국물이 뒤섞여 쉰 듯한 정체를 알 수 없는 한식을 먹어야 한다(너나 할 것 없이 모두 이를 맛있게 먹는다. 앞으로 닥쳐올 비에 젖은 언덕길과 강행군을 상상한다면 일하기 위한 식사라 생각하고 억지로 삼켜야만 한다).

우리는 이전부터 흉작, 가뭄, 비적의 피해라는 삼중고(三重苦)에 고생했다. 이 때문에 거친 옷과 음식에도 건강을 유지해야만 생활을 계속할 수 있다. 이는 흰옷 입은 무리들은 아직 한 사람이 하루에 10전 내외 생활비로 살아가는 생활 등을 잘 알고 있기 때문이 아닐까.

신문이나 잡지, 오오사카 마이니치[大阪每日]나 마이니치[每日] 등의 신문은 나흘이나 엿새, 일주일 늦게 배달된다. 일주일 분량의 신문이 한꺼번에 배달되는 경우도 적지 않다. 상황이 이러하니 마음만 굴뚝 같지 신문을 읽을 시간도 없다. 작년 각지에 배치된 라디오만이 문명과 접촉할 수 있는 유일한 통로이다. 그렇지만 현재 (경관 가족을 제외한다면) 라디오를 들을 여유도 없다. 일단 고장나면 수리도 쉽지 않다.

물의 빛깔이 오리의 목을 닮았다고 하는 압록강. 역사적으로 압록강이 조선과 중국의 국경이 아닌 시절도 있었다. 그렇지만 압록강이 조선과 중국의 요충지라는 사실은 변함이 없다. 아울러 고구려, 고려, 조선의 각 시대에 쌓은 누벽(壘壁), "예전부터 관방(關防)을 중요시하였다. 장성은 언제부터 시작된 것이며 구불구불 메뿌리 따라 쌓였다[(義州國門戶) 自古重關防, 長城何年起, 屈曲隨山崗]¹⁰⁰"라고 한다.

의주군 광성면(光城面) 성외동(城外洞)부터 시작하여 평안, 함남 두 도를 횡단하여 정평(定平)까지 이르던 장성도 지금은 공허한 잔해만 드러낸다. 10성 50진도 모두 사라졌다. 우리 가운데 베게맡에 하이데거나 세라의 번역본 등을 두고 있는 사람도 있다. 하지만 현실은 비적을 눈앞에 두고 있다. 육체 이외에 사상은 찾을 수 없다.

'나는 피곤하지만, 더없이 행복하다. 저는 앞의 큰 강을 즐기며, 저쪽에서는 브루클린이 보인다. 그곳에서도 브루클린 다리도 보인다. 하지만 무엇보다도 자네의 애정에서 희열을 느낀다'고 한다. 이것은 또한 우리가 이러한 사실을 노래하고 있기 때문이 아닐까.

---

100 『포은선생문집』 제1권 "의주에 이르러 점마는 도강하고[到義州點馬渡江]"라는 시의 일부이다.

발문[跋]

  이상은 1936년 11월부터 1937년 4월까지 본도 경찰의 제일선 경비에서 가장 빛나는 기록을 수집한 것이다. 이 기간에 집안현 노호산사건 중 비장한 죽음을 맞이한 타케사코 순사부장을 추도할 수 있었으니, 이보다 큰 기쁨은 없을 것이다. 진정으로 '지금 그대와 같은 인물을 기록하지 않고 어디서 영웅을 추모할 수 있을까. 돌이켜보건대 야습을 당해서도 그대는 저 성벽을 부수지 않는다면 죽어도 돌아올 수 없다고 하였다. 더욱이 지금 죽어서 말안장 위에 가로놓여 있는 모습을 보니 피눈물이 그대의 옷으로 흘러내리는 것을 누군들 멈출 수 있겠는가'(곽말약(郭沫若)의 시 "무창성하중(武昌城下中)")

  정찰비행을 한 카사와라 경부, 후지타 비행사는 아편굴 같은 환인현 동강비행장의 같은 방에서 하룻밤을 지냈다. "동강에는 이것밖에 없다"는 말 한마디와 함께 한 개피에 3전 정도 하는 동아연초(東亞煙草) 하나를 건넸다.

  나는 이미 한 마리 등애가 된다
  하늘에 스케이트의 원을 그린 날카로운 칼의 흔적을 좇는다

앨리스의 구멍을 둘러싼 세계 일주

산이 죽 늘어서 아래쪽에 보이는 것은 모두 홍비(紅匪)의 성채인가

복엽기의 사이에는 신호등 비단같은 새털구름

사라진 피리 소리는

후지타 비행사로부터 적의 도시에서 산 것이다

내가 정확하게 잘 가는가?

손목시계를 일등상으로 증정하려 한다

이는 경찰기 시승(試乘)이 예정되었을 때 나의 계획이었다. 그러나 사건 때문에 아직 약속을 지키지 못하였다. 따라서 미완성인 것이 몇 줄된다.

표지는 귀재(鬼才) 메구미 마사히코[妹尾正彦]의 작품인 '최후의 전투기'에서 전용하였다.

왕봉각 최후의 상황은 후반 부분을 삭제하지 않을 수 없었다. 그렇지만 이번 편에서 처음 선보일 수 있었다.

공로기장 전달 상황은 다음 호의 본도 기관지에 상세하게 발표할 것이다.

본문에 들어간 사진 40여매는 우라베 세이료[浦部清良], 쿠메 타케오[久米武南], 정신복(鄭信福), 니시후사 한덴[西房仟傳], 대판매일의 하타에[波多江] 등 여러분들의 호의 덕분이다.

　S.N

비적토벌상황(1936년 가을부터 1937년 봄까지)

월일	사건별	적 사망	아군 사망	노획 총기	노획 탄약	교전지에서 체포한 적	관할 경찰서
12.9	신천사건	2		6	240		위원
12.28	앙토사건	3		1	62		초산
12.30	신천사건	2		3	102		위원
1.20	908고지사건	11		1	15		초산
1.22	제2차 908 고지사건	3		2	90		초산
1.25	제3차 908 고지사건	1			10		초산
2.3	노호산사건	11	부상 13				자성
2.9	제2 노호산사건	5			105		자성
2.18	고력묘자사건	3		2	17		초산
2.28	대고마령사건	3		5	61		초산
3.14	남강연사건	9		5	132	11	초산
3.23	신개령사건	11	부상 1	4	110	2	초산
3.25							위원
계		73	부상14	28	944	13	

부 록

압록강 연안 중국 지역 경관 배치 상황
평안북도 경비 배치도

지역	파견주재소 위치	수지구역	배치 인원(명)					비고
			경부보	순사 배치	일인 순사	한인 순사	계	
안동현	호산(虎山)	호산촌	−	1	1	1	3	−
		구련성(九連城)						
		마시대(馬市臺)						
관전현	고루자(古樓子)	고루자	−	1	1	1	3	−
		나자구(磘子溝)						
		홍석□자(紅石□子)						
		망우초(莽牛哨)						
	장전하구 (長甸河口)	사도령자(四道岺子)	−	1	2	2	5	−
		화수자(樺樹子)						
		대채구(大菜溝)						
		오막구(五幕溝)						
	관전성		1	2	5	3	11	−
	영전(永甸)	영전	−	1	2	2	5	−
		대강구(大江口)						
		영전하구						
		경천(慶川)						
	소포석하 (小浦石河)	소포석하	−	1	2	2	5	−
		고창구(庫倉溝)						
		소비채구(小菲菜溝)						
		농입구(弄入口)						
	백채지(白菜地)	백채지	−	1	1	1	3	−
		영도구(岺道溝)						
		소황구(小荒溝)						
		대채구(大菜溝)						
	대의구(大義溝)	대의구	−	1	2	2	5	−
		□천벽(□泉碧)						
		협피구문(夾皮溝門)						
		대덕구(大德溝)						
	석주자(石柱子)	석주자	−	1	2	2	5	−
		착초구(錯草溝)						
		만중개자(萬重蓋子)						
		석주자하구						

관전현	대평초(大平哨)	대평초 관문라자 석봉(石鳳) 천포라자(薦哺납자)	–	1	5	4	10	–
	연자구(碾子溝)	연자구 소노□구(小老□溝) 소청구(小淸口) 대청구	–	1	2	2	5	–
	하루하(下漏河)	하루하 혼하구(渾河口) 이도양차(二道陽岔)	–	1	5	4	10	–
	고마령(古馬岑)	고마령 및 그 부근	–	1	5	4	10	–
집안현	외차구(外岔口)	냉수천자구(冷水泉子口) 소홍부자(小紅浮子) 대림자(大林子)	–	1	2	2	5	–
	유수림자(楡樹林子)	유수림자 □도령(□道岑) 답가점(답家占) 냉천자하구	–	1	2	2	5	–
	부유가(富有街)	부유가 마마구(媽媽溝) 하활용개(下活龍蓋) 정차(正岔) 마천구(麻泉溝)	–	1	5	4	10	–
	쌍차하(雙岔河)	쌍차하 면차(面岔) 면차구 황장자(黃藏子)	–	1	6	3	10	–
	통구(通溝)	통구 이가보자(李家堡子) 대황구(大荒溝) 상양어두(上洋魚頭)	–	2	5	3	11	–
	황박전자(黃拍甸子)	황박전자 대청구(大淸溝) 백채구(白菜溝) 망강루(望江樓) 소장천(小長川)	–	1	2	2	5	–

집안현	양모전자(養毛甸子)	양모전자	-	1	2	2	5	-
		뇌자구(磊子溝)						
		노인구(老人口)						
		석탄구(石炭口)						
		하투(下套)						
	삼도구(三道溝)	삼도구	-	1	2	2	5	-
		화피전자(化皮甸子)						
		소황류(小荒流)						
		선염구(仙鹽溝)						
임강현	위사하(葦沙河)	위사하	-	1	2	2	5	-
		착초구(錯草溝)						
		대교구(大橋溝)						
		대리자구(大梨子溝)						
	모아산(帽兒山)	모아산	1	2	5	3	11	-
		당자구(當子溝)						
		삼도양차(三道陽岔)						
		오도구(五道溝)						
	육도구	육도구	-	1	2	2	5	-
		나대(羅臺)						
		대동(大洞)						
		중촌(中村)						
	팔도구	팔도구	-	1	2	2	5	-
		구도구						
장백현		십도구	-	1	2	2	5	-
		합마천(哈蟆川)						
	십이도구	십이도구	-	1	2	2	5	-
		금창(金廠)						
		십일도구						
		면와자(眠臥子)						
	십삼도구	오인동(吳仁洞)	-	1	2	2	5	-
		신흥리(新興里)						
		合水(합수)						
		십삼도구						
	십사도구	노성(老星)	-	1	1	1	3	-
		경화향(景和鄉)						
		하신방자(下新房子)						
	십오도구	구리차덕(臼里車德)	-	1	2	2	5	-
		십오도구						
		접후리(接厚里)						

장백현	왕가리(王哥里)	임수동(任水洞)	–	1	2	2	5	–
		왕가리						
		이일동(梨日洞)						
	장백(長白)	포취촌(浦聚村)	1	2	5	3	11	–
		장백						
		용암리(龍巖里)						
	이십일도구	이십일도구	–	1	1	1	3	–
		가수(哥水)						
합계			4	35	87	72	199	

※『在滿帝國警察機關統制關係雜件』第一卷,「朝鮮側警察官ノ外務省警察官兼任ニ關スル件 (1932.3.5.)」 (B14090409400), 265~267쪽의 '第一號 表 安東領事館管轄區域派遣警察官配置表'

[부록] 평안북도 경비 배치도

圖置配備警

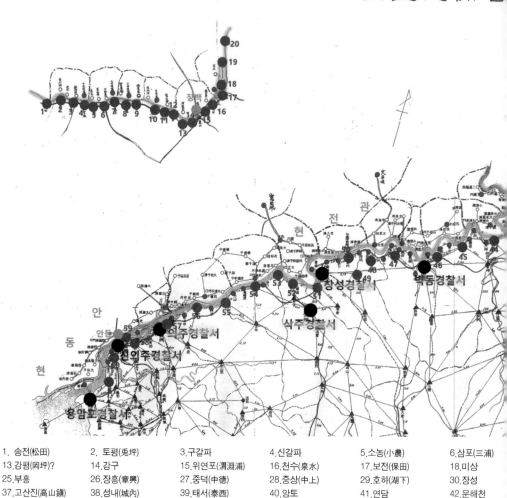

1. 송전(松田)	2. 토평(兎坪)	3.구갈파	4.신갈파	5.소농(小農)	6.삼포(三浦)
13.강평(岡坪)?	14.강구	15.위연포(渭淵浦)	16.천수(泉水)	17.보전(保田)	18.미상
25.부흥	26.장흥(章興)	27.중덕(中德)	28.중상(中上)	29.호하(湖下)	30.장성
37.고산진(高山鎭)	38.성내(城內)	39.태서(泰西)	40.양토	41.연담	42.운해천
49.전창(田倉)	50.창주(昌州)	51.갑암(甲岩)	52.구녕포(九寧浦)	53.청수(青水)	54.청성(青城)
61.양서(楊西)	(본문에 등장하는 지명은 한자를 생략함)				

[참조 2] 1930년대 압록강변 일본의 경찰서·경찰관주재소·경찰관출장소의 위치(『在滿帝國警
境外進出計劃圖』에 첨부된 자료를 참조하여 작성)

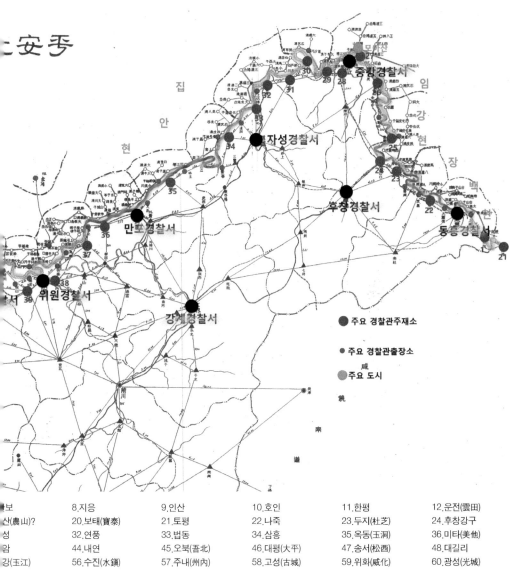

보	8.지응	9.인산	10.호인	11.한평	12.운전(雲田)
산(農山)?	20.보태(寶泰)	21.토평	22.나죽	23.두지(杜芝)	24.후창강구
성	32.연풍	33.법동	34.삼흥	35.옥동(玉洞)	36.미타(美他)
암	44.내연	45.오북(吾北)	46.대평(大平)	47.송서(松西)	48.대길리
강(玉江)	56.수진(水鎭)	57.주내(州內)	58.고성(古城)	59.위화(威化)	60.광성(光城)

州關係雜件』第一卷,「朝鮮警察官、鴨綠江右岸進出計劃圖」(B14090409400)의 '朝鮮側ノ國

만주국 시기 압록강변
조선혁명군과 일본 경찰

초판 1쇄 인쇄일 | 2024년 11월 25일
초판 1쇄 발행일 | 2024년 11월 30일

원　　제　　| 國警警備記念集―平安北道警察十二年特輯(1937)
옮긴이　　| 오병한
편집/디자인　| 정구형 이보은 박재원
마케팅　　| 정찬용 정진이 이민영
영업관리　| 한선희 한상지
책임편집　| 정구형
인쇄처　　| 으뜸사
펴낸곳　　| 국학자료원 새미(주)
　　　　　등록일 2005 03 15 제251002005000008호
　　　　　경기도 고양시 덕양구 권율대로 656 원흥동
　　　　　클래시아 더 퍼스트 1519,1520호
　　　　　Tel 02)442-4623 Fax 02)6499-3082
　　　　　www.kookhak.co.kr
　　　　　kookhak2010@hanmail.net
ISBN　　| 979-11-6797-177-7 *93910
가격　　　| 28,000원